棚橋源太郎 博物館学基本文献集成 上

青木　豊　編

雄山閣

はじめに

本書は、明治時代・大正時代・昭和時代前期までの博物館学に関わる論文を、博物館学史の確認と博物館学史の体系を構成する目的で編纂するものである。全様は、論文を基本として一部入手が困難な単行本を加えて集成し、六冊をもって博物館学史シリーズとして刊行を企てるものである。

内訳は、『明治期 博物館学基本文献集成』『大正・昭和前期 博物館学基本文献集成』上・下二冊、『棚橋源太郎 博物館学基本文献集成』上・下二冊、『博物館学論史研究事典』（仮称）の六冊である。既に『明治期 博物館学基本文献集成』（二〇一二、雄山閣）と『大正・昭和前期 博物館学基本文献集成』上・下（二〇一六、雄山閣）は刊行済みで、今回の『棚橋源太郎 博物館学基本文献集成』上・下二冊はこれらに続く位置づけである。

『棚橋源太郎 博物館学基本文献集成』を『明治期 博物館学基本文献集成』と『大正・昭和前期 博物館学基本文献集成』上・下から分離した理由は、明治・大正・昭和前期ともに論文数が多いことと、さらには棚橋の論著が群を抜いて多いところから、その使用の便を考慮し分割したものである。

本書での集成は、棚橋による著作の中でも理科教育・手工科教育分野に関する論著等は棚橋の博物館学展開の基礎となった分野であることは十分理解しているがすべて省略し、博物館学に関する内容が記載された論文のみを限定して集成したものである。まだまだ、遺漏のあることは十分予測している。それでも収集したすべての論文を掲載することは紙幅の関係で叶わず、あくまで主観に基づき重要であると思われる論著を選択して掲載したものである。

編纂の基本方針としては、大空社による復刻版である『博物館学基本文献集』に所収されている単行本や割合入手が容易な書籍は割愛することとした。しかし、入手が困難と思われる日本博物館協会による特集号等は掲載の対象とした。また、新聞は、押しなべて大版であることやその活字が小さいこと、さらに紙質にも影響され印刷が不鮮明な点等が相まって判読の困難が予想されるところから、残念ながらすべて除外した。

さらにまた、「記者」及び「一記者」名による論文は、大半が棚橋によるものと看取されるが、一部に当該論文の内容から判然としない論文が存在するためすべて割愛することとした。

本集成を編纂するにあたっての文献渉猟・博捜の基本としたのは、本書に所収した『棚橋家小史』（棚橋源太郎記、昭和二十四年春～昭和二十五年十二月、私家版）、宮崎惇による「棚橋源太郎先生年表」（一九九一『棚橋源太郎研究』第三号）、棚橋源太郎先生関係資料目録編集委員会編「岐阜県博物館所蔵　棚橋源太郎先生関係資料目録（一）」（一九九一『棚橋源太郎研究』第一号）、同委員会編「岐阜県博物館所蔵　棚橋源太郎先生関係資料目録（二）〈新井孝喜氏寄贈の部〉」（一九九二『棚橋源太郎研究』第六号）、棚橋源太郎先生顕彰・研究会編「国立科学博物館所蔵『棚橋文庫』〈単行本の部〉」（一九九二『棚橋源太郎研究』第五号）、斎藤修啓・鈴木一義編「棚橋源太郎資料について―棚橋資料目録―」（一九九八『国立科学博物館報告E類（理工学）Vol.二十一』）である。

本書を纏めるに際しては、平成二十七年度全国大学博物館学講座協議会東日本部会より研究題目「学芸員養成上必要とされる基本文献の集成と博物館学史構築に関する研究―大正・昭和前期を中心として―」で、研究助成を得た。

本集成の編纂に関しては、岐阜県博物館元館長石田克先生、新潟県立歴史博物館専門研究員山本哲也先生、玉川大学教育博物館准教授菅野和郎先生の御教導・御協力を戴いた。文献渉猟の実務は、國學院大學大学院博物館学コース後期生の張哲・現在国立科学博物館ボランティア活動室の下田夏鈴両氏の協力によるものである。

また、本書の具体的な編集作業は、國學院大學文学部助手の中島金太郎氏によるものであり、厚く御礼申し上げます。

末筆になりましたが、棚橋源太郎先生の履歴書・パスポート等の個人情報に関わる資料の掲載に関しましては、外孫であられ養嗣子である棚橋泰氏から快くご許可を戴きましたことを銘記し、心より深謝の意を表します。

さらに、本博物館学史シリーズの発刊をお引き受け戴いております株式会社雄山閣の宮田哲男社長、編集を担当して下さっている桑門智亜紀氏をはじめとする関係各位に御礼申し上げます。

平成二十九年四月　画眉鳥鶯鳴する鎌倉にて

國學院大學文学部教授
博士（歴史学）　青木　豊

序章　棚橋源太郎の教育思想

はじめに

棚橋源太郎（一八六九～一九六一）は、明治・大正・昭和の三時代に亙り、その生涯を理科教育と博物館学に懸け、今日の博物館学の骨格を形成した研究者である。新井孝喜による『棚橋源太郎先生著作目録（一）』(註1)等では、その論著は約三百六十と言われる。

ただ、棚橋は生涯〝博物館学〟と題する論文は勿論、博物館学の体系的論述は行わなかったことは大きな特徴であり、不可解なことである。

唯一、棚橋の著作の集大成とも言える『博物館學綱要』に〝学〟の明記がなされているものの、該書の例言には「一、本書は博物館経営の理論および実際に関して概説したものである。（後略）(註2)」と記している。確かに、博物館の経営の理論と実際を著した書であることは、章・節名からも把握できる。博物館学の体系の基本要素である博物館史も昭和十九年（一九四四）に記している(註3)が、やはり〝博物館学〟の用語は認められない。しかし、博物館学を確立していた人物であることは確かなのである。

棚橋源太郎の啓蒙教育

単行本の概数を挙げると単著は、三十六冊、共著十八冊、翻訳書一冊である。単著三十六冊の内二十一冊は理科教授等の学校教育を主題とするものであって、博物館学の対象著書は十四冊となる。(註4)共著は、六冊で棚橋の手工科教育研究の集大成と看取される岡山秀吉教授との『手工科教授書』(一九〇五)や同郷で東京科学博物館の学芸官であった森金次郎との『物理実験室案内』(一九一四)、『化学実験室案内』(一九一六)等がある。

さらに、翻訳本は、本田増次郎と共訳の『ヒュース嬢教授法講義』(一九〇二)の一冊がある。

博物館学に関する論著は、欧米における博物館の実態や博物館学の先進性を自身で咀嚼吸収し、理論化を果たすと同時に、棚橋が実践した東京高等師範学校附属教育博物館や日本赤十字社参考館の諸活動に取り入れた実践経験に基づいて記されていることが最大の特質である。したがって、その論旨は机上に留まるものではなくきわめて実務的で、さらに高尚であるにも拘わらず福沢諭吉の文章と同様に読む者をして容易に理解させる平易な文体である点も特徴である。

なお、棚橋が手掛けた最後の論文は、立教大学を退職するに当たり、『MUSEION』で〝棚橋先生退職記念論集〟が組まれ、そこに棚橋自身も執筆した論文である。(註5)年歯九十歳である。

棚橋の経歴については、棚橋自身が昭和二十四年春~昭和二十五年十二月に記した私家版である『棚橋家小史』とやはりこれを基に纏めた宮崎惇による「棚橋源太郎先生年表」(註6)が詳しい。

棚橋の執筆活動は、明治二十七年(一八九四)の二十五歳で開始される。『教育時論』へ〝岐棚生〟のペンネームで理科教材記事の連載を明治二十七年の第三百二十四號「土筆の話」から開始し、明治二十九年の第四百十七號の「稲の話」まで植物・動物について二十七回に亙り記している。本来、理科教育の中でも生物を専門とするところから、これらの文章は軽妙で読む者をして大いに興味を抱かせる点が特質である。

棚橋の博物館に関する当時の意識については、下記の文章が認められる。[註7]

殊に博物館を有する都市に在りては（中略）必ず之に依らざる可からず。之れ、歴史教授に校外観察の欲く可からざる所以なり。

同様に学校博物館に関しては、『ヒュース嬢教授法講義』の論文中にも認められる。[註8]

明治三十六年に東京高等師範学校教授となり、理科教育の教授法の発展に尽力したことは周知のとおりであるが、明治二十二年に棚橋が初めて立った教壇は、華陽学校師範部附属小学校の訓導で弱冠二十歳であった。このことに対して棚橋は、下記の如く記している。[註9]

余は高等師範學校在学中は小学校の理科教授と云うことには多少趣味を以て居ったが、小学校教員にならうと云う希望は少しも持って居らなかった（中略）中等教育における於ける博物教授の改良と云う様な事が寧ろ余が深く趣味を感じて居った……

以上に拠る限り、棚橋は自身の将来成すべき目標を明確に持っており、初等教育への従事は成長過程における一過性の仕事であったことが理解できよう。

高等師範学校の卒業を経て明治三十二年四月、三十歳で高等師範学校附属小学校訓導となり、理科教育・郷土科・博物館科・生活改善等々と直観教育を実践したことは、棚橋自身が、高等師範学校附属小学校訓導時代を振り返った言葉として、『棚橋先生の生涯と博物館』に詳しく記されている。[註10]

棚橋源太郎の手工科教育思想

高等師範学校の訓導に任じられ、明治三十七年岡山秀吉教授との共著「手工科教授上の諸問題」(註11)は、手工教育・手工科教育分野においては濫觴になるものと看取される。明治二十八年に、「高等小學理科教授論」の連載(註12)を皮切りに、その後理科教育・直感教育を中心に執筆を行った後のことである。

大正六年（一九一七）以降は、『手工研究』誌上をはじめ他の雑誌においても手工教育に関する論文はほとんど認められなくなり、代わって大正五年に記された「國民教育と博物館」(註13)の博物館に関する論文へと移行する。

棚橋は、小学校における手工科教育を「直観的教授」と「実物的教授」を発揮する教科として位置付けていた。具体的には、理科・博物科等の教具の製作や修理のための手工科であったと理解できよう。また同時に技能を与えることも目的としていた。棚橋の言う技能とは、「自然科学的修養の一方面にして、手指を用いて自然科学的知識を実物上に発揮させる能力」であると記している。(註14)

棚橋は、手工教育より開発・製作された教具の授業で生徒にあたえる教育効果について以下の三点をあげている。

第一、「豊富にして明確なる直観」。第二、「想像を活発ならしめて、明確なる理解」。第三は、「記憶を確実ならしむ」の三点をあげて、「各種の図表」が有効であるとしている。

このような、考えは後に展開する博物館教育論・博物館展示論の基本と共通していることが理解できる。つまり、棚橋に限らず、理科教育・博物教育・郷土教育等は、博物館に共通する、あるいは根底ともなる科目であったが故に、棚橋は最終的に博物館学に到達したものと見做せよう。

郷土教育・郷土博物館思想

棚橋の研究主題は、一九三〇年代に郷土博物館論へと移行している

関東大震災直後の混乱期、復興の中で社会は大きな変化を迎えた時期であった。地域社会においても同様であり変革を齎す基本思想は、郷土博物館思想であり、またその根底には郷土思想の社会への浸透があったといえよう。

抑々、我が国における当該思想の発端は、三好学によるドイツ郷土保護思想を範とした大正四年に刊行された『天然紀念物』(註15)を嚆矢とする。

上記緒論を経ること十年後の、大正十三年には文部省普通学務局内に社会教育課が開設され、次いで昭和四年に同じく文部省内に初めて社会教育局が設置されたことは、博物館行政にとっても大きな変革の兆しであった。

具体的には、文部省社会教育局の〝郷土研究〟の思想が、師範学校を源に地域社会に大きな広がりを見せたのである。

文部省が企図した全国の師範学校における郷土教育重視政策は、極めて近い将来の小学校教育を担うであろう教員の郷土思想の育成を先ず目的とした政策であり、結果的には文部省の目論見通り郷土教育は小学校教育へ浸透していったことは、郷土研究施設費の使途に関する通牒からも窺える。(註16)さらに、その結果社会に拡散していったのである。郷土教育の具体は、学校内の郷土室に収斂されるのであった。

棚橋の郷土博物館論は、郷土教育運動とは主張を異にしていた。抑々棚橋は、郷土室の設置についてはア

メリカの初等学校内の「学校博物館」を事例に、下記の如くの反対論を開陳しているのである。(註17)

永く同じものを教室内にまたは学校内に陳列し、生徒が勝手に出入りができるようにして置くことは、徒に生徒の興味を殺ぎ彼らが研究心を鈍らするにすぎないのである。

文部省の郷土教育は、学校教育に留まってきたが、棚橋は郷土博物館を母体として、一貫して社会教育も対象に含めていたのであった。

棚橋は、大正十四年の二度目の留学以前には、〝郷土博物館論〟なる名称は使用していなかった。これは、直截にドイツの、Heimatmuseum の視察に拠る具体把握と、同思想の影響によるものと推定される。留学以前には、地方における小型博物館については〝地方博物館〟と呼称している。一例を挙げれば、下記の如くの使用である。

斯くの如く中央博物館の建設完成を期すると同時に又地方博物館の施設経営にも大いに努力しなければならぬと思ひます。これは主としてその府縣なり都市なりの民衆教化を目的とすべきもので、自然その地方に於ける地方的色彩を濃厚に地方博物館としての特色を発揮すべきものであります。(註18)

中央博物館に対する地域社会での小規模博物館は、地方博物館であり、地方の特色を総合した博物館でなければならないとしているところから、ここで言う小規模博物館は大正十五年以降棚橋が使用する郷土博物館で有ることが理解できるのである。

棚橋の郷土博物館思想は、文部省が推進する郷土教育運動の影響を受けながら、文部省のそれとは異なる筋道で構築されたものであった。棚橋は、郷土博物館を Heimatmuseum（独）、Homemuseum（仏）と訳している。(註19)先ず、棚橋が意図した郷土の概念は、以下の通りである。

普通の意味に於ける郷土概念は、少年時代に居住し成長した土地を中心にして、屢ば來住した郡府縣までぐらゐの地域内に於ける自然的環境との接觸並に社會的生活に於いて受けた幾多の刺戟體驗から成り立つたもので、深く腦裡に固着して、終生忘ることが出來ないのである。

棚橋が範とした郷土博物館は、ドイツのハンブルグ市の一部をなす中世都市のアルトナ博物館であった。当該博物館は、都市アルトナを中心としたより広い地域を郷土と設定しており、かかる思想で人文・自然に関する資料を収集の対象とした博物館であった。さらには、当該地域の風土的特徴である産業に焦点を当てているところが、棚橋源太郎の描く理想の郷土博物館論であったようである。(註20)

棚橋の郷土に対する概念は、郷土の範囲を市町村、場合によっては郡・府県までも含めた広範囲で捉えていた点が特徴であろう。当該思想の背景は、下記の論文(註21)からも理解できよう。

英國の如きも人口一萬以下の小都市では、人民の税金で維持する博物館を作ることは、法律上許さないことになつて居る。

したがって、棚橋の考える郷土博物館は人口が一万人以上の地となり、故に郷・村程度では人口の上では条件を満たせず、町・市・県立と言うことになる。確かに、村立の郷土博物館で運営費をはじめとする面で、本来の博物館機能を断念している郷土博物館を見た場合、一概に否定できない考え方である。

さらに、棚橋は郷土博物館の設置条件として、第一に専門職員の配置と児童・勤労青年・成人の利用と専門研究者への場の提供、第二には関東大震災によって東京博物館を焼失した経験からであろうか不燃性を挙げている。(註22)

郷土博物館の役割に関しては、「学校の補助機関」(註23)、「地域の社会教育機関」(註24)、「特別な専門家にとっての研究機関」[註25]の三点をあげている。

以上三つの機能を踏まえて郷土博物館論は、普通博物館（General Museum）でなければならないとし、具体的には「郷土の歴史、考古、土俗、工芸、美術、人文方面、科学、産業まで広がるものでなければならない。」と記している。[註26]

そのうえで、「郷土の美点ばかりでなく、短所も提示し、地域の問題を改善していくことが必要である。」と記し、さらに「偏狭な愛郷心にとらわれ、保守退嬰に陥らしめぬよう、社会の趨勢に顧み時代の要求に即した社会教育を行う」ことが重要であると結論づけている。

つまり、郷土の過去・現在のものだけではなくそこに発展的な資料の収集や展示を行うことによって郷土の経済的発展、地域文化の発展に役立てることも加えて述べているのである。[註27]

棚橋は文部省の推進する郷土室の設置を批判し、独自の郷土概念のもと学校教育での機能・社会教育での機能・研究機関としての機能の三点を原則とし、郷土博物館論を展開したのであった。

大学教育

昭和二十五年に上梓された『博物館学綱要』は、棚橋の博物館学の集大成であり、一方では法制定と学芸員養成を視野に入れた著作であったと把握できよう。その後の昭和二十七年の学芸員講習会の開催と『講習講義要綱』も棚橋の博物館学教育の結実である。これらを受けて、大学での教育では立教大学における学芸員養成があげられる。

昭和二十八年に、立教大学が我が国の大学では濫觴となる博物館学講座を開講したことは歴史的な事業であった。棚橋は、自らが推進した博物館法制定によって制度化された学芸員養成の講師として招聘され、八十四歳で教壇に立ち学芸員養成と言う形での博物館との関係を継続したのであった。昭和三十五年三月の立教大学退職時は満九十歳であったという。

おわりに

棚橋の博物館・博物館学に対する意欲には唯々敬服するばかりである。また、棚橋の郷土思想には、郷土愛を祖国愛へと昇華させようとする当時の風潮に対して具体な否定論も肯定論も読み取れず、一貫して国家思想に阿ることなく棚橋独自の郷土論を以て郷土博物館論を展開した人物であった点も評価しなければならない。(註28)

（註1）棚橋源太郎先生関係資料目録編集委員会編　一九九一「棚橋源太郎先生著作目録（一）」『棚橋源太郎研究』第四号
（註2）棚橋源太郎　一九五〇『博物館學綱要』理想社、三頁
（註3）棚橋源太郎　一九四四『本邦博物館発達の歴史』日本博物館協会（本書下巻六十一参照）
（註4）『眼に訴へる教育機關』（一九三〇、宝文館）、『郷土博物館』（一九三二、刀江書院）、『世界の博物館』（一九四七、講談社）、『社会文庫・博物館』（一九四九、三省堂）、『博物館學綱要』（一九五〇、理想社）、『博物館教育』（一九五三、創元社）、『博物館・美術館史』（一九五七、長谷川書房）などである。
（註5）棚橋源太郎　一九六〇「国立科学博物館の拡充に曙光」『MUSEION』№5（本書下巻八十参照）
（註6）宮崎　惇　一九九一「棚橋源太郎先生年表」『棚橋源太郎研究』第三号、棚橋源太郎先生顕彰・研究会
（註7）棚橋源太郎　一九〇五「校外觀察に關する研究」『教育研究』十三號、五頁（本書上巻六参照）
（註8）棚橋源太郎・本田増次郎　一九〇二『ヒユース孃教授法講義』山海堂

（註9）棚橋源太郎　一九〇二「高等師範学校教諭兼訓導　棚橋源太郎君の教育談」『日本之小學教師』第四巻第三十七號、國民教育社
（註10）棚橋源太郎・宮本馨太郎　一九六二『棚橋先生の生涯と博物館』六人社、三十八―三十九頁
（註11）棚橋源太郎・岡山秀吉　一九〇四「手工教授上の諸問題」『教育實験界』第十三巻第一、三、四號、育成會
（註12）棚橋源太郎　一八九五「高等小學理科教授論」『國家教育』第四十二號～四十七號、国家教育社
（註13）棚橋源太郎　一九一六「國民教育と博物館」『教育時論』第一一二一號、開発社
（註14）註13に同じ
（註15）三好　学　一九一五『天然紀念物』富山房
（註16）小田内通敏　一九三七「総合郷土研究に基づく郷土教育」『文部時報』第五百七十二號、八十一―八十二頁
（註17）一記者　一九二八「學校教育と博物館」『博物館研究』第一巻第二號、同様なことは、棚橋源太郎　一九三二「郷土博物館問題」『郷土―研究と教育―』刀江書院（本書下巻四十参照）
（註18）棚橋源太郎　一九二二「本邦將來の博物館施設」『教育時論』第一三四五號（本書上巻二十六参照）
（註19）棚橋源太郎　一九三二「郷土博物館の本質と職能」『博物館研究』第五巻第四號（本書下巻四十六参照）
（註20）棚橋源太郎　一九三二『郷土博物館』刀江書院、五十一―五十八頁
（註21）棚橋源太郎　一九三一「郷土教育の一考察」『教育研究』第三百六十七號、初等教育研究会（本書下巻四十一参照）ほか
（註22）一記者　一九二八「學校教育と博物館」『博物館研究』第一巻第二號
（註23）註20に同じ
（註24）棚橋源太郎　一九三二「郷土博物館と社會教育」『博物館研究』第五巻第三號（本書下巻四十五参照）
（註25）註20、二百二十五―二百二十四頁
（註26）註20、十八―二十頁
（註27）棚橋源太郎　一九三三「公民教育と郷土博物館」『公民教育』第三巻第八號（本書下巻五十参照）
（註28）註21・註27に同じ

一　「教授の基礎としての郷土」

（『教育實驗界』第七巻第十二號、第八巻第一號）

一、愛郷土心
二、教授の基礎は之を郷土に置かざるべからず
三、高等師範學校附屬小學校の郷土學
四、郷土學と國語科
五、郷土研究の必要と其の要項
六、郷土研究の方法
七、野外教授

一、愛郷土心《ハイマアトジン》

私は小學教育の實際に當つてから以來、郷土と云ふものは教育上餘程研究すべき價値のあるものであると云ふことを常に感じて居るのであります、併しまだ充分に教育學上から之が研究を爲さないのであります。多くの教育學者の言ふ通り、郷土の自然及び人事は、小學の教授殊に實科教授の出發點とならなければならない、又其の郷土を愛するの心即愛郷の情と云ふものは、人間の道德的意識の一要素であるので、之を擴張する時には祖國の愛即愛國心となるのであります、されば國民としての性格の養成上よりも亦決して輕々に觀過すべからざるものである。郷土は實に吾々を生んで、さうして又養育して與れた生涯忘る可らざる所の神聖なる土地である。故に此郷土を愛するの情は自然的なもので又一朝一夕の結果ではない、吾々多年其郷土に生活して日を送り、其間常に其郷土の自然の風景を眺め、其の四時の變化を樂み、或は啻に自然の一方面に止まらずして其の郷土に起る處の人事即吉凶禍福の日に當つては、郷土の人と共に之を喜憂し、又其の郷土の沿革歴史に就き其の郷土に殘つて居る色々の舊跡遺跡と云ふやうなものに付て、屢々父老より其物語りを聽き、又其郷土から出たる偉人の事蹟に付て話をされなどし、實に斯の如くして養育されたのである、だから愛郷土心が成人の後でも吾々の道德的意識の上には常に强い勢力を持つてるのも道理である、郷土の記臆、郷土に對する情と云ふものは生涯通して此の如き勢力を持ち、又次第に發達して往くのである、故に私は他日を期して此郷土と云ふものを、教育の方面から何時かは是非研究を爲たいと云ふ念を常に懐いて居るのであります、此點に就ては恐らくは歐米の諸大家は既に多少研究をして居る事と思ふのであります。故に私の申上げて見やうと思ふのは、主として教授の方面からである、教授の基礎としての郷土と云ふものは如何なる内容を持つて居るものであるか、又其郷土と云ふものはどんなやうに教授の實際上に利用爲なければならないが、隨つて此小學校の教育に從事する者は、其郷土をどんな風に研究する事が必要であるか、其研究

する方法は正當に如何なるべきかと云ふやうなことに就てゝあります。

二、教授の基礎は之を郷土に置かざるべからず

ペスタロッチー以來、郷土は常に敎授特に實科敎授の出發點と爲なければならないと云ふとを言ふて居るので、之はペスタロッチーが敎授上の一大原則として唱へた處の『敎育は直觀的ならざるべからず』と云ふ其原則から起つて來たことで、敎授の初步に於ては必ず實物現象の事實を兒童に直觀させて、其直觀の上に概念思想を築き上げなければならないと云ふのがペスタロッチー派の一大主張であるから、其結果として此一派が初步敎授の基礎を郷土に從かなければならぬと唱へ出したのは實に尤もな事であると思ふです。夫であるから歐羅巴の中で殊に獨逸各聯邦の小學校敎則の中には、小學の第一學年、或は遲くとも第三學年からは必ず郷土的直觀敎授、又は地理理科と云ふやうな敎科の下に其郷土の全体を敎授の材料として、則ち其郷土を研究の對象として地理歷史理科の如き實科に關する基本觀念を作るとに爲るのである。彼の國にても從來は、此の郷土科と云ふ者は主として郷土地誌の別名であつたのです、則ち其の祖國の地理を學ぶための其基礎敎授として其の郷土の地理的物件、則小山であるとか、池川であるとか、道路であるとか、或は又町村であるとか、住民の職業であるとか、或は役場であるとか、警察であるとか、郷土の氣象であるとか、或は郷土から見らるゝ天文上の現象であるとか云ふやうなものを直觀的に、又實際的に研究さして、又夫を地圖の上に書き現はさせ、さうして地圖と、實際上の小山とか池川とが森とか町村とか道路とか云ふやうな物との間に確乎たる聯絡を與へて、詰り地圖と云ふ者を讀む力を養つて、其地圖と云ふ者に對する確實明瞭なる觀念を基礎として、其次きには眼て見えない處の隔離した土地の地理即郷土を一步出づれば、十里外の處も、百里外の所も、二百里外の所も兒童に對しては等しく他國であつて、其間に何等の區別は無いのであるから、郷土以外の地理は必ず地圖に依て之を學ぶの外無いのである、又地圖上に表はす事の出來ない處の自然及人事も、亦其の郷土に於て其實際を目擊せしめ、其實地に就て考察させた處の其基礎觀念を踏臺にして、夫を比較の標準基礎として、敎師の談話を理解するの外は無いのである、則ち想像によりて學ぶの外はない。斯う云ふやうな點から、獨逸でも從來の郷土學は主として郷土地誌であつたのである。然るに近來に爲つては此總ての實科諸分科敎授の出發點は、必ず此郷土の實地研究に從かなければならないと云ふことが愈々明瞭になり、又此の考が實現されることに爲つて來て、今日にては單に地理の一科に止まらないで、理科歷史、殊に理科の如きは其郷土科の內の主要部分を占めるやうに爲つて來たのである。先頃獨逸のバルタイル、シュマイル兩氏合著の理科敎授法を見たのに、其內に郷土科の內容に就て地理歷史理科材料の割合が言ふてあつた、同氏等の意見に

は、材料の上に於ての割合は地理と歴史とを合せて全教授時間の二分の一を與へ、理科には即殘る三分の一を與ふるのが適當であると云ふやうに言ふておつた。

理科の如きは既に兒童が小學校の門に這入る前から家庭に於て學んで居つたので、彼等が家の周圍の花園、或は村の内の小河、池、森、畑、草原、藪と云ふやな所を常に逍遙して、或は木の實を採り、草花を折り、魚介昆虫を捕へ、或は其の集めて來た昆蟲を養ひ、小魚を育て、又其の拔いて來た芽生の植物を屋敷の内に小さな花畑を作つて植ゑ、彼等が一種の遊戯として此の如く自然物を自由に觀察し玩弄して居るのは實に彼等に取つては直觀的の理科教授であつたのである、故に彼等が小學校に來てからは其彼等の自由なる又豐富なる又直觀的なる自然的なる理科の教授に引續づいて其の思想界を擴張し、今まで彼等が實際に就て直觀的に豐富に受領した所の其知識に系統を與へ、之を整頓すると云ふ事でなければならない。從て其觀察の範圍も矢張り彼等が家庭に在つて自由に逍遙し狹い範圍内に於て研究した通り、又小學校に來てからも其觀察の範圍は彼等の觀察が行屆く所の郷土の内に止めなければならないのである。殊に今日の理科教授に關し色々の主義がある中でも『理科の教授は自然に於ける統一的生活を理會させなければならない』と云ふことは最も有力なる一つの主義であつて、其自然の生活と云ふことは動物、植物、鑛物と云ふやうな物を個々別々に離して何程之を研究しても其目的を逐することは出來ないので、是非共此動物、植物、鑛物を一つの全体として、其間の關係と云ふものを理解させなければならない、例へば一種の植物を教へるに爲た處が、其植物それ自身の形態構造と云ふやうな事丈けでは何等の意味を持たないので、是非とも其植物を、極く近くに共存して居る自然物、又は其植物の上に及ぼす所の樣々の勢力との關係を知らせなければ其處に何等の意味も出來て來ないのであります。先づ其植物には必ず其植物の存立を妨ける所の有害動物と云ふ物が屹度ある、だから先づ其植物には如何なる動物が如何に害を爲すかを知らせなければならぬ、又其植物が花の咲く木であるならば、必ず蝶杯の樣な昆蟲の助けを借らなければ、其植物は種子を結び同類の蕃殖は得て望むことが出來ないのであるからして、先づさう云ふやうな昆蟲との關係を知らせなければならぬ、又其昆蟲の方から言へば、蝶の喙が管の樣に長く延びて屈伸自在であると云ことも、花の中の深い底に在る蜜を吸ふて彼等が生活を爲して居ると云ふことを措ては何等の意味を持たない、又其蝶が卵から出て幼蟲である時には、其植物の葉を食つて生活して居るので、其植物が無ければ彼等成虫も幼虫も一時も生活の出來ない者であるからして、其間の關係と云ふものは實に密接な者である、獨り其蝶蜂と植物との間に此の通り密接なる關係がある計りでは無くて、森には又其の蝶蜂を捕へて食物として居る所の小鳥がある、然るに又其小鳥を捕へて食物とする處の鷹とか梟とか云ふやうな猛禽がある、故に其猛禽類は小鳥に對しては實に恐しき敵である、乍併小禽も昆虫に對するときは等しく怖しき敵となり、さりながら植物に對しては有力なる保護者であると云ふやうな風に、動物植物と云ふ物の間には離る可らざる關係がある、植物は獨り動物に對して此の通り親密なる關係がある計りでは無い、植物が春になつて芽を出し、枝を伸ばし、葉を茂らし、花が咲くことも、偶然では無いので、丁度外界の温度濕氣光線の分量が適當の狀態に立戻つて來たからのことであるので、詰り外界に於ける諸勢力の影響に外ならぬのである、それが復秋になれば頓に生長を能めて、成熟に傾き、其の葉も黄葉或は落葉して冬越しの仕度を爲ると云ふのも、是亦外界から受ける氣象抔の影響に外ならないので、植物は此通り外部の色々の自然の勢力の影響を常に受けて居るのである、植物は尚はこゝに止らないで、彼等が平生食物とする處の物は、空氣中に在る炭酸瓦斯、地中に於ける種々なる鑛物にして、此等は彼等の身体を常に養ふて居るものであつで、是等の養ひを絕つときは彼等は遂に其存立を全ふすることは出來ないのである、植物は又斯う云ふ點に於て鑛物と親密の關係を持つて居るのである、だから今日の理科教授上に於て唱へられて居る自然に統一的生活を理解させるのには、必ず其動植鑛物と自然の諸勢力とを一緒に引きくるめて、一つの全体として考察させなければならないのである、則ち動植鑛物が一緒に集つて存在して居る場所に兒童を連れて行つて、眼其實際を觀察させなければならないのである、其動物植物鑛物抔の集つて群生して居る場所は何處であるかと云へば即森であるとか、田であるとか、畑であるとか、藪であるとか、原野であるとか、花園であるとかに外ならないのであるから、教師が何時でも妄りに時間を浪費することなく、さう云ふ自然物の數多集つて群生して居る共生活の共存体へ自由に生徒を導いて行つて、其實際を觀察させると云ふことは必ず之を鄕土に限らなければならないのである、だからして斯う云ふ點に於ても、鄕土と云ふものは常に理科教授の出發點で無ければならぬ事は地理教授に敢て讓らない必要を持つて居るのである。其通り又歷史教授に於ても鄕土は其の唯一の出發點では無いとした處が、一の出發點としては缺く可からざるものであらう。

歷史教授の基礎として出發點としての鄕土は如何なるものであらうか。先づ彼等の一軒の家の家族成り立ち、又彼等が始めて入學し來つた處の學校の組織、又鄕土に於ける自治体の組織、斯う云ふやうなものは他日彼等が府縣國家を理解する基礎と爲るので、其他學校には其敷地の沿革と云ふものが必ずある、又其建物の沿革と云ふものが必ずあらう、是等は皆兒童の知らんと欲する所であつて、是等に關する理解と云ふものは、必ず歷史教授の基礎として相當の價値のあるものでなければならぬ、既に學校を一歩出づれば神社佛閣と云ふものもあらう、或は舊跡と云ふやうなものもあらう、或は戰死者の紀念碑又は其土地に公益を與へた偉人の紀念碑、或は城址と云ふやうな物もあるだらう、或は其鄕土全体に關する沿革と云ふやうな物もあらう、是等の事項は皆彼等兒童が、既に家庭に在るときから幾らか話を聽き、又實地を目擊して居るので、學校の敎授に於てもそれ等の經驗を基礎として、更に其上に夫等に關する由來沿革傳說と云ふやうなものを、比較的順序立てゝ敎授するときには、其理會は他日今一段進んだ歷史敎授を理解する有力なる基礎と爲らなければならない、併し地理理科とは追つて歷史の敎授の出發點としては、此鄉土が唯一の出發點であると云ふことは、或は少し穩かならぬかも知れぬが、大体に於て地理々科の如く同じく歷史敎授に於ても鄉土を以て一の出發點と爲ることに於ては差支無いのみならず、是非必要なとであらうと考て居るのである。

三、高等師範學校附屬小學校の鄉土學

敎授の出發點として鄉土の輕々に看過すべからざることは今申す通りでありますから、高等師範學校の附屬小學の第一部では、從前は尋常第一學年から地理科と云ふのがあつて、其内では主として理科、及び地理の初步を敎へ、さうして尋常第三學年に至つて鄉土の地理を稍精密に知らせ、尋常第四學年に至つて鄉土にける傳說から始めて傳記体の基礎的歷史敎授を行ふて居つたのである。然るに本學年からは少しく之を改正して尋常第一學年第二學年には觀察科として、主として理科及び地理に關する事項を直觀的に敎授し第三學年に爲つて鄉土科として地理歷史理科と云ふものを悉く鄉土に材料を採つて敎授し第四學年に至つて更に其地理歷史理科の敎授を擴張すると云ふことに改めたのである。其改正の要旨は鄉土的直觀敎授としての意味は少しも前とは變はらないのであるが、唯從來のでは第三學年に至つては單に鄉土地誌の敎授而已であつて、理科歷史と云ふやうな物は更に省みない、又第四學年になれば單に歷史而已を敎へて理科地理と云ふものを省みないと云ふやうなことであつて、其の敎授の對象として常に鄉土の全体を取るといふことが忘れられてあつた、然るに今度の改正では、家庭より幼稚園、幼稚園から小學校に進み來りしまで、皆其地理歷史理科總ての方面に對して鄉土の全体を偏頗なく相並んで彼等が學問を爲して來た、夫を基礎として段々と皆其敎授を擴張して行くと云ふ其要求に比較的完全に應へやうと云ふ事から出て居るので、尋常小學一學年では其觀察の場所は主として敎室内の事物、又は學校の内に設けられてある花園に於ける自然物、同時に地理としては敎室校舍學校の敷地と云ふやうな範圍に限られ、歷史としては學校の職員、組織生徒との關係と云ふやうな狹い範圍から出發して、漸次學校の近傍に及ぼし或る時には兒童を花園に引率して動植物の生活の實際を觀察させ、或る時は雷雨の後などに便宜な場所に兒童を引率して、遊步場を雨水が流れる模樣、則地形と排水の關係を觀察させ、漸次學年の進むに連れ或は其學校の校舍、敷地、學校の附近に及ぼし、住民の職業建物、官署、社寺、公園、池沼、森、土地の區劃形狀、並に此等沿革、及び其等に於ける動植物の生活、人生上への利用等を考察させ、尚ほ實地につき之を實測させて之を地圖に書かせ、斯の如く地理歷史理科相並進して實科敎授の基本的觀

念を作る事に努めて居る、毎週僅に第一第二學年では一時間、三學年四學年では三時間位の少時間ではあるが、兒童に取つては最も愉快なる教科の一つと爲つて居るので、今後の教育上に於ける其結果と云ふものが、果して如何、と云ふことに付て樂んで其結果を待て居るのであります。併し是は小學教育に就て或範圍内にて特別の研究が許されある附屬小學校でこそ斯う云ふ愉快な經驗が出來るのであるが、併し一般小學校に於て今日の教則に於ては以上申すやうに教授の出發點として郷土の研究が必要であると言ふにも拘はらず、一教科として之を課することは出來ないのである。　（つゞく）

四、郷土學《ハイマフトスンデ》と國語科

現行教則の精神では、郷土についての實科教授は之をどうしても主として國語科に於て行ふのが先づ當然であらう。夫で言ふまでも無く、國語の教授には言語文字文章と云ふ形式に關する教授と、さうして事物の知識に關する内容の教授との兩方面を持つて居るのである。所で國語科としては前申上げた形式的の方面が主要に相違ないが、併し言語文字と云ふ者に内容を供給する者は、實に事物に關する知識であるからして、國語教授に於て事物教授を行ふと云ふことは、實に差支無い計りでは無い、却て夫は是非爲なければならない事である。故に此尋常小學校に於ける事物教授と云ふ者は、必ず此國語科に於て行ふべきとは無論の事であらうと思ふ。然るに今日の國語教科書と云ふ者は、本來全國の小學校を標準として編纂されてあるものであるから、隨て其事物的教材の選擇と云ふことになると、特に郷土は教授の出發點と爲なければならないと云ふやふな教授上の原則を實現してあるもので無いと云ふことは無論の事である。だからして其全國を標準と爲し、又一般を目的と爲る其國語教科書に依つて、鄕土的に又直觀的に事物に關する基礎的教授を行ふには、各學校に於て大ひに斟酌を加へなければならぬ。本來の性質を言へば、國語教科書の如きも、各學校毎に、或は少なくとも各都市、或は各地方毎に編纂さるべきが當然である、併し斯の如きは今日の實際に於て望む事の出來ないのであるから、是非各學校に於て各教科の教授細目の編纂に當つて、國語科に於ても亦教科書使用し、國語教授と事物教授との兩目的を圓滿に達すると云ふ上から充分に考へを須ひ、特に其學校に向つて教科書中の事物を鄕土的に改め、又其鄕土に於ける其の發現の時節に合せ、或は其材料を取捨し、或は之を補ひなどして充分に鄕土と云ふものを省みて教授細目が出來なければならないのである、併し此全國を標準とし、一般を目的とせる國語教科書で、鄕土的に直觀的に事物教授を行ふと云ふことは、必竟不可能の事では無いかと考へるのもあらう、併し私の考へでは、西洋の如く教課中に鄕土科或は觀察科と云ふやうな事物的教科を別に設けられるのには及ばないけれども、我國の今日の如く國語科教授に於て、實科の基礎教授を行ふことは或る程度までは無論出來る事と信じて居るのである

五、鄕土研究の必要と其の要項

其れ故に此の鄕土の研究は高等科に爲つて地理々科と云ふやうな實科が其教科に加つて來たときに、始めて其の研究が必要となるのでは無くて、却て尋常小學科の程度に於て寧ろ必要なのである。何者ならば前から屢々繰返す通り、鄕土は實に總ての教授の基礎で無ければならないから、尋常科の程度に在つては、各教科毎に實科に關する材料は悉く之を鄕土に求めなければならない必要があるからである。こう云ふ譯であるから尋常小學の教育に於ても、特に其鄕土を研究し、鄕土に關する豐富な知識を持つと云ふとは一の必要な事と爲つて來たのである。然らば其鄕土に就ては教師は如何なる方面から之を研究爲なければならないかと云ふ問題が起つて來るのである、これに就ひては、既に前に段々話した事で大概は判つて居る通り、大体上より其研究すべき事項を大別すれば、鄕土の自然及人事の二つとなる。鄕土の自然とは言ふまでもなく鄕土に於ける自然物及び自然の現象にして、人事とは鄕土に關する歷史と、さうして鄕土の人文地理である。併し事柄も鄕土にさい關係して居れば、如何なる事でも教材として適切であるかと云へば決してさうでは無い、これは動もすると誤解され易い事で、材料選擇の一の必要件として、兒童の心理的要求を省みなければならないのである。故に鄕土の人事につきて言へば、鄕土の歷史沿革傳說、其の他政治上經濟上社會上に關する事項で、兒童の理解に耐へ、又趣味に適する事項に限らなければならないのである。所でこういふ點に就ては、其土地に長く奉職する教師は割合に研究して居る、併し研究を爲やうと云ふでは無く、知らず識らずの間に色々な處から見聞して、割合に豐富なる知識を持つて居るのである。併し其教授の實際に夫を系統を立て整理して教授細目中に編入して、

敎材に供して居るのは餘り多く見ないのである。到る處郷土には最も趣味ある適切なる材料があるにも拘はらず、之れ等は捨てゝ顧みないで、却て兒童に關係の無い遠方の趣味の薄い事柄を尋常小學校で敎へて居るのを多く見るのは遺憾である。

第二の要素たる郷土の自然とは言ふまでも無く郷土の土地、氣象、天象、動植物、鑛物であるのである。此等に關する知識は單に尋常小學の敎授に止まらないので、高等小學に至つても理科抔は、各學年を通して其材料を郷土に求めなければならないのであるから、敎師は其郷土に就て充分豐富なる知識を持つて居る必要がある。デ私は屢々地方の講習會抔に頼まれて行くと、先づ其土地に到着するや、其附近の小山に登つて其土地の形狀地質、構造岩石に注意し、其土地の地質學的の歴史、即其の土地は地質學上如何なる時代に關する地層より出來て居るか、又其の地層を造つて居る岩石の種類性狀、或は其内に含まれて居る化石鑛物と云ふやうなものに注意するのである、之が私の旅行を爲す上に於ての一つの樂みと爲つて居るのであります。それで多くは小學校の建つて居る場所は、村落に在つては地層斷面の明に露出して居る高臺の上、又は地殼發達の歴史上頗る趣味ある地層の上にあるのが通例である。故に其の學校の敷地地盤は直に敎材に供することが出來て、又其學校の窓から望むときには、坐ながらにして或は火山力の大ひなる仕事を目擊することも出來、或は偉大なる流水の削磨作用が營んだ事業も見る事が出來るので、斯の如き趣味津々たる事柄を眼前に控へながら、其土地の敎師の多くは之を餘所に看て顧みないから、兒童は此等の自然の經營の偉大なる事業に向つて眼を開かないのである、趣味を感じないのである、故に敎師は斯う云ふ點に於て、其郷土に就て研究を爲すべき材料は中々豐富であらうと思ふ。

夫から次ぎには其地に於ける動植物である。其土地に於ける一切の動植物を其一々の名稱まで知るとは固より專門家にあらざれば望む事は出來ない、乍併其學校に採用して居る敎科書を運用し、或は其敎科書の足らざる處を補ふために作つた敎授細目の實施上に於て必要なる丈けの動植物に就ては一通り知つて居らねばならないのである、即其の名稱、形態、構造、生活の方法、人間に對しての利害如何と云ふやうな、一通りの事は知つて居らなければならないのである。尙ほ夫等の動植物については普通の動植物學の書物に書てあるやうな事を知るに止まらないで、特に其等動植物の在る場所、又現はれる期節、花を開き實を結ぶときなどに就ては、特に敎師は之を知つて居なければならない。何せならば夫等の事に就て實際上の知識がなければ、其敎師は夫等の實物を敎授上にて利用する上に於て不充分であるからの事である。だから敎師は其土地の主もなる動植物、殊に其土地の產業に直接關係のあるやうな動植物に就て一通り研究を爲し、其研究した結果は花の咲く時節とか、或は實を結ぶ季節の順序とか、或は地中より發生する順序とか、或は卵より現はれる順序とか、其他の順序に依つて之を理科資料の中に併込んで、各學校毎に一つの大部なる書き物が出來て居る位で無ければならない、熱心なる教師があつて、其學校の爲めにさう云ふやうな研究をして置いたならば、他日新たに教師が他の地方から其土地に赴任して來たやうな場合には、其教師に向つて非常なる助けとなるのである。折角其の教師は其學校に對して忠實に職務を果さうと考へて赴任して來ても、若し此の如き備へがなければ、其の教師をして空しく一二年の間は充分手腕は揮はせることが出來ない。故に私は各學校に於て斯う云ふ事柄が是非調べられて居なければならないと同時に、尚は望むらくは、其等動植物の現はれて居る場所、住んで居る場所が其鄕土の地圖を置いて、其地圖の上に書き記して置かれたいのである、即ち『其鄕土の博物地圖』と云ふやうな物が各學校毎に備へられんことを希望するのである。若し我輩の希望通りゆけば、其博物地圖を一目すれば、直に必要に應じて何處に行けば蠑螈が居る、何處に行けば袋蛙が居る、何處の森へ行けば何、何處の池に行けば何と云ふ事が直ぐに判かるのである。又理科資料の方を見れば、何月何日頃には何が何處で卵を生み、又何植物の花が咲き、又實が結ぶと云ふやうな事が判かるのである。で斯う云ふやうな研究は、各學校に於て教授細目を編製する前に當つて、宜しく先づ之を爲さなければならない譯である。故に若し鄕土に關して此等の研究が出來て居ない以上は、何程敎育學の理窟が判かり、教授學上の理窟が明瞭に爲つて居つて、夫等の理窟に基いて完全なる教授細目を編製しやうとしても、其材料の研究にして此程度に適して居ない以上は、折角の其計畫も之を實地に行ふことは出來なからうと思ふので、私の考へでは鄕土に關する研究は實に本であつて、教授細則の編成杯は其末であらうと思ふのである。

六、鄕土研究の方法

然るに此鄕土に關する研究、殊に其の自然の方面に關する研究と云ふものは、何れも實物につき實際に臨んで之を研究するのであるから、書籍上の研究而已で其目的の達せらるゝ場合は少いのである、則ち其仕事の大部分は實物を採り、又其實地に臨み實際に就て之を研究しなければ出來ないのである。何せならば、其鄕土の爲に特に書き著したと云ふやうな書物圖畫と云ふやうな物は無いのみならず、學問の性質上よりも、自ら他の學科と異り、特別の方法に賴つて之を研究しなければならないのである。然らば誰れに依つて其研究を始むべきかと云へば、私にも格別是と云ふ明案も無いのであるけれども、先づ最も十分なる方法は、講習會と云ふものに依る事が最も手近い適切なる方法であらうと思ふ。自然科學と云ふものに就て素養のある講師を聘して、一校或は數校聯合して特に其鄕土に關する自然研究と云ふやうな課目の下に、實際に就て講習を受けると云ふやうな事は、最も大切なる事であり、必要なる事であらふと思ふ、此鄕土に關する自然研究と云ふことが、高等小學の教員は言ふに及ばず、尋常小學の教師にも欠くべからざることは、既に屢述べた通りだから、若し其郷土に在りて其土地の小學の教育に從事する者は、一人も殘らず此種類の講習を受けなければならないのである。夫で之が一つの方法である。

第二の方法は人には一短一長あるもので、多人數の智慧が集まれば比較的完全なる者になる事は自然の結果である。だから一校或は數校の教員は、適當なる日を擇んで郷土に關する自然研究會と云ふものを開いて、研究の順序を立てゝ幾回かの研究を爲したならば、幾らか其の目的を達する事も出來ぬでも無からうと思ふ、此の外には別に之れどいふ方法も無いので、書籍上の研究に爲れば餘程其効力が薄いのである、併し農商務省の地質調査所から出してある地質圖幅と云ふ物がある、之れは全國を六十幾つに區劃して、地質學上の學識のある技師を派遣して、一特に其一地方の地質を精密に調査して作つた處の圖幅である、其圖幅には色分けをして、其地質構造岩石の種類が現はしてある而已ならず、夫には説明書と云ふものが一冊づゝ附いて居るから、此説明書と圖幅を携へ、實地を踏査して實地に臨んで研究したならば、幾らかの補助には爲らうと思ふ。これは東京の日本橋區の東陽堂で賣ふとが出來る、併し書籍上の研究であるからして、講習會其他の方法の如く有力では無いことは勿論である。

七、野外教授

私の考へでは、郷土に關する自然研究會又は講習會と云ふやうな場合には、之と同時に兒童を野外に引率して野外教授を行ふには如何なる方法に依て之を行ふべきか、如何にしたならば其効果が多からうかと云ふやうな事に就て研究を悉す事が大切では無いかと思ふ。デ此郷土と云ふものが教授の出發點である丈け、又兒童をして單に教室内で郷土の事を扱はせるに止まらないで、教室の外なる郷土の色々の地理的物件、又は理科的材料の現存せる所へ引率して、實地の教授を行はなければならないのである、從來も野外教授と云ふ事は屢々人の口にする處ではあるが、私の今日まで見て居る處では、多くは其野外教授と云ふものゝ充分なる仕事が出來て居ないやうに思ふ。多くは何の計畫も無く兒童を野外に引ッ張り出して作れて回はり、或は草原を驅回らせて來れば夫で大ひに價値のあつた如く考へて居る者が多い。そんなやうな野外教授ならば、大都會の兒童は兎も角も、多くの兒童は常に野外に遊んで居るのであるから、教師に引つ張られて行くよりはもそつと自由に研究的に兒童自身が自然の教授を受けて居るので、學校の野外教授よりは却て其方が教育上の價値が多からうと思ふ。苟も學校から兒童を野外に引率して野外教授を爲すと云ふことであるならば、先づ其目的と云ふものを一つ確定しなければならない。夫から次ぎには其目的を達するに就ては夫々計畫と云ふものが立てられなければならないのである。デ計畫の無い野外の遊行或は遠足と云ふやうなことは、體育上などには多少の効果はあつても、實科に關する基礎教授としては何等の利益も無い事と思ふ。だから苟も教育的に野外の教授を行はんと思はゞ、各時間の教授にそれ〲目的がある如く、先づ教師は其舉行に先つて目的を定めなければならない。所で其の目的は無論日々教室に於ける實科教授の必要上から來るので、教室の授業と親密なる聯絡を持て居らなければならない、そうして此の目的によりて遊行の場所といふものが撰定されなければならないのである。既に遊行の目的場所が定まつた上は、施行上の計畫を立てるため、先づ教師は一同野外教授を爲る前に當つて、其實際の場所に臨んで一通り取調へることが必要であらうと思ふ、夫で取調べて歸つたならば、一時間の授業に就て教授案がある如く、教師は其野外教授に向つて一つの教授案と云ふ者が立たなければならない、此の教授に於ては數日來の實科教授に親密なる聯絡を附け、又此の後の教授に向て數多の結合點を與ふる事が必要である。愈々野外教授を實施すると云ふ事に爲つたのであるが、先つ此野外に引率する生徒の人員を一つ考へなければならぬ、夫で苟も野外に所謂教授を爲すと云ふ事には、一學校數百人の生徒を同時に引率すると云ふことは餘程無理な仕事であるから、多くとも先づ一學級の生徒を引率する位の程度に止めて置きたい。先づ其野外に出發するに當つては、教師は各生徒に命ずるに宜しく一本の鉛筆と一冊の手帖を持參させる事が宜からう。之は生徒學年の程度にも由ることであるけれども、年級の高く爲るに從つて其必要が倍々多い、教師は豫て計畫して居る處の場所に到着したならば、猥りに生徒を解縱に其遊を馳回らせると云ふやうな事を嚴禁して、教室内に管理をを要する如くそれよりは一層嚴格に秩序を維持して、さうして其觀察すべき要項即目的を指示すると云ふことが必要である、此目的指示は、出發前に於て學校で之を行ふ事も或る場合には是非必要であらうと思ふ。夫で既に目的の指示が終り、生徒は觀察する所あつたらば、各種の教式を用ゐて其觀察したる事實を正格に精密に理解させると云ふことが必要であらう、若し此場合が田畑草野に於ける花の間を飛回はる蝶蜂の仕事、又は林の中に飛んで居る小鳥の仕事、又は池河に居る或る動物の仕事抔を觀察させると云ふやうな場合であるならば、教師は生徒に嚴命を下して嚴粛に其柔かい青草の上に靜坐して、靜に其の可憐なる動物の生活の摸樣其仕事を觀察をさせ、其間は最も靜肅に沈默を守らせる事が必要であらうと思ふ。此際教師は生徒に命じて最も其必要點と考へる點は特に鉛筆を以て其實際を寫生させ、或は其事實を忘ない爲に手帖に摘要を書取らせをく事が必要である、若し又此の場合が地理教授に渉るやうな場合であるならば、小山、流れ、地層、などの實際に臨んで問答を用ひなどして、實際に就て說明を與へると云ふやうな必要もあらうと思ふ、同時に其看た實際は簡短に地圖に書かせ、摘要を筆記させると云ふやうな事も必要であらう、尚は其の外吟味した所の動植物岩石などは、其實物を學校へ携へ歸らせることもよい。斯の如くして觀察せしめた處は、單り兒童の心意に其儘受領させ蓄積させる而已ならず、其の結果を處分しなければならない、即ち先づ此な順序によつて計畫する所を畢し、既に學校に歸つたならば、其野外教授に依つて得た所の結果を纒めることに就て方法が工夫されねばならぬと思ふ。其の方法は、教室に於て或は其野外で觀察した事に就て問答を爲して之に答へしめ、或は順序正しく之を口述せしめて其觀察した處を纏める、即統括すると云ふやうな場合もあらう、或は其觀察した處を直に國語綴方の時間に於て作文させると云ふやうな場合もあらう、或は又其蹈んだ處の土地を更に地圖の上に畫かせると云ふやうな場合もあり、或は其の寫生し歸りたる所を畫の時間に畫かせる場合もあらうと思ふ、要するに野外教授に關しては夫々工夫を凝し、適切なる計畫を立て、教室内に於ける教授の如く夫々階段を蹈んで、さうして其教授の最後の目的に到着すると云ふことに爲なければならないのである。

尚一つ野外教授について必要なことは、各學校の教授細目に連絡して、毎年遊行を行ふ時期と場所とが凡そ一定されて置かるゝことである、これは教師の準備上にも頗る都合良き事である。總てこう云ふやうな事に就ては無論其郷土と云ふものに關する研究が充分で、郷土の自然に關する知識が豐富で無ければならない、元來此野外教授の方法は未だ實際充分に研究されない問題であつて、此後は夫々研究される事と考へるが、郷土の研究と相伴つて研究されなければならぬ事と思ふ、其故は折角の郷土の研究も野外教授の方法にして宜しきを得なければ、其効能を減ずると云ふことに爲るからである、要するに野外教授法も亦郷土の研究と相並んで研究されなければならぬ、此後の問題であらうと思ふ。夫で郷土と云ふものに就ては、教育學上より研究すべき種々の問題があらうと思ふ。然るに自分は未だ此郷土と云ふものに就て、教育學上から深く研究を爲ないから、充分なる事を言ふとは出來ないが、兎も角此郷土と云ふものゝ研究は今後の此小學校教授法の改良上、並に兒童性格の養成上最も注目すべき一大重要問題であらうと思ふので斯う云ふ趣味ある又重大なる問題に就て、教育家諸君が追ひ〳〵研究に着手されることを切望するの餘り、くだらない自分の考丈けを先づ御話して、教員諸君の參考に供したいと思つた次第である。

明治三十四年（一九〇一）

二「校外教授の記」（『教育時論』第五八五號）

吾が高等師範學校附屬小學校では、種々な名の下に、生徒を學校外に引き出すとが、一般の小學校より比較的多いのである。校外教授も其の內の一つで、終日又は二三時間を費して、公園博物館動植物園製造場又は野外へ、一學級の兒童を引卒して、主として地理歷史理科を實地につき實際的に教授するのである。我校の校外教授には、常に必ず目的と計畫と準備と結果の處理とがあることを主義として居る、併し校外の仕事は、性質上教室內の教授よりも一般に困難で、未だ仲々吾々の理想通りには往かないのである。去月二十一日（金曜日）、第一部高等科第一學年生徒三十九名を、吾々兩名にて、目黒村へ引卒した。すると『教育時論の』辻君から、其の狀況を書いて送れと申し越されたから、甚だ不充分ではあるが、其の經過の有りの儘を申上げることにした。

一、目的。二三週來、理科と地理とで教授した所を、更に實地につきて確實にし、同時に次に來る教授に向つて基礎を與へよとの積りであつた。

二、準備。こゝにいふ準備は、校外教授を行ふための準備といふ意味ではない。我校編纂の教授細目に依つて行つて居る平生の教授が、自ら其の準備と爲つて居るのである。二三週來、教授した教案は、次の如きもので有つた。

（理科）麥の形態、生活の方法、麥の種類、小麥の効用（澱粉等）、大麥の効用（ビール、飴等）しばの形態効用、竹の形態、生活の方法、發生（筍）効用、麥竹しばの比較、

（地理）關東平野の內東京附近、流水の作用、流水の利用等、

（國語）茶の話（植物の形態、茶の製法等）

尙ほ遊行の前日には、遊行の場所目的出發の時刻携帶品服裝等につき、談話をした。

三、實施。此の日、一ツ橋の校門を出たのは、午前の七時二十分であつた。生徒は頗る活潑で、今日の遊行を、深く喜んで居る如く見受けられた。二十分時間程にて、飯田町の停車場に着きて、こゝで隊伍を解いて、休息させ、八時發の汽車で、西へ向つて出發した。生徒は二つの客車へ分れて乘つたから、吾々兩名は、一名づゝ之に附き添つた。汽車の窓から、生徒は目下花盛りの、南瓜胡瓜茄子の畑を見て、不審がり問ひ掛けたから、其の名前を教へた、すると彼等は痛く喜んで、皆其手帳を出して、何事か記した。都會の兒童には、此んな事が面白いと見える。新宿驛に着いたのは、八時三十分であつた。此處で乘換のため、三十分の時間が有つたから、二十分間程新宿の街を引き回はした。此れは初からの計畫ではなかつた。街の店さきに立ち止り、生徒と問答が始つたのは、初が日本風の馬具を細工する店で、次のが蠟燭を作て居た小店で、次のが蒸し上がつたばかりの、饅頭を蒸籠から取り出して居る小店で有つた。此の三者は何の生徒にも、餘程新奇に、面白く感せられた樣で有つた。又街の店々の樣子が、何れも東京のとは大分異つて、一軒の店で、多種の商品を

商つて居る。即ち分業の程度が、隨分低い樣に思はれたから、二三の問を發して、注意を促したら、大抵の兒童には、直に其の事實が、理會された樣で有つた。又停車場に近い所に、新聞屋が有つて、高く積み上げられた薪が、廣い空地を滿して居たから此れは西北武藏地方から、此處に輸送し來つて、東京の薪屋に分配さるゝのであることを、簡短に說明した。彼是すると、發車の時間が來たから、プラットホームへ一同を引き入れた。此處で汽車に乘り降りするときの心得につき訓戒し、先はの敎室にての訓戒を憶起させた。訓戒が終ると、ちよーど、生徒の面前で、七八人の驛夫が、一輛の荷車を動し始めたから、一同にあれを見よと注意した。すると七八人にて、漸くに動かし得た荷車は、動き始まると、一人の驛夫で苦もなく、押して往つたばかりでなく、目的の場所まで往つたから、押すことを止めても、荷車は尙は獨りで動いて往つた、吾々は其の理由は說明しなかつた。けれども物に惰性習慣性があるといふ事實は、明瞭に經驗させた。此の時又線路を越えてあちらの森に、栗が眞白く花を咲いて居た。栗に雌花雄花のあることを話し、尙は先きに往て、其の花を取つて吟味することを約束した。九時十分に此處を發車し、途中小麥畑、はぼたん畑、稻の苗代田を見て、あれは何であると問ふたから、其の名稱を敎へた。九時三十分澁谷停車場で車を降り、南に向つて行くこと一町許の處に「まだけ」の籔が有つた、そこには筍が數多生て居て、或は一尺或は一間或は二三間といふ樣に、伸びて、既に枝を出し、竹皮を脫して居るもの、或は其の枝に青葉を着けたものさへあつて、筍の總ての發達楷段を現はして居た。一行の兒童が、之を見出したときの喜は、實に名狀す可らざる程で、或は土手に登り、或はあちこちと驅け回はりて、垣の間から愉快げに觀察し、何れも手帳に寫生を始めた。數日前の理科の時間には、筍は今年先づ五六尺伸び、來年又五六尺伸び、三四年目に竹に成るだらうと答へた彼等には、定めて新奇なる愉快なる經驗で有つたであらう。此の處より伍を解き、先頭の一伍を先鋒とし、最後の一伍を後殿と定め、何等の事情あるも、兒童は先鋒後殿の前後に出づ可からずと嚴命し、路を左に取つて出發した。此のあたりは、純粹の田舍路で、時々路を失つたから、其の都度兒童をして里人に問はしめた。此の村を出ると、大麥畑と小麥畑とが有つたから、一同を止めて、其の穗莖並に全形につき、差異を比較させた。すると兒童は往く往く、路に落ちて居る小麥大麥の穗を拾つて携へたものが過半であつた。進むこと暫くにして、澁谷村の高臺を下りて、狹い谷に降つた。其の降り坂の横に、新に土を掘り下げた跡に、めだけの地下根が數多露れて居たから、又一同を止めて、之を觀察させた。行くこと又數町にして、西鄉侯別業の裏に當りて、路傍に一軒の水車場を見出したから、一行を止めて、殼搗器械碾粉器械及び水車の運轉から、其の水上なる水量加減するせきの仕掛に至るまで、一ト通りの裝置を觀察させた。水車場一ヶ所でも、其の材料の豐富なる、尙は一回の校外敎授を價することを感じた。併し水車場は主要な目的で無ければ僅に二分時間程で出發した、水車場の川下で、流水の何れの部分が速力最も大なるかを兒童に發問し、木葉數片を水流に投じて、直に其の中流の最も速なることを發見させた。此の村を出ると、孟宗竹の小籔があつて、あちこちに疎に竹が樹て居たから、此の籔の目的(筍)と、疎に竹を殖し置く理由とを說明させた。此あたりに見た農作物の名稱を一同に問ひ試みたるに、甘藷と馬鈴薯とは、三十九人中一二人の外は、其の何植物なるやを知らなかつた。此あたりの路傍に茶畑が有つたのを見て、一同は株を圍んで集つたから、其の芽について問答を始めた、すると苦もなく其の二番芽であることを見出した、漸くにして十一時目黒ビール會社に着いた。當時は醸造の季節で無いから、其れ以外の仕事を見せた、則ち古いビール壜の洗滌から始つて、ビールをつめ、栓を施し、強熱の蒸滊に當て、ペーパーを貼り附け、箱に込め、倉庫に送るまで、二三十人の手を經て、一本のビール壜が出來上る實況を見せた。此處では工業の一斑と、進歩せる分業の一例とを知らせた、此の處を辞し、二三町先きの目黒橋の邊の森に往つて、晝食を爲ようとして、出發を命じた。時はチョード既に十二時で有つた。一同は空腹の上に、餘程疲勞して見えた。小丘の上で晝食を終つた後で、兒童は三々五々に、林間を逍遙して、叢を爬ひ行く蛇、細流に棲める昆虫などを見出して、非常なる叫辟を揚げて喜んだ。そこで一同に、平生好める遊戯を命じた。すると一同は一人の異議もなく、分科遊(法工醫)を選んで、地形に變化ありし爲めか、頗る愉快に活潑に遊んだ。晝食と遊戯とで、全く元氣を回復した一同は、再び目黒停車場に向つて、勢善く歩を起した。時に一時半で有つた。此の時路傍の林に咲ける栗の花を認めたから、其の花を取つて、約束通り、栗の雄花雄花の構造を觀察させた。二時目黒の停車場に着し、二時十二分發の汽車で元の飯田町停車場に着き、此處で一同を解散した、時に三時過ぎであつた。

四、結果の處理。

(地理理科) 遊行中の見聞を、二三生徒に順序正しく口述せしめ、生徒をして、又は教師にて、其の誤謬を正し、足らざるを補ひ、以て其の知識に系統を與へ、之を整頓せり。栗。花(雄花、雄花)の構造、果實の構造　總苞、植物自身に對する栗毬の効用、種子の構造、及び効用、

(算術) 第一時

心算。旅費の計算。

(1) 汽車賃、六錢、三錢、二錢合計十一錢 (2)第一分除十二人にては、第二分除十二人分を合せては、第三分除十四人にては幾何。 (3)全体の生徒にては幾何。 (4)教師二人分(二十二錢の二倍)を加ふれば幾何。 (6)右の費用を五圓紙幣にて支拂へり、殘金幾何。

筆算。目黒の麥酒會社

(1)ビール一日の出來高平均五萬本、一函五百七十二本入なりといふ幾函か。 (2)今一本の賣價二十五錢とせば、一函分の賣價何程。 (3)造り上げの中、破損のため毎日の損害は三百圓なりといふ、何本に當るか。 (4)然らば完全なる出來上りは何本となるか。

第二時

筆算。 目黒水車場

(1)水車一日の仕事は、五人一週間の仕事に同じ、今七人一ヶ年の仕事は、水車の力を借らば何日を要するか。 (2)二十一人百八十日の仕事は仝上。 (3)一日一人の手間賃六十四錢とせば、水車一日分の仕事は何程に當るか。

(國語)目黒に遠足の記を自作せしむ。

明治三十四年（一九〇一）

三　「校外教授」（『教育界』第一巻第一號）

一、校外教授の趣旨

校外教授とは、長きは終日、短きは一二時間を以て、人事及自然の實際を觀察せしめんがため、兒童を教室外に引率するをいふ。故に、彼の身體的教育を以て、主要目的となし、同時に、訓練を副貳的目的と爲せる校外遠足、校外遠足と遊戯とを結合せる擬戰、又は、彼の途中一二泊或は數泊を要する、長途の修學旅行とも異り。則ち、一定の計畫を以て、兒童を、學校附近の公園・社寺・博物館・動物園・植物園・製造所・草野・田畑・森林・池沼・湖河・海濱・丘陵等に引率して、其の實際を觀察せしめ、主として、理科・地理・歴史等に關する兒童の識見を擴張し、同時に、其等の理會に伴ふ、感情の養成に留意し、以て教育全體に、裨益する所あらしめんとするに在り。

二、校外教授の教育的價値

校外の教授は、兒童心意諸方面の陶冶と、健康の增進上、則ち、教育全體の上に、効果あることと勿論なりと雖、之を分解して、各種の方面より見るときは、實に左の如きものあり。

知的方面。　野外教授は、「總ての教授は、出來る丈け、直觀に依らざる可らず」との要求に應ふる上に、最も適切なり。殊に、我校の如き大都市の小學兒童に向ては、其必要の一層大なるを感ず。蓋し一日程或は半日程の場所の如きは或は既に、兒童の屢見舞ひしこともあらん。況んや、一二時間程の區域に於てをや。然れども、教師の示導なく、計畫なく、目的なく、豫備なき兒童單獨の遊行に在りては、縱へ、兒童自ら其の場に臨むも、以て彼等をして、其の身邊の人事、及び自然に對して、眞に、耳目を開かしむるに足らず。加ふるに其の觀察の結果に對し、教師の適當に處理することなくんば、以て兒童知見の擴張に向ひて、殆んど、何等の價値を認むること能はざるなり。

理科の教授に於ては、自然物の性狀並に其相互及び外圍諸勢力との關係、則ち、自然の生活を理會せしめんとするに在るが故に、兒童をして、苟も、其明瞭なる理會と、豐富なる、直觀とを得せしめんと欲せば、宜しく、一定の計畫準備を以て、眼前に其の實際を觀察せしめざるべからず。然るに、此の如き要求に應ふることを得るものは、實に校外教授を措て他に求む可らず。教室內に於ける課業のみの、固よりよく、希圖し得べき所にあらざるなり。

地理教授に於ても亦、其の初步に在りては、兒童をして、其の鄉土に於ける地理學的物件、例へば、丘陵・山岳・谷・川・流域・平野・都市等に關する明瞭なる觀念を與へ漸く進んでは人類と自然との關係、例へば土地・氣候・水・動植物等が、其の土地住民の職業・風俗・物產・交通等に及せる影響を、理會せしめんとするに在るが故に、等しく又、兒童を實地に引率して、實際的に之を理會せしむるの外あらざるなり。殊に初步にありては、地理的物件の實際と、地圖との間に、連絡を與へざるべからず。則ち、其の直觀せしめたる所は、更に表はすに地圖を以てせしめざるべからず。此くして得たる所の基本的觀念と、地圖に對する理解力とは、以て想像的に遠隔地の地理を學ぶ唯一の出發點となし、又比較の標準たらしむべきなり。

歴史の教授に於ても亦、鄉土に關する史傳・沿革等を、實際的に理會せしめ、以て明瞭なる基本の觀念を、養はしめんとするに在るが故に、親しく其史傳・沿革が、關係する所の土地を踏み、遺跡に接せしめざるべからず。殊に、博物館を有する都市に在りては、地理及び歴史の教授に於て、過去及び遠隔地に於ける人民の生活を、直觀的に、理會せしめんと欲せば、必ず、之に依るの外あらざるべし。之れ歴史教授に校外教授の缺く可らざる所以なり。此の如く、理科・地理・歴史に止らず、其の校外遊行の間に於て、兒童をして、實際的に觀察せしめ、或は摘錄寫生せしめたる事項は、圖畫・作文及び算術等に向て有益にして、趣味ある材料を供す。

感情的方面。 兒童をして、其の郷土歴史が、關係せる土地を踏み、親しく、其の遺跡に接せしむるや、一層其の感慨を深からしめ、又山野・水邊を跋渉して、昆蟲を採り、草花・金石の類を集めしむるや、此等自然物に對して、非常なる趣味を起さしめ、又其の山水の美を示摘し、自然界の壯大を認めしむるや、自ら崇高妙美の情を養はしむ。而して、此等郷土の研究に伴ふて起る、各種の感情は、兒童の愛郷土心の發達を助く。

加之、校外の遊行に際しては、兒童をして、教師と相親熟することを得べき數多の機會を得て其の間の關係を親密にし、教師を父母視せしむるに至る。且又、校外の遊行は兒童をして、學校生活の平生よりも、其の感情の特質・偏性を發表せしむること、一層多きが故に、教師をして、個性觀察の最好機會を得せしむるの利益あり。若し又、其の施行に先だち、豫め兒童と一定の約束を定め、兒童各自をして、途中互に扶助統率するの器に出でしむるときは、彼等をして、能く秩序を愛し、同情を養ひ、團體的精神を發揮せしむることを得べきなり。

意志的方面。 校外の遊行により、兒童をして、一旦自然界觀察の方法・實物の採集・保存の仕方等を知らしめ・且之に伴ふ趣味を解せしむれば、以後其の愉快なる想起は、壓意志となり、自ら進んで、容易に其意志を、實行することを得せしむるが故に、其の結果は、兒童をして、漸く目的の不確なる遊戯に代ふるに、更に有益なる作業を以てせしむるに至る。且又、遊行の途中に於ては、或は其の途を失ひ、或は一行中に疾病者を出す等、不意の事變に會し、實際的判斷を要する機會、並に、一隊の行進・集散・停止・休息等全體の統率指揮を要する場合等、決して鮮しとせず。若しそれ、此等に對し、教師は、悉く獨斷的に出づることなく、勉めて、生徒の選擇・判斷に任し、或は生徒をして自ら其の命令・指揮に當らしめ、以て自らは、單に之を監督匡正するの位置に立たんか、其の意志の教育上、必ず効果の著大なるものあらん。

身體的方面。 校外の教授は、多くは、兒童を廣濶なる屋外に引率するが故に、能く其の心氣を爽快ならしめ、且清良なる空氣中に、自由の運動を爲さしむるが故に、兒童をして、多く疲勞を覺ゑしむることなくして、善く全體軀を動かし、其の健康の増進上、學校内に於て、決して望む能はざる好結果を得せしむるの利益あり。

三、校外教授實施上の準備

問題及び場所の選定。 校外教授を實施せんと欲せば、豫め、其の實施により、實際的に解釋さるべき問題の、明に決定されんことを要す。而して、此の問題は、實に教室内に於ける數週、或は數日來の教授より導き出され、其間に、親密なる連絡を保てる所のものならざるべからず。則ち、其の教室に於て、教授し來りし所の事項は、直に以て、其の問題を解釋する上に、必要なる準備たらしめ得るが如きものならざるべからず。且又、其問題の解釋によりて、兒童が得たる所の知識は、尙ほ以後に於ける教室內の教授に向ひて、有効なる補助を與へ、數多の連絡點を供給するに足る所のものならざるべからず。然れども、漸く高學年に進むときは、其の問題の數も、次第に多きを加ふるが故に、常に、其の內の若干は、既に全く教授し終りたる部類に屬し、遊行中の見聞は、單に其の證明たり、增補たるに過ぎざるものあらん。之に反して、又其の內の若干は、尙未だ教授されざる部類に屬し、從ひて、其方法は、全く觀察的・探求的ならしめざるべからざるものあらん。又其の問題の種類は、地理・歷史・理科等の全體を包括し、或は單に、其の內の一二に限ることあるべし。而して、其の問題の數と性質とは、學年の程度によりて、同じからざること勿論なりと雖も、概して、餘りに多數ならず、且つ餘りに包括的ならざるを要す。然らざれば、徒に兒童の注意を分散し、思想を混亂せしむる患あり。彼の目的もなく、妄りに、動・植物園・博物館內を引き廻はすが如きは、偶害ありて毫も益する所なし。此の如く、校外教授に依りて、實際的に解釋されんとする問題にして、既に決定すれば、其の問題の性質如何により、遊行の場所を、選定せざる可からず。

遊行の場所は、初年級に在りては、勉めて學校の附近に限り、學年の進むに從ひ、漸く遠隔の地に及し、又其の觀察せしむべき材料の如きも、高學年に進むに從ひ、次第に其分量を增すを要す。然れども、初年級に在りては、各題目每に、其の實地に臨みて之を直觀せしめ、以て基本の觀念を作らしめざる可らざる必要多し。されば、校外の引率は、初學年に於ては、可成之を頻繁に、且短距離に於てし、高學年に進むに從ひ、次第に其の度數を減じて、同時に、其の距離を長くせざる可らず。故に、我校尋常科第一、二學年の程度に於ては、每月三四回或は四五回、同三、四學年の程度に於ては二回、高等科に於ては、一回を以て、適度となす。各學年を通じて、每年施行さるべき校外教授の場所、及び季節に關しては、當校教授細目の完成を待ちて、更に定むる所あらんことを期す。

教授上に於ける準備。 數週或は數日來、地理・歷史・理科・國語等に於て教室內にて、教授せし所は、自ら其の校外の教授に向ひて、豫備となること勿論なりと雖も、尙其の實施の前日、又は數日前に當りて、特に、其の遊行に依りて、解釋さるべき問題と兒童に告知して、明瞭に之を理會せしめ、同時に、其の問題と直接關係せる事項にして、既に教授せし所は、宜しく簡短に之を復習し、又可成地圖を用ひて、其の遊行の順路を示し、以て各兒童をして、豫め其の遊行の目的・場所・順路等に關し、明瞭なる觀念を有せしむるを要す。されば、教師に於ても、亦殊に新なる場所に向ひて、始めて遊行を試みんと欲する場合の如きは、宜しく豫め、自ら其の實地を踏査して、兒童をして、觀察せしめんと欲する材料・方法等を調査し、以て其の豫定せる問題の解釋上に、必要なる計畫を策し、一切の準備を完結し置くを要す。

人員服裝及び携帶品。　引率すべき兒童の員數は、可成小數なるを可とし、少くとも一學級以上に上らざるを要す。全校幾百の兒童を、一緒に引率するが如きは、別種の目的に於ては、固より不都合なかるべしと雖も、校外教授に於ては、此の如き多數を避くるを要す。殊に、多級生の小學校にありては、總ての點に於て、一學級を一組として引率するを以て、最も便利なりとす。兒童の服裝は、勉めて輕便を旨とし、運動の自由を妨げざることに注意すべし。且晴天を撰んで決行し、雨具などを携帶するの必要なからしむべし。故に各兒童をして、携帶せしむべき物品は、輕便なる辨當の外に、一冊の手帳と一本の鉛筆とにて足れりとす。辨當も亦、風呂敷又は、兩口の袋に納れて、背に負ひ、兩手を自由に使用することを得せしむるを要す。尙此の他に、全組共同の用品として地圖・皮尺・磁石・小刀・玻璃瓶・鐵槌・捕蟲網・昆蟲採集函・植物採集函・繃帶・膏藥・清涼劑等の內、特に其日の目的上又、行程上より、必要なりと認めたるもの、二三種を携へしむるを要す。

四、校外教授の實施

校外教授は、徒歩を用ふるを原則とすべし。然れども若し、遠く郊外に引き出でんと欲する場合の如きは、當校の如く、大都市の中央に位置する學校にありては、可成汽車或は馬車等の便を借りて途中の時間を節し、以て目的地に於ける、觀察の時間を十分ならしむるを要す。一行市街を離るゝときは伍を解き、各自をして、觀察の自由を得せしむべし。然れども、豫め列の先頭と最後との一伍づゝを、先鋒後殿と定め、以て、伍散し、列の長さ延長するに及びても、兒童をして、決して其の先鋒と、後殿との前後に出でしめざることを、嚴命勵行すべし。尙ほ此の他に、生徒中に、隊長又は、組長等を置き、列の行進・進路の撰定・生徒間不意の出來事等にして、臨機の處分を要する事件は、勉めて彼等をして、之を處分せしむることに注意すべし。

行進中一同をして、一緒に觀察し、教師の說明を聞かしむべき事物に遭遇する時は、宜しく教師又は、隊長一令の下に、直に教師の周圍に集合せしめ、靜肅に、其の說明を聞き、又は示されたる目的物に注意を向けしむべし。殊に、花に舞へる蝶、林に囀る小禽、水に游げる魚の仕事等を觀察せしめんと欲する場合の如きは、宜しく、軟草樹根の上などに靜座して、十分に沈默を守らしむるを要す。尙此等の場合には、屢問答を用ひて既に學びたる事項を想起し、以て其の觀察を精密にし、理會を圓滿ならしむることに勉むる等、總て教室內の教授に於けると、同一教授の方式に從はざるべからず。此の如く兒童をして、觀察せしめたる事項は、其の地名、又は時刻等と共に、一々之を其の手帳に手記せしめ、又其の文章を以て記載するに比し、圖畫を用ふるの、一層便利なる事項は、其の概形を寫生せしむべし。殊に、其の目的の地理敎授にある時は、豫て敎室内に於て、授けたる記號を用ひ、步測・目測・尺繩・磁石等に依り、略地圖を畫かしむべし。

其の觀察せしめたる自然物にして、携帶に困難ならざるもの、例へば、昆蟲・草花・果實・岩塊・瓦片等は、宜しく之を携へ歸らしめ、學校に於て、共同的に、又は各自に、其の家に於て、之を保存せしむべし。其の記憶を確實ならしむる上に、必要なるのみならず。尙兒童に與ふるに敎育的の價値に富める作業を以てす。又晝食の後等に於ては、兒童の平生好める所の遊戲を撰みて、之を行はしむるを要す。遊戲は、之を新奇なる地形に於て行はしむるときは、兒童は一層の愉快を覺え、忽ち疲勞を癒し、再び午後の新敎課に對する元氣を回復せしむるの効あり。

五、結果の處理

實科。　遊行中に於て觀察せしめたる事項は、翌日兒童をして、敎室内に於て、順序正しく、之を口述せしめて、其の觀察の誤りを正し、或は其の足らざるを補ひ、以て其の遊行中に得たる知識に向ひて、系統を與へ、之を整頓せざるべからず。遊行中に於ける見聞は、頗る豐富なるが故に、將來に於ける各科の敎授に當りては、必ず其の必要に應じて、屢之を回想せしめ、以て新敎授に向ひて、比較結合の地を得しむることを勉む可し。若し其の遊行にして、地理を目的としたる場合には其の手帳中に於ける略地圖に基き、更に正確なる地圖を作らしむべし。

國語。　遊行中に於ける觀察事項は、既に知識として、之を整理したる上は、更に之を國語科に於て、言語を以て、正しく之を表出し、更に又、文章を以て表出せしむるを要す。則ち作文の材料として、之を利用せざるべからず。

圖畫　其の手帳中に、收め歸りたる寫生圖は、之を圖畫の敎授に於て、更に正確に畫かしむべし。

算術。　尙又、其の遊行中に費せし費用、時間、及び其の經過せし里程等、算術上の問題に供し得べき事項は、宜しく算術科に於て、之を計算せしめ、以て其等に關する思想を、明確ならしむるを要す。

修身。　又其の途中に於て、見たる所の農夫の勞苦、貧民の生活、並に生徒の行爲にして、修身敎授上の材料に供し得べきものあらば、宜しく之を利用することを勉むべし。

作業。　兒童の、採集して歸りたる實物は、或は之を標品に製して保存せしめ、或は校園に栽へしめ、或は昆蟲飼育箱、又は水を盛れる玻璃器中に、飼育せしむるを要す、此種の作業は、兒童の頗る喜んで從事する所なり。

明治三十四年（一九〇一）

四「郷土科教授」（『國民教育』第三、四號）

郷土科教授の要旨

郷土科も亦直觀的教授に於けるが如く二重の意義を有す、一は則ち獨立の教科としての郷土科にして、一は則ち教授上の一主義としての郷土科なり、初步の教授は一般に直觀的ならざる可らざるが故に、其の教授は材料の選擇等の上に於て宜しく郷土的なるべしとは一般に承認さるゝ所なり、獨立の教科としての郷土科にも亦廣狹の兩意義あり、郷土科は從來一般に狹義に解釋せられ、單に地理に關する基本的教授の如く考へられたり、然れども吾人が郷上に關して教授すべきことは、單に丘陵池川住民等の如き地理的要素のみに止らず、尙動植礦物自然の現象等理科教材に屬すべきもの、並に紀念碑遺跡傳說等歷史的教材に屬すべきものあり、郷土とは即ち此等兒童の身邊に橫はれる自然及び人事の全體にして、彼等の始めて其の感官を開くや實に此等の諸要素より新しき印象を受領し、爾來絕へず其の思想界を陶冶し來れり、而して教授は兒童の思想界を以て其の出發點となさゞる可らざるが故に、最初の教授は、宜しく兒童の最も親熟せる此の郷土に於ける、人事及び自然の諸要素の觀察を以て始むべきなり、況んや此程度に於ける教授は、悉く直觀的ならざる可らざるに於てをや、教室內の教授に向つて新鮮なる實物的材料を供給し、或は教室の窓より、或は室外の遊行によりて其の實地に臨みて實際を觀察せしむることを得るものは、實に郷土を措いて他に求む可らざるなり、されば郷土科は宜しく之を廣義に解して、少くとも地理歷史等實科諸分科に對する共通的基礎的準備的教授として、之を見るの適當なるを見るなり。

郷土は此の如く、單に主觀的に善く諸教授の基礎たるに適するのみならず、又客觀的に諸教科教授の基礎たるに足る性質を有す、吾人は多くの郷土に於て、地理學上の大概の要素を直觀的に學ばしめ、又其等諸要素間に存する內部的關係を實際的に考察せしめ、因りて以て郷土を自然及人事上諸要素が、互に有機的に相連絡關係せる一全體として理會せしむることを得るなり、此の如く個々の地理的要素並に郷土の全體に關する理會は、更に記號を用ゐて地圖に表出せしめ、以て其の直觀と地圖との間に親密なる聯絡を得しめざる可らず、而して此の郷土に關する基礎の觀念と地圖に對する理會力とは、遠隔地の地理並に地球の全體を想像的に了解せしむるの基礎となすに足る、何となれば郷土は本國又は全地球の一小模型たるに過ぎざればなり、カール、リッテルは曰く「如何なる郷土にも全地球を學ぶに必要なる總ての材料在り」とアレキサンドル、フンボルト又曰く「自然は地球の各隅に於て全體の縮影なり」と、故に郷土地理教授の目的は郷土の山川に精通せしめんが爲にあらずして、寧ろ遠隔地の地理地球の表面を理會せしめんが爲めの準備として在ることを知るべし

郷土は地理教授に向つてのみ獨善く其の基礎たるに適するのみならず、理科教授に向つても亦善く其の基礎たるの性質を

有す、何となれば郷土の一全體と其の形成部分なる地理的諸要素とが、地球の全體或は世界の大山脈・大河系・大都市・住民・產業・貿易・氣候等に對する小模型なるが如く、郷土に於ける住民地・池・沼・小川・森・草野・田・畠の如き生活の共存體と、之が形成部分たる動植物並に其の住民の開化的事業とは、等しく又生活の共存體としての地球並に人類の開化的事業の一小模式なればなり、郷土は此の如く單に理科と地理とのみに止らず、尚其の社寺・遺跡・紀念碑の由來・住民地の起原發達・口碑・傳說等に關する考察は、又實に歷史教授を理會する基礎として缺く可らざるなり、されば郷土科教授に於ては、宜しく從來の地理歷史理科の教授を正當に理會するに必要なる基礎の觀念を與へんことに勉め、且獨立して自ら能く精確に觀察し、緻密に思考し想像する習慣を養成することに注意すべきなり。

郷土科教授は、以上述ぶるが如く知識の諸部門に關するが故に、從つて經驗的並に同情的に多方面の興味の喚起に適す、殊に郷土の人事及自然が兒童の心情上に及ぼしたる影響と、其の特別なる土地山川氣象職業風俗人情方言俗謠等が、絕えず兒童の個性上に及ぼしたる所の感化とに至つては實に强大なるものあらん、若し夫れ此等の理會の上に加ふるに更に彼等を生み、彼等を養育したる其の土地が彼等の現在の存立上に於ても、亦離る可らざる依從の關係あることの理會を以てせんか、恐らくは兒童をして其の生涯を通して、決して忘るゝ能はざる所の强盛なる愛着の念を起さしめん、而して此の愛郷土心は實に道德的意識の一要素にして、之を擴張するときは則ち祖國の愛となるなり、故に郷土科教授は單に知識教授に於てのみならず、又實に感情の教育に於ても其の基礎を爲すことを見るべし。

教授の材料　既に說けるが如く、郷土なる小單元は本國又は地球全體の一小模式たるに過ぎざるが故に、吾人が郷土に關して採擇すべき材料の種類性質等に於ても、其の配列上に關しても、亦大體固有の地理理科歷史教授のそれと相一致せしむべきなり、故に郷土に於ける地理的材料に關しては宜しく自然的人文的兩方面を網羅し、其の自然的方面に於ては自然地理的天文地理的諸要素を包括し、人文的方面に於ては其の政治地理的商業地理的開化地理的諸要素を包括すべきなり、然れども茲に特に注意すべきは、兒童の心理に顧慮して其の理會され易きもののみに限ることと之れなり、從て自然地理にあつては、丘陵谷池川流域・地貌と排水・土質氣候と動植物との關係等に止め、天文地理にあつては、晝夜四季太陽月星辰等天象の容易に直觀せしめ得べきものに止め、政治的地理にあつては、市區町村の行政組織の大要警察官裁判官等の職務自治團體の公共事業等に止め、商業地理にあつては、住民地に於ける商工業の景況交通の機關人工品の集散等に止め、又開化的地理にあつては、天產品の種類が住民の職業風俗等に及ぼす影響などに止むべし、此等の諸要素の發展は、都市と村落と海濱と山間と平野と高原とに由りて大に其の趣を異にし、一見某々の要素の外は悉く之を缺き、其の總てを具備せざるが如しと雖ども、之は單に其の諸要素の現れ方の顯著なると否との區別に基くものにして、苟も教育的眼光を以て之を洞察する時は、必ず其の總ての要素を發見するに難からざるべし。既に其郷土に於ける自然及び人事の上より、地理的諸要素の總てを摘出し得べしとすれば、更に其等諸要素間の内部的關係、殊に其の住民の生活上に及ぼせる影響を考察せしめ以て、互に連絡あり關係ある有機的一全體として之を理會せしめんことを勉めざる可らず、地理的諸要素提出の順序は、兒童の平素親熟して可成理會し易きものを先にし、且つ次に來るものゝ理會に向つて基礎たることを得しめざる可らず、

歴史的材料としては、地理的要素中の一部則ち住民住民地公共の建物遺跡紀念碑等を歴史的に考察し、其の住民間に行はるゝ其他の口碑傳說等を取扱はしむるにあり、然れども固より、兒童の理會に困難にして且趣味を感せさるが如き事柄を詳細に授くるの謂にあらず、要は歴史教授の準備として必要なる基礎の觀念を得しむるにあるが故に、善く此の目的に適せる簡易なる事項に止むべきなり、且又歴史的要素の總ては地理理科に於けると異り、悉く之を郷土に求むること能はざるなり、何となれば假作的物語武勇傳歴史上人物の傳記等の郷土に關係なきものにして、郷土の歴史的材料に比し更に適切なるものあればなり。

理科的材料は、主として學校の花園學校附近の森池沼小川畠草野等の生活の共存體につきて、顯著なる特質を具へて兒童の趣味理會に適する動植物を撰び、以て其の個々の性狀並に共存體の部分としての關係、並に外圍の氣象より受くる影響等を、其の觀察せしめんと欲する局部・個物又は事實の最も善く發展せる季節に合して之を考察せしめ、之と同時に衣食住等人類日常の生活學校附近の工場製造場等につき、人類開化的事業の一斑をも實際的に考察せしむべきなり。

（以下次號）

郷土科教授（承前）

高等師範學校教諭　棚橋源太郎

此の如くして、地理理科歴史等の諸方面より選擇したる所の材料は之を個々獨立のものとすることなく、宜しく之を郷土科としての一全體に組織し、以て其の間の連絡統合を得しめざる可らず、何となれば一週僅々二三時間の教授に於て此等のものを悉く分科的に取扱はしむることは、頗る不經濟にして且沒趣味のことに屬すればなり、况んや又其の材料の性質上に於ても、互に相聯絡統合せしむる上に於て頗る便利なるものあるに於てをや、地理的歴史的材料は同一題目につきて、一方には之を過去に溯つて歴史的に考察せしめ、一方には其の現在の狀態に關して、地理的に吟味せしむるの區別に過ぎざるのみならず、尙其の地理的歴史的兩方面の事實は、互に因果の關係を保つが故に、郷土的歴史は大體之を地理的教授に從屬せしめ、地理的教授の傍、屢其の歴史的方面の考察にも渉らしむるの程度に止むべきなり、地理的材料と理科的材料との間に於ても、之と同樣の關係を有し、同一題目を一方には之を地理的に、一方には之を理科的に取扱はしむるの相違にして、例へば池沼小川森草野丘陵公園の如き題目に關して、之を地理的に考察するときは、其の地理的要素としての概念を明亮ならしめんことを務め、又之を理科的に取扱ふときは、生活の共存體としての形成部分の二三につき、其の性狀並に周圍の事情との關係を吟味して、其の共同の生活を理會せしめんと勉むるの差に過ぎざるなり、又例へば、牛馬荷車馬車汽車船舶各種の工場農業等の如き題目につき、之を地理的に考察せしむるときは、或は之を交通の機關として或は之を住民の職業郷土の天產、人工品の性狀由來其の販路等の如き方面より取扱ひ、又之を理科的に考察するときは、動物の性狀器械の構造及び其の因つて基く所の理を明にし、或は製造原料の給源其の性狀等を知らしめんと勉むるが如し、故に郷土科の教授は、常に同一の題目に關して或は地理的に、或は理科的に或は歴史的に、之を考察せしむる點に於て互に相聯絡され、且其の地理的歴史的理科的の事實は、又互に內部的聯絡必然的關係を有する點に於て、互に相統合さるゝを得るなり。

教授の方法　地理的理科的材料によつて、多少其の取扱の方法を異にせざる可らず、併しながら理科的材料の如きは後に至りて分化獨立する所の固有の理科の材料と毫も異るなし、從て其の取扱方の如きも大同小異なれば、之を理科教授の場合に讓らん、歴史的材料も亦其の直觀せしめ得べき部分が、兒童の身邊學校の近傍に現存せる事の外は、固有の歴史教授に於ける如く悉く想像作用によりて理會さるべきものに屬す、故に兒童を其の歴史的事實の關係せる現狀に引卒して、其の遺跡を直觀せしめ、以て想像及び理會を助くるの便利ある外は、談話により主として想像の作用に訴へて、其の歴史的事實を理會せしむるに過ぎざれば、大體一般の歴史教授の方法と異なる所なし、然れども地理的材料に至りては後の地理材料と大に其の趣を異にし、從つて方法上に於ても亦全く相同じからざるものあり、故に特に地理的材料の取扱に關して述ぶる所あらんと欲す

鄕土的地理敎授に於て勉むる所は、鄕土に於ける個々の地理的要素に關する概念と其等諸要素間の關係、幷に此の如く互に影響感化し、有機的必然的に相關係する所の諸要素より成れる、一全體としての鄕土に關する理會とを得しめんとするにあり、地理的要素に關する概念を得しむるには、其の他の知識敎授に於けるが如く、五段の形式に依らざる可らざること勿論なり、然れども諸要素間の關係鄕土を一全體としての硏究の如きは、此の程度にありては單に事實としての理會に止め、地理學上の理法又は規則を概括せしむるを要せず。地理的概念を得しむるにも、將た諸要素間の關係を理會せしめんがためにも、其の出發點とし基礎とすべきものは、常に直觀的事物に關する感官的知覺を措て他に之れなきが故に從ひて其の敎授に當りては、實地につきて之を吟味せしめんことを要す、換言すれば鄕土の土地住民氣象天象等を直觀的事物として取扱はしむるにあり、故に鄕土的地理敎授に於ては、第一の要件として屢々兒童を敎室外に引き出さゝる可らず、併しながら、固より材料の性質如何によりては、或は敎室の窓より之を觀察せしめ、或は兒童に豫告して各自に之を觀察し來らしむることもあるべし、又稀には兒童過去の經驗のみを基礎とし、問答により之を分解し、更に新なる結合を與へ、單に其の既得の知識を整理するに止る如き場合全く無きにあらずと雖ども、此の如きは基礎敎授としては宜しく之れを第二に置き、直接に實地につきての直觀を以て始むることを其の本體となさゝる可らず、而して其の所謂校外に於ける實地の硏究、則ち校外敎授の方法に關しては既に我が校則に定むる所の校外敎授規定のあるあれば、こゝに詳しく述ぶるの必要なし、唯一言特別なる注意を促さんと欲する所は、校外の敎授は敎室に於けるが如く、一定の目的と計畫とを以て之を行ひ、其の觀察せしめたる要項は、文章又は圖書を用ひ現場に在りて其の摘要を作らしむることを忘れざるにあり。校外觀察の要項は、敎室に歸りて問答し、又は兒童に談話せしめて之れを矯正し整理せざる可らず、此の際地理的諸要素相互間の關係は單に聯絡ある觀念系統ある知識として之れを理會せしむるに止むべく、之に反して、諸種の地理的物件に關する兒童の觀察し得たる事項は、更に相互に或は兒童過去經驗中の他の事項と比較せしめ、以て之れを概念に概括せしめ、定義の形を以て表出せしむるを要す、此の如くして與へたる概念は、直に其の他の場合に應用せしめて之れを確實ならしめざる可らず、これがためには粘土又は砂を用ひて、之に對する地理摸型を造らしめ、或は圖畫に表はさしむるも可なり。

餘他の事物的敎授ならば、方法的一單元の取扱としては則ち以上にて完結すべけれども、鄕土的地理敎授に於ては、其の特有の性質として更に尙一段の手續を要す、則ち兒童が直觀し踏査したる所の土地は、之れを記號上に表はし以て實際の

土地と地圖との間に聯結を得しめざる可らず、こは兒童をして次の程度に於て其の視力の達せざる鄕土外なる遠隔地の地理を正當に想像し明瞭に理會することを得しめんがため、必す地圖の補助を要し、之れを讀み之れを解する能力に依賴せざる可らざればなり、然るに兒童をして地圖上に用ひらるゝ各種の記號を解し、其等記號の種々なる配列組み合はせを一見して、眞に其の圖が表はせる所の實際の土地山川を想像して眼前に之れを描出することを得しめんと欲せば、宜しく先づ彼等をして、直觀踏査せしめたる土地を、一定の記號を用ひて地圖に表はさしめざる可らず、

地圖の讀解製作にも亦自ら順序ありて、初より直に自然の土地を書かしむることは固より兒童に望む可らず、故に先づ其の第一步として縮尺の練習を課し、實尺を十分一二十分一等に縮少することを知らしむるを要す、次に距離の長短の上に更に加ふるに方位を以てし、距離と方位とを結合して練習せしめ、更に進んで種々の長さと方位とを有する線にて圍まるゝ形、例へば教室校舍校庭等につきて之を練習せしむるの順序に出つべし、既に此等の豫備的練習を終らば、こゝに始めて校外教授の結果を教室内にて製圖せしむる練習を課することを得べし、

始めて自然の土地を地圖に書かしむるにも、亦一定の順序と方法なかる可らず、其の方法は常に校外の實測踏査に始まり、校外の吟味を終りて教室に歸らば、教員は小黑板を平面に置き、兒童と共に、先づ其の踏みたる土地の平面圖を線を用ひて黑板上に書かしめ、次に色チョークを用ひて其の高低を表はさしむべし、高低を表はさしむるには、一旦先づ、砂粘土等を用ひて其の土地の高低傾斜等を摸造せしめたる後、之と相對照せしめつゝ、其の高低を地圖上に書き加へしむるを可とす、高低を表はすには、色を以てする外に尙一種の線より成る記號をも用ひしむべし、一二此の種の練習を行ひたる後は、兒童各自をして、校外教授の結果を其の用紙の上に書きて練習せしむるを要す。

一圖の製作には、實際二三回の校外實測を行はしめざる可らざる場合多し、試に其の順序と方法との一例を述ぶれば、第一に學校の敷地の一隅より始めて、兒童をして先づ街路溝渠などの方位距離を步測又は目測せしめて、其の結果を一定の縮尺を用ひて用紙の上に書かしめ、次に同樣に、池川沼などの位置形狀大さ等を實測して之れを書き加へしめ、次に其の土地の傾斜又は丘陵等の分界線と、其の平地と相交れる線とを實測せしめて、之れを點線を用ひて描き加へ、更に其の點線に沿ふて色チョーク又は陰影線を以て、其の高低及び傾斜を書き加へしむるを要す、之れに次ぎて其の全地面を覆へる土質・森・住民地・建物・田畑・果樹園・牧場等の形狀位置廣袤性質を調査し、記號を用ひて其の上に書き加へしむるの順序で、こゝに始めて一つの畧地圖の完成を見るなり、然れども、兒童をして土地表面の形狀傾斜の度高さと廣さとの割合等に關して、明確なる觀念を得しむることは頗る困難なれば、單に之れに止らず、粘土砂摸型の助を借りて更に種々の方向に切

斷したる斷面地圖を製作せしめんことを要す。

地圖の製作及び讀解の練習に關し教員の忘る可らざることとは、妄りに多くの時間を用ひて、始より精確なるものを製作せしめんと勉むるが如きことなく、單に其の記號の意味と用法とを理會せしめて、兒童相應の精密の度に於て、簡短に之れを表出せしむるの能を得しむることを以て滿足せさる可らざるにあり、何となれば郷土的地理教授は、眞の地理教授に進まんとする階梯たり準備たるに過ぎざるが故に、地圖に關しても亦此の程度に在りては、單に之れを讀解し利用し得るの度に導くことを得は、則ち既に其の全部を達し得たればなり。

明治三十五年（一九〇二）

五　「鄕土科教授の一例」（上・下）

（『教育時論』第六一九、六二〇號）

◉鄕土科教授の一例（上）

高等師範學校教諭　棚橋源太郎
高等師範學校訓導　高木和足

次のは、東京高等師範學校附屬小學校第一部尋常三學年級に、當學級の初より二三週間七八時間に渉りて、教授したる内の一部にして、首尾完結したるものにあらざるも、理科的地理的歴史的方面より考察したる一例を紹介せんが爲め、特に摘き出したるものなり。

第一方法的單元

吾等の學校（理科的地理的歴史的考察）

校内の樹木（櫻と其の害蟲）

目的――櫻の害虫梅毛虫の性狀葉との關係を考察せしむるにあり。

方法

豫備――櫻に住む毛虫のことにつき吟味せんことを告げ、次の事項を問答す。

汝等毛虫を見たることありや、如何なる場所に於て、何事をなし居りしか、

櫻の毛虫を知れるか、

今より窓外に出で櫻の毛虫の吟味を始めん

提示――兒童を校庭に引き出し、次の如き注意を與へつゝ、梅毛虫の性狀、及び其の仕事を觀察せしむ。

梅毛虫をさがせ、葉にどんな所になるか、何をしてゐるか、

葉の食ひ方をよく調べよ、

毛虫の居る小枝を一枝づゝとりて敎室まで持ち行け、

敎室内に兒童を引き入れ、毛虫につきて一層細く吟味せしむ

汝等は今何を調べて來たか、毛虫につきて如何なることが分りしか、

毛虫のをりし枝と居らぬ枝とは如何に違ふか、

毛虫の形は如何、色は如何、其他に何か目につくものあるか、

毛虫のからだにある毛は何のためになるかを知るか、

草に人を刺すばかりなるか、

毛虫のからだにある毛は、身を護る道具なることを敎ふ。

毛虫の歩き方は如何、足を數へよ、眼は何處にあるか、口は何處にあるか、

どういふ風に裂けて居るか、

葉の食ひ方は如何

柔かなる部分のみを食して、堅き筋の部分などは殘して食す、多くの毛虫が盛に食するときはザハ〳〵といふ音がするその木の下に行き見れば、小さき糞が澤山に落ちて居る。

毛虫はどの木の葉にもをるか、葉にどういふ木の葉に多くをるか、

毛虫の非常に澤山居つた木を見たることあるか、

毛虫を燒き殺すことありこれを見たることあるか、

何のために燒き殺すのであるか、

毛虫は木のために何か役に立つことあるか如何、

毛虫は木のために甚だよくない虫である、而して此虫は一年

常に居るものなるか如何。
寒き時は何をして居るかどこに居るか、
何時頃毛虫は出來るか、其は何故か、毛虫は何から出來るか、
其卵は何がうむか、其卵を見たることあるか、
其卵はどんな所にうみつけてあるか、
蝶は中々考へて卵をうみつけて置くのであるが汝等はこれを知るか、若し其卵を
此牧場の傍などに生み付け置くとせば如何、
松の木や此意外にある、、木に生み付け置くときは如何、
卵から生れたときに食物がなくては第一困るのである、其邊は餘程蝶の考の深い所である。
此毛虫は段々大きくなつて遂には如何になりゆくか、
忽ち蝶になるか、蛹を見たることあるか、
其形は毛虫と比べて少しは異なる所あるか、
然らば毛虫は幾度變るかを話せ、如何に變るかを話せ、
この毛虫の蝶を見たることあるか、
諸子の見たりといふものは、果して此毛虫の蝶なりしや、甚不安心なり、此毛虫の蝶を見定むる仕方あり、汝等此仕方を考へ得るか、これを此枝の儘水を入れたる瓶に挿して置かば、遂には其蝶を見定むることを得べし。
(此時間の濟みたる後飼育箱の内に入れ置くことゝせん)
本日は何を學びしか、毛虫は何時頃居るか、其形は如何、
何を以て身を護るか、毛虫の仕事を話せ、毛虫は如何に變るかを話せ、
毛虫は木のために如何なる虫であるかを話せ、
應用――後の國語科の時間に於て、毛虫の形態生活方法を談話し、作文せしむ。
(飼育箱に飼ひたる毛虫の發護に任せしむ)
左に一生徒の作文の成績を示さん

五月五日　毛虫　中島愼一

毛虫わ春の中ばの少しまへごろよりでゝきます、毛虫のからだに付きてわほそながくしてからだに一分ぐらいの毛が一めんにはえて居ります、その毛は自分の身をまもるためでわります、食物わ新しくでた新めをたくさんたべます新りをたくさんたべますとまゆを作つてさなぎとゆーものになります、毛虫のまれがありすわ秋にちよーがうまいはのでそーな又人に見つからないよーなところにうみつ
ますと其玉子わらい年の春にそれが毛虫となりて木のはをたくさんくわば前に
つておいたよーにまゆをつくつてさなぎとなり又それからしばらくたつとちよ
になります、毛虫わ木にたいしてわがいになるものでありますからこのよーな
が居りましてわ木がろだたれませんからありにたのんでこれをふせいでもらい
す

校庭の排水(河系の觀念)

目的――土地の形狀と排水との關係、排水の模様を考察して、系に關する觀念を與ふるにあり。
方法
豫備――本日は幸ひ雨天なれば、これより雨水が運動場を流ゝ模様につきて研究せんことを告げ。左の事項につき問答すし。
學校の運動場は平らか、不平らか、何故に平らに作りしか、
然り然れども少しも凹凸はなきか、少しも阪はなきか、
如何にして凹凸あるを知るか、雨がふると水が流れます。水溜りも出來ます、
りいつも運動場のどの邊に水が流るゝか、
どの邊に流れ落つるか、その流れに大小はなきか。
提示――これより軒下と雨中体操場とに兒童を引率して、水のるゝ有様を實地につき觀念せしめ、且つ之を圖に書き取らしめとす。
兒童各自に鉛筆及手帳を持參せしめ。庭内に出づ。
平らの様に思ひし庭も委しく調ぶれば不平らのものありと汝等はいへり何によて之を知るか、
どういふ譯で水の流れによりて知ることを得べきか、
(水は低きに流るゝを以て之を知るなり)
然りこの庭には水の流れがいくつあるか。
これ等の流れにつきて何れが高く何れが低しと思ふか。
(アチラコチラなどといはずに方角を言へ)
(西北の方が高くて東西の方が低くあります)
この流れは何處に始まり何處に流れ落つるか、
あの流れは如何、これ等の流れの一ばん大きいのはどれか即ち隅田川ともいふきものはどれか。

これ等の流れを圖に書き留めよ

教室に入り、直觀踏査せしめたる所につき、問答を始む。

庭の水の流れはどんな様子でありしか、
汝等の手頭を開き見よ、

これより教師は、兒童と問答しつゝ、次の圖を黑板上に書きあらはす。

雨水の運動場を流るゝ圖

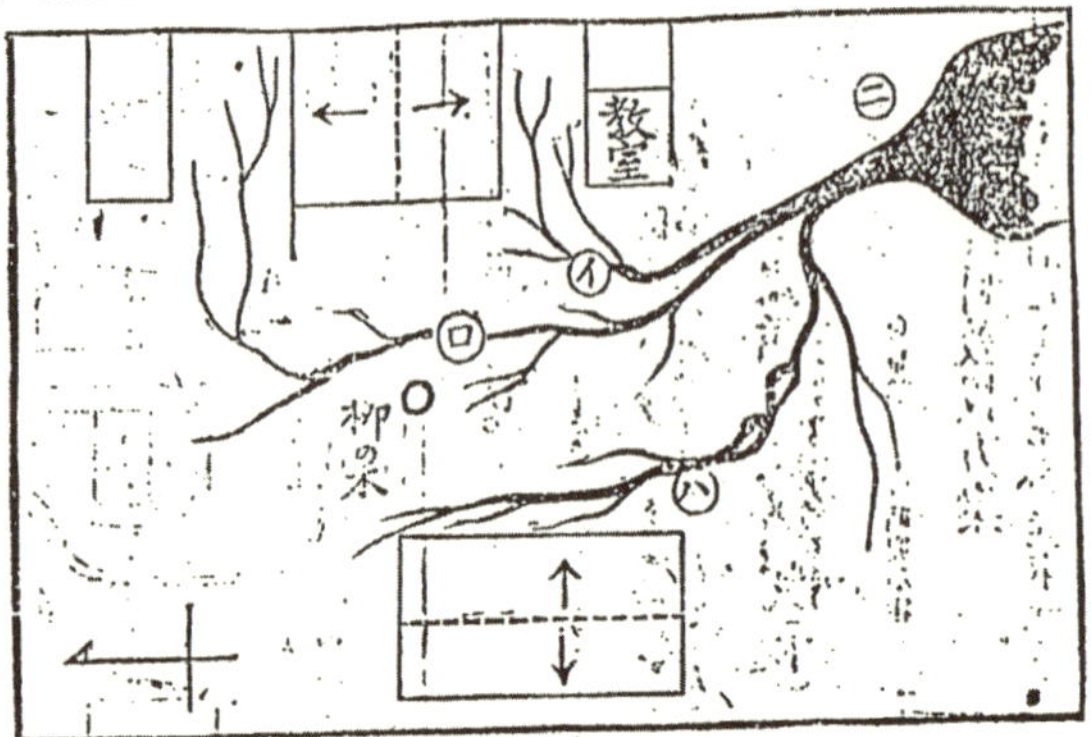

すデ圖が出來上れり一ばん低き處はどこか、
高きところはどこか、
何を以て之を知るか、
このイ流れはどこから來るか、
このロ流れは、
このハ流れは如何
これ等の流れの水の元はどこから來れるか、
さうすると此水は屋根ばかりから來れるか
否一面に
然るに屋根から落ちた水ばかりの様に見ゆるは如何なる譯かこれ等か流れは雨がやむと直ちに見るべからざるか
何故に雨が止みたる後までも流るゝか、
晴天になりて流れの絶えて後にても此の流れたる場所は分るか如何、

さういふ様に此水は處々にて流れとなりて流れ行くのであるが、大きなる川の流れも、亦之とよく似て居るものである、今かういふ風に圖にかき上げて見るときは、何か外のものによく似てゐるではないか。

―木によく似てゐます、之を木とすればこゝは何に當るか、

こゝは如何　（之を木頭といふ）
（枝）　（之を枝川といふ）
こゝは如何
（小枝）　（之を小枝川といふ）

隅田川の様な川にても之を高處より見るときは丁度此様にゆ。

誰かかゝるところを見しことあるか、
隅田川は木にたとふれば何に當るか、神田川は如何、
この邊の畑を流れ居るものは何に當るか、（小枝の小枝）
汝等地圖を見るときは何によりて土地の高低を知り得べきか。
この流れのかう㊁いふ處を「川口」と名づく、
隅田川の川口に行きしふとあるか、〃様子を話せ、
どの川でもよいが、ずつと上の方へ行きて見しことあるか、
川の一番上の方は主に如何なる處なるか、（大概は山なり）
汝等は夏の日山に行きしことあるか、山を流れ居る川の様子を話せ、（水がきで大きいごろ〳〵の石がある）
流れの早さは如何、川口の流れと何れが早きや、

次きに全体を總括せしむ、

川口とは如何なる所をいふか、
枝川、小枝川とは如何なるものをいふか。
通例川の上は何處にあるか、
川の下は何處に流れゆくか、川の上流と下流との敍述を話せ、
何故に川の水は絶ゆることなきか、
川の流れによつて土地の高低を知る力如何、
こんな流れが庭に出來るのは學校のためによきことゝ思ふか惡しきことゝ思
何故に惡しきか、

然り誠に惡しきことなり、然らば何か川の出來ぬ様にする工はなきか、等の問答により、簡單に水ぬき、土管等の效用を
明す。

應用――三四名の生徒は、黑板上に、其他の生徒は雜記帳に運動場の排水の模様を畫かしめ、兒童と共に批評訂正す。
（黑板上に成りたる生徒の圖を左に掲ぐ）

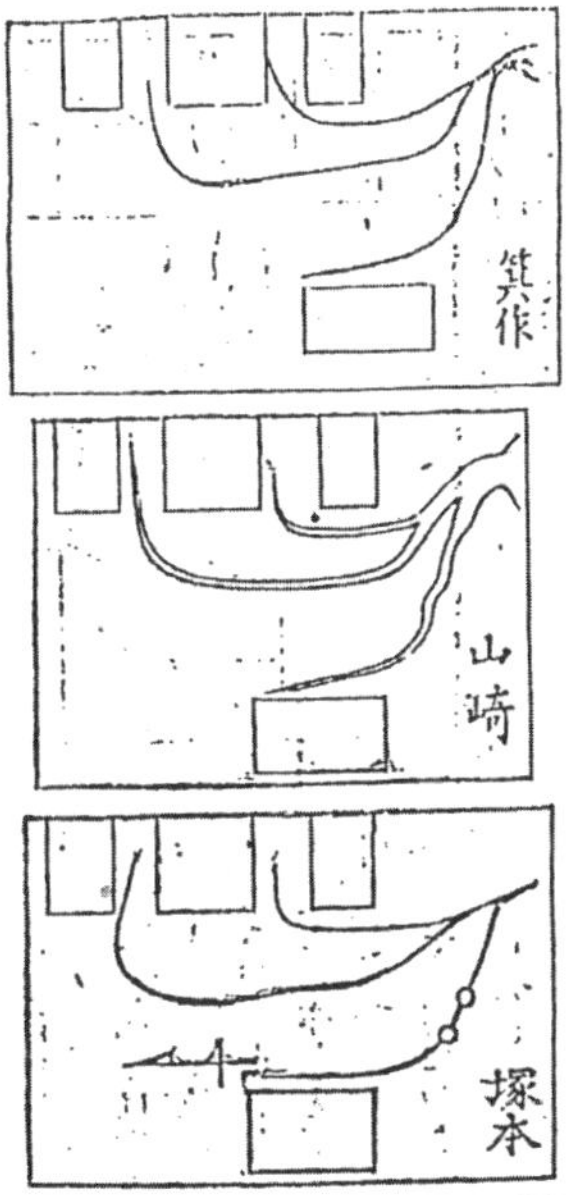

右誤れるを正さしむ。

●郷土科教授の一例（下）

高等師範學校教諭 棚橋源太郎
高等師範學校訓導 高木和足

吾等の學校の歴史

目的――學校の建物の沿革敷地の歴史を談話し、歴史を理會するに必要なる基礎の觀念と歴史的趣味とを與ふるにあり、

方法

豫備――先達て校庭を踏査せしとき講堂につき汝等は如何なることを聞きしか、今日は講堂にかぎらず、學校全体につき昔からの話をなさん、

講堂の屋根にダンベルあるは何故か、

其時の先生の内知れる人あるか、

此學校が體操傳習所でありし其以前は何でありしかを知れるか（不知）

汝等はそんなに古い話を聞かんことを欲するや

然らば一番昔の話よりして聞かさん

提示――此の地面は一番古い時は殿様の屋敷でありし其の殿様の御名前は松平豐前守といはれ、其の屋敷は此學校の構内より

ももつと廣く職業學校の邊も皆一つゞきであつた、汝等は其屋敷の模様を如何に想像し得るか、（答マチ〳〵）確に屋敷跡であるといふ證據を持つて居るが汝等之を知るか、花園などを掘て見ると火事などで燒けたことがあると見えて燒け瓦のかけなどが澤山ある、汝等はこれに注意せしことなきか、其他此構内のところ〴〵を掘つて見ると、こんな風に澤山の石がある、これは何んであるかを想像し得るか、これ即ち柱を立つた土臺であつたのである、この上に大きな土臺石を置いたのである。

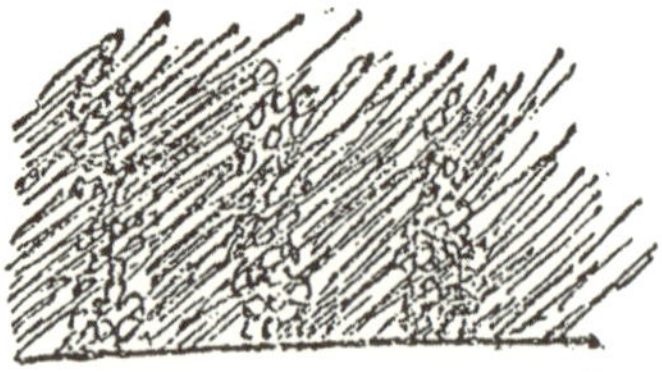

土地の側斷面

其他職業學校の門も亦此殿様の御門であつた

これは何れ後日汝等を引率して調べさすことあらん、

かういふ風に昔は殿様の御屋敷であつたけれども今はそこに學校が建てられてあるといふことは此の學校ばかりではありません外にもまだ澤山ありますが誰かさういふ話を聞きしことがあるか、

（大學校は加賀様の御屋敷）

昔東京の内には方々に澤山殿様の御屋敷があつたのであるが、其後殿様は御國へ御歸りになり又は東京に御出になる方も外へ御越しになつたりしてこの松平豐前守の御屋敷もあいたのである其時分は丁度西郷様（アノ上野にある銅像）などの戰があつた時分で先生はまだ諸子より小さくありし、諸子の母も多くは諸子より年の若い時分でありしならんその時此學校は建てられたのである、どういふ譯で此學校を建てたかといふと文部省の御役人が西洋へ往つて見たところが、一、二、三、などゝいつて手や足を動かして居るかと思ふと又頭をまげたり又おじぎをする様な眞似をして居るものですから大へん珍しくて之を尋ねて見ると、これは体操といふて身体を丈夫にする運動であるといはれたので、其御役人様は段々調べて見ると成る程餘程よいことであるこれは日本へ歸つたら是非かういふ學校を建てたいと思つてそれから歸國するや否この學校を建てたのである、其時西洋から体操の極上手な先生をお頼みして多くの生徒に体操を敎へて貰ひました坪非さん（級中の一生）のお父さんなどもその御手傳をなされたのである日本の人では坪非さんのお父さんが体操の御先祖である、

かういふ譯で此學校を建てゝこれを体操傳習所といつたのである、傳習所の生徒はこゝを卒業して日本中へひろがつて皆体操の先生になられたのである、さうすると此の傳習所は何をする學校でありしか、その生徒は如何なるものになつたのであるかよく分りたるか、

体操を敎へるのであるから此敎室のあるこんな建物はいらぬ様である、何の必要があつて此様な建物を作りしか、これは矢張り体操のわけを話して聞かするためで手をかう上に上げるのはどういふ譯けであるか、こんなことをするのは何のためであるかといふことを話して聞かしたのである体操も理屈は中々六ヶ敷いのである無闇に手足を動かしたからとて身体の丈夫になるといふ譯にはいかぬそれ故汝等も体操をするときにはよく先生のいふ話を聞いてその通りにせねばなりませんぞ、

此の敎場はその時は体操の理屈をお話しする所であつた其時はこんな子供の敎場ではなかつた大供の敎場であつたのである、傳習所は此構内よりも廣かつたのである即ち今用牛肉店

のところも傳習所の運動塲であつた、そこは木馬や、ブランコや、棚や、こんなことをする器械や色々の器械体操をする道具がすゑつけられてあつた、森本先生（當校主事）などはこゝへ來て体操をなすつたのである、
其後体操の先生もお茶の水の本校の方で教へることになつたので坪非さんのお父さんも本校の方へ移つられて、この學校は明き家になつた、明き家のふだははらなかつたけれども、暫く明いて居つたそこで文部省は何かにつかひたいと思ふて居られた其時箕作さん（級中の一生）の父さんの箕作佳吉といふ人が上野の高等女學校の校長さんであつたがこの箕作さんのお父さんと文部省とで相談してこゝへ高等女學校を移しました、箕作さんのお父さんは机や腰掛や一切皆上野の學校からこゝへ運ばせてそれから生徒を皆つれてこゝへ移つたのである、其の時この高等女學校で勉強した方は皆さんのお母さんの内に澤山ある、汝等は甞てその話を聞きしことあるか、私のお母さん（田中）私のお母さん（坪非）私のお母さん（矢田部）私のお母さんもです（箕作）、
さうそんなに澤山ある皆さんのお母さんなどが學校で御勉強になつた時分と今とは大分色々の事が違ひます、家に歸つたらよく聞てごらんその時分の生徒は今のやうなヱビチヤの袴をはいたでせうか、女も今の樣に筒袖の着物をきたでせうかどんな本を御勉强なすつたのでせうか、
北の第一部の教塲に壁の破損せる處ありそれをよく見るとその中からのこぎりくづが澤山出でくる先生は變なことだといつてよく見ると壁の中に一ぱいこのくづが這入つて居ることが分つた皆さんこれは何のためであるかを知るか、
こゝは高等女學校の生徒がオルガンなどをお稽古するところであつた事が分る何となればその音の隣りの教塲へひびけぬ樣にこんなくづを入れて置いたのである
其後箕作さんのお父さんは大學校におうつりになつたものですからこんどは矢田部さん（級中の一生）のお父さんがこの高等女學校の校長さんになられた（以上を復習す）
それから後又此の高等女學校がお茶の水の女子高等師範學校の方へ引越した今から十二年前即ち明治廿三年に矢田部さんのお父さんは高等女學校の生徒をのこらずつれてお茶の水の方へうつられたそれゆゑこの建物は又明き家になつた
お茶の水の本校の裏門から入ると建物がある（今の寄宿舎）これが長い間附屬學校であつたが本校の寄宿舎が火事で燒けて附屬學校の建物が寄宿舎として入用になつたから女子高等師範學校の方へ移されて附屬學校はそこにあつたのであるそこで丁度此の一ッ橋に明き家が出來たからといふので附屬學校の主事が皆の生徒をつれてこの學校に引越して來たのである、其の時此學校の校長さんは山川さんといつて尋常四年の山川さんの叔父さんで今の大學總長の兄さんであつたこの人は陸軍少將で大そうきつい人であつた谷干城などゝいふ人と一緒に熊本城を守つて手柄のあつた人である、又その時の主事は波多野先生といふ人で今も本校においでゝあるその時には附屬中學校の生徒も一所であつたから附屬小學校とはいはず附屬學校といつてをつた、その時森本先生は主事ではなかつたが私の據る先生の一人であつた、それから皆さんのよく記憶せねばならぬとがあるそれは帽子とその徽章とを定めたことである、これは丁度今より十四年前の事であつて中小學校とも此の同じ帽子を着て居つた、其頃私は教生となつて本校の方から日々此の學校へ來て中學や小學の生徒を教へた事があつた、

其れから暫く後今から六年前（二十九年）に中學と小學とが分れて高等師範學校附屬小學校となつたのである併し今日では又東京高等師範となつた其譯は廣島にも高等師範學校が出來たからである（以上を復習せしむ）

此學校の敷地の沿革を話せ

附屬學校が移り來つたまでのことを話せ

其後今日までのことを話せ

何故皆さんは帽子の徽章を大切にせざるべからざるか

應用――圖畫科にて講堂の正面圖を畫かしむ、

國語科にて歷史の大要を談話せしめ且つ作文せしむ、

（下に生徒の圖畫の成績を揭ぐ）

（左に一生徒の作文を示さん）

五月十九日　　附屬小學校の歷史　岡田六治

昔こゝは松平ぶぜんのかみとゆーとの樣がおいでなされたところであります、それでみな國へおかいりなすつたり又小さな家へおはいりなすつたり色々になりましたそーするとここがあきました、

そーしたところがもんぶ省が西洋いいつてたその先生をつれてきてそのあきちをこんと体操でんしゆーじよとゆーところになつて体操の先生にゐる人をあつめてたいそーをおしえました、其時坪井さんのおとつさんがやつはり敎へてたのですそれで体操のところにはもくばきかい体操又ほかにわ色々のものがあつてそこのところに丸たんぼがあつて其さきにとぶところがあつてこちからかけだしていつてこわくつてとべないとつきとばして大きな水のなかにいれるとずぼんからなんからみなどろぼつけになつてしまいます、そーしているうちに又ひつこしになつてこんど本校のほーにいつて体操をするよーになりました、そーするとこんだは上野の方からこんだ高等女學校がきてこのおきよーじよーを三つぐらいにわけて其のかべの間にわらがあつて、其れは、どーゆーわけかとゆーと、などがきこえないよーにするためであります、それからこんどは、本校にこしましたそーすると、本校の方にいた、附屬學校がやけて、本校の女子師範學校もも《（ママ）》えました、すると、こんだ小學校中學校とがこゝがあいてたところにきました、その時今から十四年前このさんかくぼーしを作つたのであります、これから中學校が本校の方に……たのであります、それからこゝが高等師範學校附屬小學校となつたのであります、そーしたところがこんだ廣島に高等師範學校とゆーのができましたから、こゝわ、東京高等師範學校附屬小學校となつて今日までつゞいておるのであります、

この圖畫は物指を使用せしめたるものなり

明治三十八年（一九〇五）

六　「校外觀察に關する研究」（『教育研究』第十三號）

左に錄するものは、東京高等師範學校附屬小學校に於て棚橋源太郎氏主査として調査し、全校職員會に於て、議定したるものゝ要領なり、

一、校外觀察の意義

校外觀察とは、長きは終日、短きは一二時間を以て學校外に於ける人事及び自然の實際を觀察せしめんがため、兒童を校外に引率するをいふ。故に、彼の身體的教育を以て主要目的とし、訓練を以て副貳的目的とする校外遠足、校外遠足と遊戲とを結合せる擬戰、又は彼の途中一二泊、或は數泊を要する長途の修學旅行とも異り、即ち一定の計劃を以て、兒童を學校の附近なる公園、社寺、博物館、動物園、植物園、製造所、草野、田畑、森林、池沼、湖河、海濱、丘陵等に引率して、其の實際を觀察せしめ、主として、實科的知識の收得に資し、兼ねて教育全體の上に裨益する所あらしめんとするに在り。

故に校外の教授は、兒童心意諸方面の陶冶と、健康の增進と、即ち教育全體の上に効果あること勿論なりと雖も、之を各種の方面より見るときは、實に左の如きものあり。

知的方面　校外觀察は『總べての教授は出來る丈け直觀的なるべし』てふ要求を滿たすに、最も適切なり。殊に、當校

の如く、大都市の中央に位置せる小學校に向つては、其の必要の一層大なるを感ず。蓋し、一日程、或は半日程の土地の如きは、或は兒童の曾て踏みし所たる場合固より鮮からざるべし。況んや、一二時間程の區域に於てをや、然れども教師の示導なく、計劃なく、目的なく、豫備なき兒童單獨の遊行に在りては、縱へ兒童自ら其の塲に臨むも、以て彼等をして其の身邊の人事及び自然に對して、眞に耳目を開かしむるに足らず。加ふるに其の觀察の結果に對して、教師の適當に之を處理することなくんば、以て兒童知見の擴張に向ひて、殆んど何等の價値を認むること能はざるなり。理科的材料の教授に於ては、自然物の性狀、其の相互及び外圍諸勢力との關係並に、其の人生に及す所の利害、即ち自然生活と開化生活とを理會せしめんとするに在るが故に、兒童をして、苟も其明瞭なる理會と、豐富なる直觀とを得せしめんと欲せば、宜しく一定の計劃と準備とを以て、眼前に、其の實際を觀察せしめざるべからず。然るに、此の如き要求を滿足せしめんことは、固より教室内に於ける課業のみのよく企圖し得べき所にあらず。到底、校外の觀察を措いて他に求むべからざるなり。

地理的材料の教授に於ても、亦、初歩に在りては、兒童をして其の郷土に於ける地理的物件、例へば丘陵、山岳、谷、川、流域、平野、都市等に關する明瞭なる觀念を與へ、且つ人類と自然との關係、例へば土地、氣候、水、動植物等が、其の土地住民の職業、風俗、物産、交通等に及せる影響を理會せしめんとするに在るが故に、等しく又兒童を實地に引率して、實際的に之を觀察せしむるの外あらざるなり。殊に初歩にありては、地理的物件の實際と記號を以て表はせる之が地圖との間に、親密なる連絡を得せしめざるべからず。此の如くして得たる所の基本的觀念と、地圖とに對する理解力とは、以て想像的に遠隔地の地理を學ぶ唯一の出發點となし、又比較の標準たらしむることを得べし。これ郷土的地理教授に於て、校外教授の缺く可からざる所以なり。

歴史的材料の教授に於ても、亦其の初歩に在りては、郷土に關する史傳、沿革等を直觀的に授け、以て之が明瞭なる基本の觀念を養はしめんとするに在るが故に、其の方法としては、兒童をして親しく其の史傳、沿革が關係する處の土地を踏み、遺跡に接せしめざるべからず。殊に博物館を有する都市に在りては、過去に於ける人民の生活を直觀的に理會せしめんと欲する塲合の如きは、必ず之に依らざる可からず。之れ、歴史教授に校外觀察の缺く可からざる所以なり。校外觀察は、此の如くして、理科、地理、歴史等の教授上に資することを得るに止まらず、其の校外遊行の間に於て、兒童をして觀察せしめ、摘錄寫生せしめたる事項は、圖畫作文及び算術等の教授に向ひて、有益にして且つ趣味ある材料を供す。

感情的方面　兒童をして郷土の歴史が關係せる土地を踏み親しく其遺跡に接せしむるや、一層感慨を深からしめ、又、山野水邊を跋渉して昆蟲を採り、草花金石の類を集めしむるや、此等自然物に對して、非常なる趣味を起さしめ、又、其の山水の美を示摘し、自然景の壯大を認めしむるや、之に對して自ら崇高妙美の情を養はしむることを得べし。而して此等郷土の研究に伴ひて起る各種の感情は、兒童愛郷土心發達の基礎を成すものなり。加之校外の遊行に際しては、兒童をして教師と相親熟することを得べき數多の機會を得て、其の間の關係を親密にし、教師を父母視せしむるに至るものなり且又、校外の遊行は、兒童をして其の感情の特質偏性を發表せしむると、學校內平生の生活よりも一層多きが故に、教師をして個性觀察の最好機會を得せしむるの利益あり。若し又、其の施行に先だち、豫め兒童と一定の約束を定め、兒童各自をして途中互に扶助統率するの擧に出でしめんか、彼等をして、能く秩序を愛し、同情を養ひ、團體的精神を發揮せしむるとを得ん。

意志的方面。校外の遊行により、兒童をして一旦自然界觀察の方法、實物採集保存の仕方等を知らしめ、且之に伴ふ趣味を解せしむることを得ば、以後其愉快なる想起は、屢意志となりて實現せらるゝに至るものなるが故に、其の結果は、兒童をして漸く目的の不確なる遊戯に代ふるに、更に有益なる作業を以てせしむるに至らん。且又、遊行の途中に於ては或は其の途を失ひ、或は一行中に疾病者を出す等、不意の事變に會して實際的判斷を要する機會、並に、一隊の行進、集散、停止、休息等全體の統率指揮を要する場合等決して鮮しとせず。若しそれ此等に對し、教師は悉く獨斷的命令的に出づるとなく、勉めて生徒の選擇判斷に任じ、或は生徒をして自ら其の命令指揮に當らしめて、自は單に之を監督補正するに止まるの位置に立たんか、其の意志の教育上、必ず効果の著大なる者あらん。

身體的方面　校外の觀察は、多くは兒童を廣濶なる屋外に引率するが故に、能く其の心氣を爽快ならしめ、且清良なる空氣中に自由の運動を爲さしむるが故に、兒童をして、多く疲勞を覺えしむることなくして、善く全體軀を動かし、其の健康の增進上學校內に於て決して望む能はざる好結果を得せしむるの利益あり。

二、校外觀察に要する準備

觀察の事項及び場所の選定。校外觀察を實施せんと欲せば豫め其の實施によりて、實際的に解釋せしむべき問題の、果して何たるかを明に決定せんことを要す。而して、此の問題は、一方に於ては、教室內に於ける數週或は數日來の教授より導き出だし、教室に於ける教授と校外觀察との間には、常に親密なる連絡を保たしめ、教室に於て教授し來たりし所の事項は、直に以て校外に於て觀察せしむべき事項を理會する上に、必要なる準備たらしめざるべからず。而して、他方に於ては、又之が解釋によりて、兒童をして得せしめたる所の知識は、以後に於ける教室內の教授に向ひて、有効なる補助を與へ、數多の連絡點を供給するに足らざるべからず。次に其の問題の數は、高學年に進むに從ひ、次第に多きを加ふるが故に、自ら其の中の若干は、既に全く教授し終りたる部類に屬して、遊行中の見聞は、單に其の證明たり增補たるに過ぎざるものあらん。また之に反して、其の中の若干は、尙未だ教授されざる部類に屬し、從ひて之が取扱は、全く觀察的探求的方法に出でざるべからざるものもあらん。次に、其の問題の種類は、地理、歴史、理科等に亘り、中には或は頗る包括的にして、地理的、歴史的、理科的諸方面の考察を含み或は單に其の一二の方面に止まることあるべし。而して其の問題の數と、性質とは、學年の程度によりて同じからざること勿論なりと雖も、槪して餘りに多數ならず、且つ餘りに包括的ならざるを要す。然らざれば、徒に兒童の注意を分散し思想を混亂せしむる患あり。彼の目的もなく、妄りに、動物園、植物園、博物館を引き廻すが如きは、偶々害ありて毫も益する所なし。此の如くにして、校外觀察に依り實際的に解釋されんとする問題決定せられんか、次には其の問題の性質如何によりて、遊行の塲所を選定せざる可からず。遊行の塲所は、初年級に在りては、勉めて學校の附近に限り、學年の進むに從ひ、漸く遠隔の地に及ぼし、又、其の觀察せしむべき材料の如きも、高學年に進むに從ひ、次第に其の分量を增すを要す。初年級に在りては、一般に實地に臨みて直觀せしめ、以て之が基本の觀念を得せしめざる可からざる必要多しされば、校外の引率は、可成頻繁に、且短距離に於てし、高學年に進むに從ひ、次第に其の度數を減じて、同時に其の距離を長くせざる可からず。故に當小學校各學年を通じて、每學年施行すべき校外觀察の事項、塲所及び季節等は、後に揭ぐる一覽表に豫定する所を以て適當と認む。該一覽表中、尋常第一二學年に於て、校外觀察の度數の割合に少きは、此程度に在りては、校外よりも寧ろ當校內植物園に引率して觀察せしむる塲合多きに因れり。

觀察上の準備　數週或は數日來、地理科、歷史科、理科、國語科等の敎授に於て、敎室內にて敎授せし所は、自ら其の校外の觀察に向ひて豫備となること勿論なりと雖も、尙、其の實施の前日、又は數日前に當りて、特に其の遊行に依りて解釋さるべき問題を兒童に告知して、明瞭に之を理會せしめ同時に其問題と、直接關係せる事項にして、旣に敎授せし所は、宜しく簡短に之を復習し、又、可成地圖を用ひ其の遊行の順路を示し、以て各兒童をして豫め其の遊行の目的、塲所、順路等に關して、明瞭なる觀念を有せしむるを要す。されば敎師に於ても、亦新なる塲所に向ひて、始めて遊行を試みんと欲する塲合の如きは、宜しく豫め自ら其の引率せんと欲する現塲に臨み、兒童をして觀察せしむべき材料、之が取扱の方法等を調査し、以て其の豫定せる問題の解釋上に必要なる計劃を策し、一切の準備を完結し置くを要す。

人員服裝及び携帶品　引率すべき兒童の員數は、可成少數なるを可とす。彼の全校幾百の兒童を一緒に引率するが如きは、別種の目的に在りては固より不可なかるべきも、校外觀察に於ては、沒意義の行動と謂はざる可からず。從來の經驗に徵し、又種々の點より考慮したる結果、一學級を一組として引率するを以て最も適當なりとす。即ち學校旅行よりも、寧ろ學級旅行ならざる可からず。兒童の服裝は、勉めて輕便を旨とし、運動の自由を妨げざることに注意すべし。且晴天を選んで決行し、雨具などを携帶するの必要なからしむべし故に各兒童をして、携帶せしむべき物品は、輕便なる辨當の外に、一冊の手帳と、一本の鉛筆とにて足れりとす。辨當も亦風呂敷又は兩口の袋に納れて背に負ひ、兩手を自由に使用することを得せしむるを要す。尙此の他に、全組共同の用品として、地圖、皮尺、磁石、小刀、玻璃瓶、鐵槌、捕蟲網、昆蟲採集函、植物採集函、繃帶、膏藥、清涼劑等の中特に其の日の目的上又行程上より必要なりと認むるもの二三種を携へしむるを要す。

三、校外觀察の實施

校外觀察は、徒歩を用ふるを原則とすべし。然れども、當校の如く大都市の中央に位置する學校にして、若し遠く郊外に引率せんと欲する場合にありては、可成、汽車或は電車等の便を借りて、途中の時間を節し、以て目的地に於ける觀察の時間を十分ならしむるを要す。一行市街を離るゝときは、伍を解き、各自をして觀察の自由を得せしむべし。然れども豫め列の先頭と、最後との一伍づゝを先鋒後殿と定め、以て伍散し、列の長さ延長するに及びても、兒童をして決して其先鋒と後殿との前後に出でしめざることを嚴命して、勵行すべし。尙此の他に、生徒中に隊長又は組長等を置き、列の行進、進路の選定、生徒間不意の出來事等にして臨機の處分を要する事件は、勉めて彼等をして處分せしむることに注意すべし。

行進中、一同をして、一緒に觀察し、敎師の說明を聞かしむべき事物に遭遇する時は、宜しく敎師又は隊長一命の下に直に指定せられたる場所に集合せしめ、靜肅に其の說明を聞き又は示されたる目的物に注意を向けしむべし。殊に花に舞へる蝶、林に囀る小禽、水に游げる魚の仕事等を觀察せしめんと欲する場合の如きは、宜しく軟草樹根の上などに靜座して十分に沈默を守らしむるを要す。尙此等の場合には、屢々問答を用ひ、觀察の要點を指摘して、其の觀察を精密ならしめ、或は既に學びたる事項を想起せしめて、其の理會を圓滿ならしむることに勉むる等、總べて敎室の敎授に於けると同一敎授の方式に從はざるべからず。此の如く兒童をして觀察せしめたる事項は、其の地名又は時刻等と共に、一々之れを其の手帳に手記せしめ、又其の事項にして、文章を以て記載するに比し、圖書を用ふるの一層便利なりと思惟するものは、其の概形を寫生せしむべし。殊に其の目的の地理敎授にある時は、豫て敎室內に於て授けたる記號を用ひ、步測、目測、尺繩、磁石等に依りて畧地圖を書かしむべし。

其の觀察せしめたる自然物にして、携帶に困難ならざるものの例へば昆蟲、草花、果實、岩塊、瓦片等は宜しく之を携へ歸らしめて、共同的に學校博物棚に、又は各自其家に之を保存せしむべし。こは、兒童をして、之に對する記憶を確實ならしむる上に必要なるのみならず、尙、彼等に與ふるに敎育的價値に富める一種の作業を以てすることを得べし。又、晝食の後等に於ては、兒童の平生好める所の遊戲を撰みて之を行はしむるときは、よく兒童をして、一層の愉快を覺え、忽ち疲勞を癒し、再び午後の新敎課に對する元氣を回復せしむることを得る効あるものなり。

四、結果の處理

實科　遊行中に於て觀察せしめたる事項は、翌日敎室に於て之に關して問答し、或は兒童をして順序正しく之を口述せしめて、其の觀察の誤りを匡し、或は其の足らざるを補ひ以て其遊行中に得たる知識に向ひて、系統を與へ、之を整頓せざるべからず。

遊行中に於ける兒童の見聞は、頗る豐富なるが故に、將來に於ける各科の敎授に當りては、必要に應じて屢之を回想せしめ、以て新敎授に向ひて比較結合の地を得しむることを勉む可し。若し其の遊行にして、地理の敎授を目的としたる場合には、其の手帳中に於ける畧地圖に基き、更に精確なる地圖を作らしむべし。

國語科　遊行中に於ける觀察事項は、既に知識として之を整理したる上は、更に之を國語科に於て口頭上に正しく表出せしめ、更に文章を以て表出せしむるを要す。即ち、作文の材料として之を利用せざる可からず。

圖畫科　兒童の手帳中に收め歸らしめたる寫生圖は、之を圖畫科の敎授に於て、更に精確に書かしむべし。

算術科　尚又其の遊行中に費せし費用、時間及び其の經過せし里程等、算術上の問題に供し得べき事項は、宜しく算術科に於て之を計算せしめ、以て其等に關する思想を明確ならしむるを要す。

修身科　又其の途中に於て見たる所の農夫の勞苦、貧民の生活並に生徒の行爲にして、修身敎授上の材料に供し得べきものあらば、宜しく之を利用することを勉むべし。

作業　兒童の採集して歸りたる實物は、或は之を標品に製して保存せしめ、或は校園に栽へしめ、或は昆蟲飼育箱、又は水を盛れる玻璃器中に飼育せしむるを要す。此種の作業は、兒童の頗る喜んで從事する所なり。

校外觀察豫定一覽表

部	學年	學年度	項目＼週日＼學期	第一				
				第一週	第二週	第三週	第四週	第五週
第二部	尋常科第一學年		事項		鹿牛			
			場所		動物園			
			關係教科		國語科			
	尋常科第二學年		事項	春の野				
			場所	植物園				
			關係教科	國語科				
	尋常科第三四學年		事項	（春の野の花摘 春の遊水の旅）			蓼畑 茶	
			場所	（江戸川の上流 高田村の原野）			巣鴨附近	
			關係教科	國語科			國語科	
	高等科第一二學年	奇學年	事項	春の田畑				
			場所	田端附近				
			關係教科	理科				理科
		偶學年	事項	上古の遺物	池			夏の田畑
			場所	博物館	不忍池			田端地方
			關係教科	歴史科	理科			理科
	高等科第三四學年	奇學年	事項		マッチ製造			
			場所		本所徳右衛門町			
			關係教科		國語科			
		偶學年	事項					望遠鏡及天文
			場所					麻布天文臺
			關係教科					理科 國語科

學期								第二學期														
第六週	第七週	第八週	第九週	第十週	第十一週	第十二週	第十三週	第一週	第二週	第三週	第四週	第五週	第六週	第七週	第八週	第九週	第十週	第十一週	第十二週	第十三週	第十四週	第一週
	藤蓮根竹ノ子				參							二重橋			山と川秋の野		稲紅葉		冬の野			
	植物園				植物園附近の畑							二重橋附近			田端附近		植物園附近		落合附近			
	國語科				國語科							修身科			科修身科		國語科		國語科			
	小川と竹藪								海				秋の野と東京									
	小石川方面								品川方面				日比谷上野淺草銀座通									
	國語科								國語科				國語科									
		田植公園			海は花開港場航海談燈臺				秋の野原山の上のみはらし							稲かり	工業の話燒物塗物染物					
		隅田村附近隅田川の下流淺草公園			品川海岸				上野山谷中日暮里附近							早稲田雜司谷附近	高等工業學校					
		國語科			國語科				國語科							國語科	國語科手工科					
夏の森林				がらすの製法			足尾銅山鎌倉時代の遺物の水道				徳川時代の遺物	秋の田畑										
目黒附近				本所の工場			博物館不忍池				博物館	向島附近										
				國語科			國語科歷史科理科				歷史科	理科										
				がらすの製造			足尾銅山					奈良及平安朝の遺物秋の田畑				海						
				市內工場			博物館					博物館	田端地方			品川の海岸						
				國語科			國語科					歷史科	理科			理科						
				工藝美術	石鹼					西洋物產					活版印刷所陶器及硝子製造		工藝美術					
				博物館	本所緑町					農商務省陳列館					帝國印刷會社今戶及下谷玉姫町中對硝子製造所		博物館					
				歷史科	理科國語科					地理科					國語科理科手工科		歷史科					
		熱帶植物美術工藝									工藝美術				器械製造							開港場
		植物園博物館									博物館				本所機械工場							横濱
		國語科歷史科									歷史科				手工科							地理科

校外觀察豫定一覽表

部	學年	項目	第一週	第二週	第三週	第四週	第五週	第六週	第七週	第八週	第九週	第十週	第十一週	第十二週	第十三週
			第一學期												
第一部	尋常科第一學年	事項			學校ノ附近				樹木池等			草木の發育、昆虫、神社			
		場所			學校ノ四圍				靖國神社境内			靖國神社境内			
		關係教科			觀察科				觀察科			觀察科修身科			
	尋常科第二學年	事項	春の野						小川と竹藪						
		場所	植物園						小石川方面						
		關係教科	觀察科						國語科						
	尋常科第三學年	事項				麥畑春野の實況		街路建物官省學校等		田植運河橋梁船舶		森林とその動植物			
		場所				田端附近		學校の周圍		隅田村		聖堂附近			
		關係教科				國語科		鄉土科		國語科鄉土科		鄉土科			
	尋常科第四學年	事項	隅田川河口調査		品川海岸調査		王子村板橋町附近觀察					目黒村觀察			
		場所	隅田川河口築地居留地		品川町品川海岸鈴ヶ森		飛鳥山板橋町附近					目黒川近傍ビール會社			
		關係教科	鄉土科		鄉土科		鄉土科					鄉土科			
	高等科第一學年	事項				春の田畑			關東地方の產物			夏の森			
		場所				田端附近			農商務省商品陳列場			目黒地方			
		關係教科				理科			地理科			理科			
	高等科第二學年	事項								硝子製造法		戰國時代武器及風俗基督教に關する遺物			
		場所								市内工場		博物館又ハ遊就館			
		關係教科								理科國語科		歷史科			

	第二週	第三週	第四週	第五週	第六週	第七週	第八週	第九週
	第三學期							
	鷹鶏鷲馬とマクサ							
	動物園							
	國語科							
			冬の植物園及び動物					
			上野公園と動物					
			國語科					
				我國の物產				
				上野動物園博物館				
				國語科				
			製紙		(北海道沖繩臺灣生蕃產物の利用)			
			王子製紙會社		博物館			
			國語科		國語科理科			
		鎌倉時代の遺物	製紙		生蕃			
		博物館	王子製紙會社		博物館			
		歷史科	國語科		國語科			
				鎌倉時代の遺物				
				博物館				
				歷史科				
	電氣の利用							
	發電所電話交換局							
	國語科理科							

第二學期													
第一週	第二週	第三週	第四週	第五週	第六週	第七週	第八週	第九週	第十週	第十一週	第十二週	第十三週	第十四週
		夏の草木公園皇居				本校々舍		秋の景色果實田畠の有樣				冬季の森	
		日比谷公園				大塚本校		植物園及附近				上野の山	
		觀察科修身科				修身科		觀察科				觀察科	
	海				秋の野と東京					秋の植物の變化			
	品川方面				日比谷上野淺草銀座					上野方面			
	國語科				國語科					觀察科			
上野の山の觀察			藍染川の谷の觀察		河流の測定及利用			稻の取入石鹸硝子染織の工場					
上野公園			根津の平地		隅田川			大井村					
郷土科國語科			郷土科		郷土科			國語科郷土科					
	新橋横濱間汽車旅行								燒物塗物織物				
	横濱市								東京高等工業學校				
	郷土科國語科								國語科				
				秋の田畑					海邊		藤原時代の風俗		
				田端附近					大森の海岸		博物館		
				理科					理科		歷史科		
氣壓氣象						陶器製造法							
中央氣象臺						今戸工場							
理科國語科						理科							

第三學期								
第一週	第二週	第三週	第四週	第五週	第六週	第七週	第八週	第九週
	冬の景色結氷							春の初期植物の發芽
	上野附近							大塚附近
	觀察科							觀察科
			硝子の製法					
			本所の製造所					
			觀察科					
	問屋市場の狀況各種の交通機關				家畜家禽			
	日本橋川岸神田青物市場靈岸島附近				上野動物園			
	郷土科				郷土科			
	行德の製鹽場國府臺の遺跡							
	行德及國府臺附近							
	郷土科							
					北陸地方の產物			
					博物館			
					地理科			
				電話			維新以後武器及戰利品	
				電話交換局			遊就館	
				理科			歷史科	

明治三十八年（一九〇五）

七　「學校園を觀る」

（『教育研究』第十九、二〇號）

私は、かねて學校園に關する研究調査を命ぜられて居つて、此休業前には、取敢ず、其要項だけを報告して置いたのである。これまで研究の資料になつたのは、主として外國で現に經營されて居る學校園の模樣や、學校園の理論の外國の書籍に載つて居るものと自分の僅かばかりの實驗とであつた、それで、私の常に遺憾に思つて居つたのは、地方の事情に暗いため、我が國殊に村落では學校園の面積を何の位にしたが適當てあらうか、之を經營するには、如何なる方法に出てたが最も適切であらうか、と云ふ樣な問題を、十分な自信を以て解決することの出來なかつたことである。それて、此休暇中九州四國中國各地の講習會へ出張するを幸ひに、今度は是非地方の事情を觀察もし、現に經營されて居る學校園の實際をも取調べて見やうといふ考を起したのである。私が東京を出發する前から、かねて評判を聞いて居つて必ず立寄つて見ることに定めて居つたのは、滋賀縣甲賀郡水口の學校園ばかりであつた。が、到る處、觀て參考になり、研究の資料とするに足るものが意外に多くて頗る利益する所があつた。それて、私は此誌上て、今度調べて歸つた所を紹介し、序に、批評を試みて見やうと思ひ立つたのてある。

私が、最初に往つたのは鹿兒島縣の贈唹郡てあつた。此郡でも諸處に學校園が在つて、就中、

大崎高等小學校

では、學校長の川上直信君が此方面の熱心家で、學校園の經營上に必要なる園藝に關する十分な素養を有つて居らるゝだけに、盛にやつて居らるゝといふ事てあつたが、一週間の滯在中雨天が多くて、實地を觀ることの出來なかつたのは、誠に遺憾とする所てあつた。其節川上學校長から同校園に關する記事を得たから、左に其一部分を拔萃する事にした、これて同地方學校園の狀況の一斑を知られることが出來やう。

大崎高等小學校仝男子實業補習學校學校園

學校園の面積及び區劃。　學校園に充つる土地の面積は、學校の構內及び學校近傍なる、共有地まで合計凡一反歩位にして之を三部に分つ。即ち、一部は各種の果樹草苺葡萄等の如き雜果類を植ゑ、其間に茶蔬菜類及多種の草花類を混植し、一部は藥用有毒の植物並に珍奇の草木を雜植する所とし、他の一部は果樹桑樹林樹桐蔬菜草花類の苗場とす。只今まで栽植せる果樹雜果の種類及草花類並に藥用有毒珍奇の植物數。　本園は、昨明治三十七年の秋季より諸植物を植付け始めたり。先既に栽植せる果樹及雜果の種類を擧ぐれば、薩摩蜜柑、ネーブルオーレンジ、天明金柑、丸金柑、溫州蜜柑、佛手柑、夏橙、本九年母、上海水蜜桃、天津水蜜桃、米桃、萬左衛門桃、庭梅、西洋白大無花果、日本アンズ薄皮手打胡桃、田中枇杷、寒枇杷、赤實スグリ、甘實柘榴、葡萄、草苺、櫻桃、蕃茄の貳拾四種、梨拾壹種都合參拾五種總計百貳拾本、而して、本年の砧接木せしもの柑橘類五拾本梨八拾五本桑參百本薔薇參拾壹本、亦、來年以後柑橘類の砧木となす枳殼凡八百本、今日まで栽植せし觀賞草花類九拾種有益藥用有毒珍奇の植物四拾種なり。將來の計畫。　學校園に充つる見込の土地にして未だ整地せざる場所多し。依て漸次整地して各種の植物を植ゑ付け、明治三十九年度末までには目的の過半を達せんと欲す。尚ほ、學校園に於て得たる收益は別途に貯金をなし本園の基本となす見込なり。

鹿兒島縣から福岡山口兩縣下へ往つたが、此處では、自分の都合て學校園の方のことを調べる機會を得なんだ。次は香川

縣である。香川縣で今回講習會の開かれたのは、昨年教育學術研究會の講習會が開かれた三豐郡の觀音寺町であつた。私は此處の講習會で、一日學校園の事について話をした。所が、話が終るとすぐ私に尾いて講師控席へ入つて來られた一會員がある。色白の才子風な小漢ではあるが何處かに、侮り難い所が見える。私に向つて頗る輕い調子で「私は和田の高等小學校長の合田で御座りますが、數年前東京で開かれた育成會の講習に參いつて、あなたから學校園の說を聞きました。爾來自分の學校でそれを實施して居りますから、今回は、是非御覽を願つて御批評が承りたい」と言はれるので、「此處からの里程は」と問けば僅かに二里といふことであるから、翌日の講義のすんだ後で、見に往くことを約束した。翌日は約束通り

和田村の學校園

を觀るべく午後の一時に觀音寺町を出發した。石井同縣視學三四の郡視學學校長及び私とて一行十名であつた。學校に着いて狹い一室に案內されると、此處には、大きい盆に學校園の收穫物が一杯に盛られてあつた。それは、

茄子　三種　菾菜(菾糖の原料)一本
茗荷　一總　ゆうがほ(胡蘆)　二種
なしうり　二個　つるれいし(苦瓜)三本
二十日にんじん數本　へちま(糸瓜)　二本
西洋西瓜　一個

等であつた。學校園は總坪數が二百八十二坪、運動場に接して校舍の南に位置して居る。此校では生物園と呼んで居られる。生物園は二畝許の植物園と七畝程の果樹園とから出來て居る。植物園の方は、數年前から設けられてあつたので、之には小さい池が附屬して居つて水草が植えられ、魚介が養はれて居る。果樹園の方は昨年新に設けられたもので、之には小さい育樹園と肥料貯蓄所とが含まれて居る。まだ果樹が小さいため各種の蔬菜が間作してある。新しい方は乙部と稱へ、十一區に區劃して男生徒に分擔させてある。舊い方は甲部と稱へ、矢張十一區に區劃して女生徒に分擔させてある。甲乙兩部を通じて植栽してある植物の數が四百六十七種で、其內譯は左の通りである。

甲部(女子十一ヶ組擔當約二畝)

第一區　(池)水草各種—花菖蒲各種、賞觀用各種海芋、河骨、杜若、紅白蓮、實用料水草、蒲、藺、萱、
第二區　賞觀用草花—水仙各種、百合各種、牡丹各種、芍藥
第三區　賞觀用樹木草花—薔薇各種、芙蓉、山吹、紫陽花、檳榔子、木賊、馬棘、木瓜、茱萸、挾竹桃、シモツケ、黄楊
第四區　雜草木—萩、躑躅、櫻、茶山花、椿各種、銀杏、榊、檜、梓等
第五區　苗床—枳殼、柚、雞頭、含羞草、麝香撫子等、及大菊各種
第六區　中、小菊各種

第七區　有毒植物―樒、白屈菜、毛莨、キツネノボタン、天南星外七種

第八區　薬草區―牽牛兒、人參、望江南、決明、細辛、田ウコギ外二十種

第九區　纖維染色植物―綿、雁皮、三叉、楮等

第十區　雜草木―楓、七草、ゴム樹等

第十一區　雜草花―月見草、撫子、百日紅、紅蜀葵、仙人掌、綾蘭、紫苑等

乙部（男子十一ヶ組擔當約七畝）

第一區　林檎區―紅魁外八種

第二區　梨區―赤龍バートレット、江戸屋チー、長十郎外七種

第三區　柑橘（第一區）―佛手柑、夏橙、ネーブル、オレンジ、神代橘、獅子柚、宇樹橘、紀州みかん、文旦、夏溫州

第四區　柑橘（第二區）―レモン、溫州みかん、九年母、黄金橘、柚柑、香欒、橙、右近橘、吉祥果柑子、八代みかん、牡丹柚、花柚

第五區　雜果（第一區）―桃各種、米桃、ユスラ梅、葡萄、枇杷二種

第六區　雜果（第二區）―天狗みかん、金柑、大實甘橙、三寶柑、穴門みかん、鳴門みかん、龍神みかん、牡丹杏、郁李、杏、李

第七區　苗床―樟苗、椏苗、楮苗、漆苗、雜苗七種

第八區　雜果（第三區）―無花果、櫻桃、すぐり、胡桃、梅二種、栗各種

第九區　雜樹―欅、榧、扁柏、櫪、肉桂、山椒、木犀、山桃、柘榴等

第十區　雜樹―藤（紅、白紫）瑞香、左近櫻等

第十一區　梅區―衣紋、百日、江戸一、代々丸鶴ノ子、御所、寒御所、最上

言ふことを忘れて居つたが、此校では毎月一回「和田學報」といふ小雜誌を發行して同窓會員や有志者に頒つて居られる。「和田學報」の第三卷第九號には、可なり詳しく生物園のことが載せてある。一讀した所が、生物園の沿革や、合田校長が學校の仕事に深い趣味を有つて如何にも熱心なことや、土地の有志者までが學校の事業に非常な同情を寄せて居られることが見えて頗る愉快に感じたから、左に轉載することにした。

◎生物園擴張につきて

本校には、去る明治三十五年十月二十五日附屬植物園を開設いたしまして、先づ教科書の中にある植物二百二十三種を植ゑつけまして實物教授の便に供へ、其他珍奇の草花木なども、植ゑつけまして、自然と兒童とを近つけようと、はかりまして、爾來これが栽培に心をつくして居りました。その結果は豫想外に甘くいつたことは曾て本紙にのべましたことがあります通りでした。植物の生育繁茂するにつれて、共同生活の因縁より、種々の動物が、この園を見舞ひつゝ、例へば夕顔の花に夕顏太郎殿が、見物にいらつしやるが如く、實に面白い現象があらはれました、そこで明治三十六年の十二月十五日に植物園の名を改めまして生物園となづけまして其範圍をひろげました。明治三十七年の四月か

らは御承知の通り教科書の大半も、改定になりまして、其上高等科三四學年には農業科を加設いたすこととなりましたものですから、新教科書の植物の植附やら、農業科の實習の一部やらと益々この生物園が學校と親密に結ひつく機になりました、そこで大學校の方では慾が出來てきまして實物教授の資料、自然物愛好の念を惹起することの外、この生物園でも生財的のことをして見たい、又いかなる果樹などが此邊に適して居るかと果樹栽培の試驗をもして見て適當のものは農業科の接木挿木の練習を應用して苗木をつくり兒童に分與して栽培せしめ農家の副産物増殖の道を奨勵したい、檜杉などの種子を兒童にひろはしてこれか苗木を仕立て之を兒童に分與して造林の道を開きたいなどとの慾が出來てきまして、どうしても之が擴張をしよーと心がけて居りましたが、さてその擴張については金を要しますが何分時局の事とて例の費用節減といふ、虎の卷をふりだして注意はいれられたが金の出場がなか〳〵甘く行きませなんだ、例の學校の叔父さんの田中多際治氏の盡力や、現村長田中五助氏が非常に賛成て、自分の手ばらを切つて殆んど拾參圓といふ寄附をしたり、學校職員の中から七圓餘りの寄附を出したり農會長今非際太氏が農會からとて、五圓を補助してくれたといふ處から、先づ第二期の擴張が出來かけた、そーすると兒童も先生や村長さんのその樣にせらるゝのだから、僕等も仲間に入れて下さい、そして地面の金は村長さんや農會の補助でしていたゞいて、先生と僕等としてある苗木は排餐して植ゑ無いものは植木屋から買つてするのだと、拾錢貳拾錢ともつてきた、この樣な都合でいよ〳〵出來る樣になつたのであります、この中で尤も私どものうれしく愉快に感じまするのはこの園の整地につきましての勢力といふものは大方先生と子供とでしたといふことであります、苗木のだいの一株の枳殻の種を集めたいと思つて「これいとしい子供等よ、樹を植うるは百年の長計だ、そして元金をかけない樣にして金が出來る樣にするのが生産の原則だ、よつて汝等の宅のかきになつて居る枳殻の實を採つてこよ然らば先生は汝等と共にこれが種をまき苗木を付立て接木をするであろー」といひますとその明くる日は高橋要を先登として、澤山な實を得ました、今はこれを苗床に保存してある來春は芽がでるでありませう、こんなことか申すと鬼が笑ふと御笑ひの人もありませうが教育は凡てこれ的でなくば行くまいと思ひます。それから

生物園には幅が四尺で長さが九間深さ三尺の堀をほりました、これは勿論水草淡水魚のかまへでありますが、この堀をほるのは又先生と子供とです、日よーや放課後やこの寒風も何とも氣にかけないで唐鍬、三ッ子などの農具を子供の宅から肩にしてきてかれ等は嬉々として掘つたのであつた、そー十一月の六日の日よーでしたあられが澤山ふつて遂にはそれが雪となりましてほとんど小銃の彈丸位の奴がパリ〳〵と降りだして、御負けに西風の強い奴が、ひゆーッと吹いてきました、この時は私と高等三年の十河正平、檜垣侃猳、田中久雪、合田靜、それから同しく一年の川上光一、岡賢一とこう七人がへりで掘つて居りました頭にコツンと當るものがありますし、耳たぼの霜やけのふくれたるをかすりとばして白い雪に赤い血を染めるのがありまするし胸部にボンと當るのがあるし、それは〳〵大變の騷でした「先生旅順の包圍軍の電光坑道を掘つて居る時に敵の機關砲から彈丸がくるのはこの通りでしよーね」「そーさこの通りだ早くやらないとやられる」などゝたはむれつゝ意外の經驗も出來、いや面白く掘りました、それが出來あがると石で四方をつかれればならぬ處から、石の採集に閉口しましたが、私は子供にいつた「あの川の流石を手つゞきして貰ふ樣になつたから汝等は今日の放課後一回一人につき自分の頭より大きいのを取つてよと」各受持の先生が引きつれまして吉田川へ參りまして石をひろはしましたなか〳〵面白い「君この石は僕の頭といづれか大きいソリャ十君の頭の方が大きいそーかそんならこれだ」とめい〳〵大きな奴をひつかけて學校へかへつてきた、その樣にすることが八回で都合三千貫餘りの石をひろつたこれを金に直すと六圓だヤア〳〵一日に十五分ばかり、吉田川にいつて、全校の兒童が尤も簡單な石ひろひをしてそれで（八圓が六圓だから一圓は七十五錢の割）まあ殆んど八拾錢の仕事が出來るのだ、なんとよい、兒童には訓言ではあるまいかそーいふ處から石がけの石も出來た、築くのは生兵法怪我のもとゝこれは石工について貰つた、そして子供が手つだひだ、それから苗木も大分植木屋からきた、（この植樹苗木は完成の後圖面と共に又本紙にかゝげませう）そこで寒いといふ處から子供は植木にかぜを引かしてはならぬといふ處からめい〳〵にわら一束づゝ持ちきたり菰をあんでこもかこひをしてやつて暖い衣服をきせてやりました、そしてこれからは肥料の御馳走もさし上げる準備でありますそれから樹苗

は縣廳の方から御獎勵になつて居りまするか私共もこの意を體しまして、旅順陷落の紀念として、例の子供と共に近林の棕櫚林に參りまして、其種子を九升六合ばかりひろつて參りました、小林區出張所員菅さんの意見をきゝまして愈來春この生物園の苗床に播種いたすことにしました、これを拾つた子供が生長して立派なる人間となるのと共にこの棕苗は彼等の林にしげるでありませう、なんと我々小學教員者の境界ほどたのしいことはありませんよ。

右の樣な有樣で生物園の擴張が出來ました、そして園内を二十一區に分ちまして、其區劃は科學的の分類は小學校に不適當であると思ひますから染色料の植物はこゝ、藥草はこゝ、毒草はこゝ、纖維料植物はこゝといふ樣に分けて植えつけました反別は殆んど一反位でありますがこゝ三四年もすれば一のパラダイスになるでありませう。

學報の記事に見えて居る棕の苗は、既に三四寸に伸びて一坪ばかりの地面を蔽つて居る。西瓜や南瓜やユウガホが、此處彼處の葉の間から大きな顏を出して居れば、茄の木もさも得意氣に澤山の實を荷つて居る。校長の話によると、今年始めて結實した苹果《セイヨーリンゴ》と水蜜桃と西洋西瓜の一番出來の良いのを一夜の中に盜まれて痛く生徒を失望させたといふことである、校園の仕事が二十二組の男女生徒に分擔させてあることは、前に言つた通りであるが、校園の仕事は、主として放課後に課し、毎週二回づゝのことに定められて居る。農具も一部分は學校に備へ附けられて居るが、其大部分は必要のある毎に、兒童が家庭から携へて來るといふことである。園の周圍は一尺ばかりの枳殼《カラタチ》の苗木を以て圍まれて居る。これは學報の記事中に見えて居る通り、枳殼の種子を集めさせて蒔かせられたものださうです。其一部分は直に生垣に利用し、一部分は柑橘類の接木の砧木に用ゐるとのことである。此學校園て面白いのは、

収穫物の處分

である。收穫物の珍らしいものは、可成生徒に食はせる方針であるさうな。水蜜桃は今年始めて結實したこととて、まだ生徒一人に一個づゝを與へるほどの多數は得られなかつたから、一個を二三人當てに割つて食はせたとのことである。苹果は此地方では可なり珍らしいと見えて、四百五人の生徒中味つたことのある生徒は僅に六人に過ぎないとのこと。そこへ苹果が始めて結實したので、生徒も教員も收穫の時を待つて居つた。處が、一夜の中に一個も殘さず盜み去られたのだから生徒教員失望の度合が思いやられる。此校には、女子同窓會の夜學が設けられて居つて、其料理法實習の時には、大概校園の收穫物を材料に供するといふことである。私共の一行が校園を一覽して校舍へ歸ると、合田校長は吾々一行を裁縫教室へ案内せられた。そこには三四品づゝの料理とコップとビール罎とが裁盤の上に排べられてあつた。座が定まると、合田君から「此草深い田舍へ遠來の珍客がお越し下さるといふので、昨日來生徒も教員も大に喜んでお待ち申して居りました。これは女生徒共が學校園の材料で作つたものですから、お口には合ひますまいがお食りを願いたい」といふ樣な挨拶があつた。御馳走の献立は、

鯉の味噌吸物　（鯉は校園の池から、吸口は校園のゆから）

茄子の鴫燒　（茄子は校園から）

蓮根　　（蓮根は校園の池から取つた新物）
慈姑　　（慈姑の子は悉く校園の收穫物）
西洋西瓜（校園から）

の五品であつた。挨拶がすむと女生徒が出てビールの酌をする。此日校園の手入のため幸ひ來合せて居つた男生徒の樂隊の演藝が始つた。言ふことを失念して居つたが、此郡内の高等小學校で少年音樂隊を有つて居るのが七八校もあるといふ事である。此校にもそれがあるといふ事で一行のものが熱心に所望した結果として俄な思附で演ぜられたのであつた。後で、石井視學や合田校長から私に學校園について、

批評

をせよといふことであつたけれども、私が和田の學校園を見に參つたのは、前にも言つて置いたやうに、寧ろ、何等かの教訓を得やうと言ふ方で、與へんが爲めではない。實際また得る所が頗る多かつたのである。それで批評といふ譯ではないが所感の一二を述べることにせよう。第一に私の學んだことは、學校園の面積についてである。私が和田の學校園を見るまでは、村落學校園の面積は、澳國でも平均約二百坪といふことであるから、我が國でも先づ一反歩あつたらそれで澤山であらうと考へて居つたのである。然るに、此學校園を見るに及んで、三百坪でもとても思ふやうな事が出來ぬことを感じたのである。何ぜなれば、此學校園で現に栽培して居られるものには一も不用なものがない、何の學校にも少くとも現に此校園でやつて居る位の事はしなければならぬ。然るに、此校園には蔬菜園といふものがない。果樹園の幾分を割いて之に充てることも出來ぬではないが、それにしても尚ほ狹いのである。故に此上まだ三畝や五畝は蔬菜園のために增さなければならぬ。即ち第三期の擴張を行ふ必要がある。此事は合田校長も其必要を認めて居られるといふことである。

私が學んだ第二の點は垣圍のことである、外國では、學校園は可成土地の住民が常に通行する路に接して路上から垣越しに園内を概觀することの出來る樣な位置に設置することになつて居る。その理由は校園に於ては理學を應用し、比較的新知識を以て經營されて居るから、土地の農民を刺激し、地方農藝の改良を促す効があるからである。然るに和田の校園は、道路に接して居つて善く此條件には適つて居るが、我が國では歐米の樣に、人民に公德が發達して居らぬ爲めに、生徒が骨を折つて作り上げたものを盜み去られる憂がある。故に道路に接近して校園を設けることは、我が國では大に考へなければならぬ。若し設けるならば、垣圍に十分な注意を拂ふ必要がある。

次に私の學んだのは、新に學校園を經營するは府縣郡村の農會や勸業の當局吏員や農學校と連絡をつけて、其助力を得る事である。合田校長は斯ういふ方面の專門家の知識を利用することには特に注意して居られる樣である。元來、園藝のことは一種の專門に屬して居るから、小學校教員中十分園藝に關する素養を有つて居る人は極めて少いのである。故に校園を經營するにはあらかじめ園藝講習會を開設して教員に特別

な修養を與へるか、專門家の助言を借るか、何れかの途に出なければならぬ。園藝の專門的知識は、地方では先づ府縣郡の技師が農蠶林業の巡回教師か又は農學校の教員などに求めるの外はない。知識ばかりでなく、苗木や種子を手に入れる上にも斯ういふ方面と連絡のあることは頗る便利である。何の府縣でも、林樹果樹の苗木や新奇な蔬菜を其管内に播布し普及せしめることに勉めて居るのである。

和田の學校園を見て今一つ私の利益したのは、勞働の教育に關してこれまで自分の唱へて來た所の全く空論で無いことを證明したことである。此校では男女の生徒をして鋤鍬を執り木鍬を手にじて蔬菜や果樹の栽培に當らしめるばかりでなく、或は教員生徒協力して池を掘つたり、或は磧から石を運んだり、或は石垣を築かしたりする。此等は、勞働生產の教育上より見るも、躰育や訓練の上から見るも、頗る教育上の價値に富んで居る。殊に、校園の生產物を家事科の方へ利用して料理の實習を課したり、珍客を接待させて平素作法の教授で授けた所を實地に應用させるなどは、最も吾人が意を得て居るのである。それて私は和田の學校に對する自分の此上の希望を言はうならば、垣や運動場や通路などの修繕も、立樹や生墻の手入も、障子の張替大概の校具の修理も、出來るだけ生徒にさせてもらいたいのであります。此方が彼の何も分らずに機械的に課して居る下手な手工などよりも、遙に教育上の價値に富んで居るのである。此校の校園の池では、既に養魚をさせて居られるのであるから、今一步を進めて、養雞養水禽養蠶養蜂、場合によつたら、家畜の飼育をもお始めになつたら如何でせう。兎も角此校では、勞働の教育に關して私が平生理想として居る所の大部分を實行して居る、そして而かも其頗る好成績なる樣子を見て、私は益自信を強くすることを得たのである。

最後に私が和田の學校園に向つて此上の注文をするならば、果樹園の一部を割いて農業試驗地と溫床とを新設して貰うとである。此校の如く農業科を加へて居られる學校では、農業上最も大切な作物の種類播種土質肥料などに關する試驗をやつて見る所の試驗地なるものは、是非學校園の重要な一區劃を占めさせなければならぬのである。農業實驗地の必要なやうに溫床も亦蔬菜の栽培上には缺くことの出來ない設備である。寒中に瓜や茄子を熟させたり、綺麗な花を咲かせたりすることも、固より溫床の得意とする所には相違ないが、此處では早く作物の苗を育て、置いて本田に移植し、他人に先き立つて一ヶ月も前に收穫してすぐに又他の作物を仕附けるといふ樣に土地の作用を頻繁にし、其收穫時の早いために常に市場で歡迎され非常な高値に賣るなどは、溫床の更に得意とする所である。

兎角今日の學校は沒趣味て宜敷くないが、此校では學校園に面して休養室ともいふ樣な愉快な一室を有つて居られる。どうか何の學校にも斯ういふ樣に花園に面して風通しの良い一室に、安樂椅子の二三脚も備へて放課後休養の出來る樣にして貰いたい。放課後教員は其室で樂に新聞雜誌も讀み、ピトルや茶位も飮むことが出來、樂器を弄することも出來れば。放言壯語も出來て、獨身の若い先生などは此處で日を暮すといふ樣にしたい。段々校園が發達して果物や靑物の類が澤山に收穫されたり、草花が四時を通して美しく咲いて居つたり、池には魚が飼はれたりする樣になれば、一層面白味が增すことと思ふ。今日の如く、休日や放課後は空家の樣に寂然として猫の子一匹居らぬ極めて殺風景なのが、果して學校の理想であらうか。放課後の運動場で男の生徒がベースボールをやつて遊ばうとすれば、放課後は學校に監督するものが居無いといふ理由の下に「放課後學校に殘ることは決して相成らぬ」などと叱り飛すことは、果して吾等の本意であらうか。女生徒共が放課後學校に居殘つて風琴を弄しやうとすれば、頗る自然的な要求であるにも拘らず、常に學校に容れられないのである、和田の學校には既に少年音樂隊も、ビールも、校園料理も、休養室も、學校圖書館も完備して居るから此後も必ず進んで吾人が理想の全部を實現することに躊躇しないであらう。妄評は此邊で止めて措いて、次號には滋賀縣は水口町の評判の學校園を紹介することにしやう　（未完）

學校園を觀る（續）

棚橋源太郎

前號の誌上で、お約束をして置いた滋賀縣は甲賀郡水口町にある

水口高等小學校
實業補習女學校學校園

參觀の事を申し述べて讀者諸君に同園を御紹介申さう。先づ、私が今回同園を參觀するに至つた順序から申し上げると私が地方學校園の實際を少しく調べて見ようといふ考を起したことは、既に、前號の誌上で申し述べた通りであるが、特に、水口の學校園を觀ようと思ひ立つたのは、斯うである。本年の夏季休業前、其頃視學講習會のために滯京中の關西の二三郡視學のお方に面會した際、「私は此休暇中西國へ出張する序に、地方の學校園の實況を觀て研究の資料にしようと思つて居る、關西では何の學校園が參考になりさうか」と言ふと、「滋賀縣の水口のが仲々評判で、園の名前を緑蔭園と云つ

て大體歐羅巴式に出來て居るといふ事であつた。私が綠霞園といふものが、關西にあることを知つたのは、實は、此時なのである。それから後に、二三の知人からも同樣の評判を聞いた。其中の一人は甲賀郡は學校園が名高いばかりでなく、其處の郡長は嘗て滋賀縣の參事官をして居つた人で、教育を始め一般の郡治上に非常な熱心家で、あの地方の模範郡長となつて居て、綠霞園の今日あるも同郡長の盡力與つて大に力あることを話して吳れた。同園が大體歐羅巴式に出來て居るといふ事と、熱心な模範郡長の經營に成つて居るといふ一事とは、痛く私の心を動かして是非同園に立寄つて見ようといふ心を起さしめたのである。

西國からの歸途、江州の草津驛に下車したのは八月二十九日の朝であつた。此處で關西線に乘りかへて約一時間の後には、

貴生川驛

といふのへ着いた。此處で下車してすぐに俥に乘つた。其處から東に進むこと一里許で水口町に到着した。郡役所も高等小學校も實業補習女學校も町の中央の邊に、殆ど同一の構內に在る。郡役所へ着いて先づ愉快に感じたのは、今迷參觀のために我が附屬小學校へ來られた際、面會をした西岡君が思ひがけもなく此郡の視學て、滿面に微笑を湛へて、玄關口に迎へて下さつたことてある。西岡君との奇遇は如何にも愉快を覺えたが、忽ちまた、痛く失望せざるを得なかつたのは、かねて其風采を想望して衷心から尊敬の念に堪へなかつた松田郡長が、病氣で引籠中のため、溫容に接することの出來ないことを、藤谷郡書記の御挨拶に依つて、始めて承知したことであつた。併しながら、松田郡長の閱歷人物や郡治上の事なども、西岡藤谷の兩君から詳細に聞くことは出來たのである。西岡視學の學校園に關するお話の中で珍らしく感じたのは、此郡內には學校園の設備が比較的調つて居ることである。同君が示された本年四月一日の調査に係かる同郡小學校學校園調といふものを見るに實に左の如くである。

校名	校園の內容
水口高等	植物園一段四步　蔬菜
寺左高等	萬果園五段五畝十三步　桃栗杏柰果の各種六百七十本
寺庄尋常	征露紀念兒童園三畝步　國語讀本中の植物
南　杣	楊武園　一畝二十二步　洋種蔬菜類
三　雲	植物園　三畝步　草花　蔬菜
石　部	計劃中
岩根東	計劃中
岩根西	計劃中
土山高等	植物園 植物園一反九畝二十九步　杉檜苗、果樹、三十本 草花 蔬菜
土山尋常	植物園　五畝步　杉檜苗、茶果樹三十本
鮎　河	植物園　一畝十五步　蔬菜各種
大河原	植物園　一畝步　蔬菜各種

岩室　奉公園　二畝一歩　桃二十五本
大野東　果樹園　二畝二十歩　桃梨　葡萄　菜果三十本
長野高等　長野高等學校果樹園　三畝歩　梨其他果樹三十本草花
神山　紀念梅林　六段七畝十九歩　梅五百本
小原南
小原北　附屬農園　二歩畝　梨苹果廿本　草花
多羅尾　計劃中
水口實業　植物園　二段三畝二十歩　桑苗二百一本蔬菜
同上　緑霞園　七畝五歩　花木及草花
計　二町八畝廿八歩
内　果樹園　一町四段二畝廿三歩　苗圃一反四畝廿九歩
　　農業園　三段八畝一歩　其他一段三畝〇五歩

一郡の内に、これだけ學校園の備つて居るのは、誠に結構なことで全國の中でも斯ういふ處は、餘り多くはあるまいと私は感じたのである。それで、段々其實際の模樣を聞いて見ると益々面白い。前の表の中に

土山高等小學校は郡内でも僻鄙な山間の小さい小學校で、此處には、學校に寄宿舍が附いて居つて目下高等科生徒が三十餘名寄宿して居る。そして彼等は毎週土曜日から日曜日へかけて自宅へ歸へることにしてあつて、其際、各自に各宅から飯米と漬物とを寄宿舍へ携へ來たることに定めてあるさうです。其餘の副食物は學校園で出來る蔬菜を利用し、時には飼つてある雞を潰して用ひることもあるさうです。村落又は山間の寄宿學校と學校園、其結合が如何にも自然で面白いではないか。それから今一つ面白いのは前の表の中の寺庄高等小學校の

萬果園

である。これは去年征露の紀念として學校の傍にある小丘の荒蕪地約七段歩を學校へ借り入れて、全部生徒の力で開墾したものであるさうな。農具も悉皆生徒が自宅から携へ來たので、格別費用といふものもかゝらなかつたさうである。然るに、其結果は頗る良好で、生徒の教育上は勿論、之がため地方の農藝の改良上に大に貢獻することを得たのである。それは從來此地方では水蜜桃を栽培することは到底不可能の事と信じて居つた所が、今度萬果園の成績と實見するに及んで彼等の迷信を打破し得たといふことである。私は、寺庄高等小學校一覽といふものを貰ひ受けた。そして其内には萬果園の立派な彩色圖もあるけれども、今回は印刷上の都合で、遺憾ながら此誌上で紹介することを得なかつた。それでせめてもの心やりに、其圖に附記してある「萬果園記」といふものを左に轉載することにした。

萬果園記

東洋平和不可不維持世界人道不可不扶植是日露交戰所由來也開戰以來于海于陸進戰連捷聳動歐米國民之耳目濟歷史長與日月爭其光勿論耳然而博振古未曾有戰捷我國民豈無紀念事業之企圖而可乎本校有見于茲鑑諸東西既往之形勢考諸國家將來之進運開拓寺庄村門田山不毛地凡一町歩栽以果樹名

謂萬朶園蓋意者日露弭戰平和克復之日不可不雲散霧消彼我敵愾之情而如光風霽月故紀念名稱亦不可不擇一見無意而寓深意者也曰萬朶之義和如何道而如字耳又與變化同蓋取於國香和通曰其說如何夫譎詐貪婪謀食他國殘忍暴戾慘殺無辜者則非露國乎而爲皇師所膺懲自戰自敗力盡勢窮而至爲城下之盟遂脱野蠻之迷夢始化于文明之德風重人道而樂平和所謂非變化乎又皇師膺懲之目的也是爲萬朶園記

明治三十七年十一月三日

大谷根校長識

斯ういふ様な趣味ある西岡視學のお話に依つて、意外にも目的にして來た水口以外尚ほ頗る參考になりさうな學校園あることを紹介された。けれども、今度は歸京を急いで居つたために、遺憾ながら其實地を見ないで空しく歸ることにした。斯んな話で、一時間内外の時を愉快に郡役所の樓上に費した後で、學校園に導かるべく役所の裏口を出た。裏口を出ると高等小學校の運動場である。此處で私のために退出を見合せて待ち受けて居られた同校の教員諸君と落合つて、運動場が開放されてあるため、多數の見童が嬉々として戯れ遊んで居る間を拔けて、評判の

絳霞園

にと案内された。七畝歩位の長方形の園で、南に面して運動場に隣接して東北の隅にある。門の上に横に絳霞園と筆太に書かれた額の下を通つて園内へ入ると、其額の裏面に何か書きつけてあるのが眼に留つたので讀んで見ると

三十七八年戰役紀念として美しき花香しき草を見童が形よく培ひ植ゑなし自らの中に氣高き趣味とたしかなる常識を得しめんが爲めに造りし花園なり人々其心して見るべし

といふ文章である。これを見れば本園沿革の一部分を知ることが出來るのである。中央に一の井戸が作つて井戸を挾んで左右に淺い池がある。此池の面積が四五坪で、すべてセメントで築かれてある。池には小魚が養はれ、燕子芝其他の水草が植ゑられてある。池を圍んで約二十五六の花壇が、均齊的に左右前後に位置して居る。花壇の形は圓形・楕圓形・菱形・扇子の地紙形・正方形・長方形・帶狀など様々である。しかし同じ形のがそれぞれ左右均齊的に配置されてある。此等の花壇は悉く木材(棕櫚)や石材で縁取られて、花壇と花壇との間の道路は、一面に砂利を以て覆はれて居る。園内は平坦であるが、唯四隅の地紙形の花壇だけが少しく高く盛り上げられて小丘を成して居る。花壇に栽へられてある植物は、大體美しい和洋の草花の類で、各の花壇に周年花の絶えないことと、色の配合とに注意して選ばれてあるとの事である。それで特に或は科學的に或は應用上から分類して植えられてある譯ではない。植栽植物の重もなるものは次の如くである。

牡丹芍藥類　山吹萩類　木蘭躑躅類　矮生草花　菊菜類
孔雀草矢車類　藥草泊天藍類　蔓草朝顏類　宿根草百合類　百日草貝細工類

滿園の黄紫紅白艶を競つて見事に見受けられた。園の周圍三

方には棕櫚と果樹とが交互に植えられて、其間に薔薇が植え込まれて居る。そして前面の一方だけは薔薇が植えられて居る。西岡親學が示された「降霞園設計の説明」といふものを見ると、同園經營の模様が判かる。

降霞園設計の説明

中央の池

中央の池は、水と云ふ〰〰字を元に作り、眞中の井は乙と云ふ字に象れるなり。あやめ、しよーぶ植ゑたる前後の下は、右と左の池水を往來なす様になりて、左の池南の隅より土樋ふせ水流れをよくしたり。されば、此池子孑わき水腐り惡臭などするとなし。池より園の隅々何處に至るとも其隔り等しき様に地配りたり。其は兒童等多數の集りて搯ひ水やり各の働き等しからしめしが爲なり。

四隅

四隅の小山に低き樹植たるは園内皆多ければ四方のみ高くて釣合惡しくならぬ様用心したるなり

周圍の棕櫚

周圍の棕櫚は頭のみ葉を有し、下は幹のみなれば高く成長したらん曉には風透しよく日光も當らん、而も強風を防ぐにもよかるべし。其間に桃丁字形に枝振り作りたるは、春は花夏は實當は此花園を護る生垣なり。其下にすぐり植ゑたるは同じ心にはあれど、其果實此地方には少く酸き果實は兒童の好むものなればなり。

東入口の側

飾りにとて金雀薔薇の垣したるは、東の日光を受くることゝ此側には棕櫚なし、花卉には生命と思へばなり。

入口の門

門字に似たる園全躰の中にへ形の門蓋形狀の調和よろしと思へばなり。

地配り形

地配り形は平面に示せる如く變化の中に統一あらしめ、相稱し美を保ち中央に立ちて四方を眺めたる時快からんとを望みたり。

凡て草は時なき花は其葉の美しきを選みたり。植方は中高を好み園の中を遠ざかる程高きを作りたり。さりとて入口左右の長方形内は高きを好みたり。其は主なる埒なればなり。

花の色合は可成配合よかるべく補色濃淡一つ宛の區切の内に工夫したり。

又花計りよしのに非ず。土盛もよしのなる心地して地質吟味肥料も無駄にならぬ樣作るを本尊としたり。又凡て草花は全躰の形を見て一つ宛の生枯かすは又作方なり。併し池の左右小形の處は珍木奇草其限りに非ず。

年々に作りなす内に花壇作り多面に渉らず精しく凝りたるが有難く、さりとて惡しきを捨て善きを取る臨機應變然るべく、又兒童に對する感化が理科博物など輕きには非れども美育德育自然的趣味を養はんこそ斯園の本望なれ。

降霞園と相對し、一條の通路を距てゝ南に、養雞舍がある。

小舍は間口三間奥行一間の頗る手輕な建築で、一坪づゝの三室に區劃されて居る。周壁は板張て、各室地面に接して後方に鐵網張の窓があり、又、前面にも地面から三尺許の邊にグラス窓が附いて居て、採光通氣から狐猫犬等に對する用意まですべて十分に出來て居る。各の室の內には一個の産卵箱が置かれ、又軒下の處には各一個づゝの餌入水呑、砂箱が備へられて居る。此砂箱は言ふまでもなく鷄が砂浴をする際の用に供せらるゝのである。小舍に接續して前方へ更に三間四方程の竹垣圍があつて、室の境界と同樣に三つに區劃されて居る。これは即ち雛の運動場で、一面に細砂が敷かれてあり、又上方は一躰に葡萄棚で覆はれて居る。そして小舍の各室と竹垣圍とは三尺のヒラキ戸で通ずる樣になつて居る。此三つの區劃內には、改良洋種のプリモースとアンダルシャンとハンバークとがそれ〱飼はれて居る。此雛の一部は郡農會のもので、學校は飼育方の委托を受けて教育上に利用して居るとの事である。兎も角養雞舍としては最新式で先づ申分の無いものと言はなければならぬ。養雞舍の背後に、一棟の

農舍

がある。奥行一間間口三四間の小さなもので矩形に出來て居る。そして其一半は園丁の住宅に充てらて、土間には大きい一つの竈が備へつけられて、それで豚の食物が煮られつゝあるを見た。そして他の一半が農具部屋て、此處に農具や肥料や種子や農産物の類が保存されてある。農舍と綠蔭園との間にある門を出でると、細い道路がある。此道路に接し綠蔭園や農舍と和對して農物とも言ひたいものがある。其形は大躰長方形で、全躰の面積二段歩位もある樣に見受けられた。此校には、尚他に一ヶ所の農場があるから、此方を

第一學校園

と呼んで居られる。第一學校園は、養豚場・蔬菜園・果樹園等に區劃されて居る、

養豚場

は長方形の三四十坪の地面で、周圍が柵を以て圍まれて居る。そして其內に一棟の板張の細長い小舍と運動場と游水場泥濘等がある。小舍は五つの小さな室に區劃されて、其內に牝が二頭と牡か一頭と飼育されて居る。此豚は郡農會の所有物で此學校へ預けられてあるのである。これまで屢々分配して、土山の高等小學校へ二頭、寺庄の高等小學校へ二頭、小原の小學校へ二頭都合六頭だけが此飼育場で增殖されて諸方へ分配されたといふことである。養豚場に接して肥料溜と堆積肥料とがある。

果樹園

は一畝許の小區劃で、別に垣圍といふものもなく、此處には無花果・苹果・葡萄などが植栽されてある。此園の手入は共同的に生徒の手に依つて營まれて居る。果樹園に隣接して、

育樹園

がある。其面積は大概果樹園のそれに同じて、檜の苗木が栽培されてある。此園も生徒が共同的に手入をすることになつて居る。此外の地面は菊の苗床に十坪許充てられてある。そして其外は悉く

蔬菜園

に用ひられて居る。蔬菜園には、此地方で普通な農作物が仕附けられてある。蔬菜園は一畦二畦づゝ各生徒に割り當てゝ、一切の仕事を彼等に分擔させてある。夏季休業中も生徒が交番に出校して手入をすることになつて居る。今年の天長節には、各生徒分擔地の成績について品評會を催す積であるとの事、又、其收穫した蔬菜は、家事科の料理法實習の材料に供するとの事である。蔬菜園・果樹園・育樹園は、一と續きの畑地で、周圍に別に垣といふ樣なものも設けられて居ない。それから前の路を踏つて運動場の他の一隅に在る一棟の倉庫らしいものに案內せられた。これは今度新築になつた

貯桑室

である。三間に四間位の平屋で、床は一面の板張で、其中央一間四方位の部分が切り拔かれて下は深さ九尺位の穴藏である。農業の改良上に資するための標本的建設物としては頗る有益なものと思はれた。それから運動場を南へ橫ぎつて、校舍と一條の道路を距てゝ設けられてある

第二學校園

へと案內せられた。門を入ると可なり大きい二階建の養蠶室がある。此處には、番人として一人の老女が住まつて居る。床は板張で、床の下には暖爐も備へられてすべて溫暖育の設備が調つて居る。此室は言ふまでもなく、實業補習學校女生徒が、養蠶實習の用に供するものである。養蠶室に接して西側に五六畝の畑ある。此畑の大部分は桑園で、桑園は桑樹の栽培法を實習させ、他方では養蠶室へ桑葉を供給するの用に供せられて居る。桑園に接して小さい農業實驗地がある。これは種々な農業實驗を行ふ場所になつて居る。實驗地の隣に二つの溫床と小さい育樹園とがある。此處の育樹園には挿木がしてある。其隣が材料園である。此園は理科讀本などの教授上に必要な實驗材料を植栽して置く場所である。第二校園を辭して實業補習學校の校舍へ來ると、小さい

料理部屋

がある。此處には二つ程の大きい竈がある。これは料理法實習の用に供するための設備であることは言ふまでもないが、同時に或日などに際して、學校で菓子を造つて生徒に與へるためにも用ゐられて居るといふことである。此外校舍の方の種々の設備や學校の經營について見聞した所が尠くないけれども、今は學校園の問題に限られて居るから、見聞錄は先づ此邊で止めにする。それから別室で藤谷西岡兩君から同校園に對する私の

批　評

が聞きたいとの御所望であつたけれども、取り急いで居つたゝめに、十分纏つた意見をも得申し上げないで歸途に就いた。それで、批評といふ程でもないが、同園を一覧して、私が抱いた所感の一二を述べて見よう。

私の見た所では、大體に於て評判の恐らく關西第一の學校園たるの名に負かない。設備が完全で如何にも立派なものには驚いた。實に豫想以上であつた。唯同校の一覧表を見ると、

生徒數が實業補習女生徒五十名高等小學男女生徒約六百名に過ぎない。餘り大きくもなく又小さくもない謂はゞ中位の學校である。それに對して三段歩餘即ち九百坪以上の學校園は少しく廣きに失せざるかの感がある。それに來年度からは更に隣接地一段半程を借り入れて擴張せらるゝ御計畫なさうである。が、卑見では此際擴張を見合せて、現在の範圍で內部の改善に全力を注ぐ方針に出られた方が寧ろ利益の樣に思はれる。近來は此處にも或處にも學校園新設の計畫が始つて、誠に慶賀すべき好機運に向つて居る。それで、同園の如きは、評判の高いだけそれだけまた世間に影響する所も大きい筈であるから、願くば先進者として模範學校園として、此際大に愼重の態度を取つて貰ひたいのであります。それで私が少しく苦言せようと思ふのは、獨り同園のためばかりではないから、どうか推挙を以てお聞きを願ひたい。

有名なる絳設園は、日露戰爭の紀念として生徒の趣味の教育と常識の養成とのために出來た草花園であるけれども、單に草花園としては七畝半は、餘りに贅澤過ぎる樣に思はれる。それで幸周圍に果樹も植えられてあるとでもあるから、果樹園と草花園と植物園とを、此內に網羅しては如何であらう。理科や讀本の教授上に必要な植物で此園に栽えられて居ないものだけを更に加へて、之を應用上の分類に從つて植え換へ、純粹の草花は觀賞植物として植物園の中の一區劃たるに止めることにしては如何であらう。さうすれば來年度の御計劃の植物園を別に增設する必要もなければ、また第一學校園の垣園の無い處に、別に果樹園を設く必要もなくなる筈である。

それから今一つは、學校園の第一第二或は學校の構內構外などと諸方に離散して居ることは、管理上甚だ困難の樣に思はれる。それで可成第一の方の一ヶ處に集めて全躰統一した學校園として纏つたものにしたらば如何でせう。園丁や老女も、若し郡農會か何かの經費で雇つて置くとすれば何んでもないが、學校としては可成さう云ふものは廢めて、生徒と教師との力ばかりで經營して往けるものにしたいのであります。獨り此園ばかりではない萬果園なども七段歩といふ廣大なものである。が學校園はもと兒童教育のために經營すべきもので、學校の基本財産を作るなどを主要な目的として居る學林とは、全く其性質が違ふのである。故に、果樹園の如きは、學校園の一部分として一畝か二畝の地面を配當すればそれで十分教育上の目的は達せらるるのであります。

要するに、同學校園の設備や事業には、幾分郡農會のそれが加はつて居て、學校と農會との聯合協働に依つて成り立つて居る樣な觀があるから、單獨に學校のみで學校園を經營する參考として同園を觀るものは、多少の斟酌を要するのである。さりながら其他の點に於ては立派で、吾々の摸範とすべき點が頗る多い。同園の實際を觀られた諸君又は觀んとする諸君は、同校園が評判以上豫想以上であるといふ點に於て、恐らく私と所感を同じくせらるゝ事であらう、

明治三十九年（一九〇六）

八 『小學校ニ於ケル學校園』

學校園の意義

學校設備の一として學校園の必要なるは獨り小學校のみに止まらす中等教育の諸學校は勿論或る種の専門學校にも亦之が必要あり然れとも今や吾人は研究の範圍を單に小學校に附設せらるへきものに限らんと欲す

學校園の經營利用の方法を講せんと欲するものは先づ其設置の趣旨目的を明にせさるへからす學校園設置の趣旨目的を明にせんと欲せは先つ其教育上に於ける價値經濟上に及ほす影響の果して如何なるへきかを明にせさるへからず

一 學校園の教育的價値

學校園は理科農業科地理科國語科圖畫科手工科等諸教科の教授上に缺くへからさるのみならず同時にまた兒童の訓練上及ひ體育上に貢獻する所極めて大なり，

甲 學校園に於ける教授上の價値

學校園か諸教科教授の上に與ふる所の利益は頗る多方面にして豐富なりとす近時我國に於て一般に學校園の設置を必要とするに至りたるか如きも畢竟諸教科教授法の

改良運動に促かされたる結果に外ならさるへし依りて左に教授上學校園の必要なる所以を稍細目に渉りて説く所あらんと欲す

（い）實物材料の供給所として必要なり　教授上直觀方便として生氣ある實物の必要なることは今更言を待たさるへし然るに國語讀本中に於ける事物材料の取扱に際し或は理科地理科等の教授に當りて必要なる植物を悉く野外に求めんとするか如きは固より吾人の不可能とする所にあらすや獨り之に止まらす圖畫科の教授上に必要なる寫生材料なとに對しても亦同一の感なくんはあらす故に豫め之を學校園に栽培して教授上の必要に應るすことを得んか其利益は果して如何ならん殊に其地方野生の又は栽培の植物中に見るへからすして而かも教授上に缺くへからさる或る種類の有用植物の如きは之を學校園に求むるの外は到底他に其供給の途なかるへしこれ實物材料の供給所として學校園の小學校に缺くへからさる所以なり

（ろ）觀察の場所として必要なり　理科又は讀本の教授に際しては實物を其現場につきて直觀せしめさるへからさる場合尠しとせす例へは動植物共存の現象の如き或は蜂蝶及ひ鳴禽なとの園に於ける活動の有様の如き或は各種植物の萌發成長及ひ成熟の模樣の如き實に枚擧に遑あらさるへし勿論此の種の實物現象は其都度兒童を或は

森林に或は田畑に或は水邊に引率することを得は之を觀察せしむること困難ならすと雖も頻繁に兒童を學校外に引率することはまた時間を浪費することの不利益あれは事情の許す限りは學校園内の觀察を以て滿足せさるへからすこれ觀察の場所として學校園の教授上に缺くへからさる所以なり

（は）自然科學的知識を明確にす　理科農業科等の教授は兒童に授くるに常に自然物の性狀生活の理法及ひ理化學的法則に關する知識を以てす然るに學校園の作業は克く是等の知識を實地に應用して其果して誤らさることを證明するの機會を與へ又農具を手にして自ら勞作し親しく自然物自然の現象に接觸することによりて從來觀察の及はさりし部分を補はしむることを得へし殊に蔬菜園の一部分を各兒童に分擔せしむるか如きは兒童の之に對して利害を有すること大なるか故に興味を感することも亦自ら深く全力を擧けて事に從ふか故に其耕鋤施肥除草害蟲の驅除等に際して彼等か觀察し得る所の精確なること室内教授の比にあらさるへし

（に）農藝に關する知能を養ふ　學校園の作業に依りて兒童か得る所の知識技能は以て他日一家の主婦として家々の蔬菜園の管理及ひ草花果樹の手入等の上に應用せしめ得へく或は農夫として園丁として直に其職業の上に應用せしむることを得へし農

藝の如きも諸製造工業と等しく今日は學理の應用と新なる發明に係かる機械の利用とに待つ所極めて多きか故に學校園は農家の子弟をして徒に祖先の遺法に甘することなく能く自ら進んで改善に赴かしめんとする修養を與へ得へし

(ほ)實業に對する趣味及ひ審美的感情の養成に資す　教育ある有爲の青年をして誘つて實業界に入らしむることは我國情に顧みて刻下の一大急務なるにも拘らす徒に實業を賤み勞働を厭ふは我邦人の一大通弊にして從來の青年教育の方法は動もすれは此の弊風を助長したるか如し然るに學校園の作業は克く此の病弊を除きて却りて實業を尊重し勞働を愛好するの念を起さしめ得へし蓋し學校園の作業に對する兒童の強盛なる趣味は直ちに彼等の父兄か家業とせる所の農業園藝林業等の上に移さしめ得へくまた彼等かその愉快なる作業の間に得る業務の基礎たるへき知能と其業務の價値を正當に評價し得るに必要なる修養とは特に實業を尊重し愛好するの情を增さしめ得へし學校園の作業は此の如く單に實業に對する趣味を養ふのみならす同時にまた審美的感情をも發達せしめ得へし學校園には門あり生籬あり小舍あり非あり花壇あり樹木あり草花あり鉢植あり隨て花に群へる胡蝶あり樹木を訪つれ來る鳴禽あり而して四時氣候の變化と共に常に其面影を改めて止むことなし故に若し此の豐

富なる美的實物を有して頗る變化に富める學校園の經營に對し常に美術的注意を拂ふことを怠らす且つ兒童をして可成自由に觀覽するの機會を得しめ或は親しく其經營に參加せしめて以て其審美的判斷を用ひしむることを得しめんか必す美的感情の養成上に利益する所鮮からさるへし

（一）學校園の作業は同情的社會的感情の養成に適す　學校園の作業は其都度之か準備後片附共用農具の手入整頓等のために特に當番を設けて兒童をして交番に之に當らしめ或は數人又は全級の兒童合力して共同の仕事に任し教師指導の下に相依り相助けて之に從事せしめ或は學校園に於て特に定められたる規約の下に行動せしめさるへからす而して其結果は兒童相互の間に於ける一片掬すへき友愛の情となり同情心となりて現はれ又團體の一員として共同の生活に慣れ團體に對する義務の觀念を養ひ活潑なる社會的感情を喚起せしむ此の如くして養はれたる同情的社會的感情は彼等か學校園の作業によりて養ひ得へき農藝に對する趣味理解と相俟ちて他日實世間に處するに當り常に能く他人の職業を尊重し傭主としては勞働者の技倆と人格とを認めて十分に其眞價を發揮せしめ又勞働者としては深く自己の業務を愛好して自ら俗自適常に深厚なる同情を以て傭主に對することを得しめて從來の教育か餘りに實

世間に遠さかり活社會と離れて實際的ならさりし弊を矯正することを得ん

乙　學校園の訓練上に於ける價値

學校園は單に教授の補助的方便たるに止まらす同時に又兒童訓練の場所たり而して學校園の作業は兒童の學校生活中最も訓練の價値に富めるもの、一なり

（い）學校園の作業は意志の陶冶に適す　兒童の自發活動は他日に於ける獨立自爲の萌芽なるか故に之か處置にして當を得は其意志發達の上に及ほす所の効果は必す著大なるものあらん然るに從來の弊は自然的なる此の要求を無視し無暗に其活動を抑制して彼等をして強ひて受動的の態度を裝はしめんと勉めたるか如し此の如きは實に恐の甚たしきものと謂はさるへからす然るに學校園の作業は頗る彼等か心理的要求に合し克く其活動を滿足せしめて適當に之を誘導啓發するに適す蓋し學校園作業の性質たる半は遊戯に類して兒童か最も愉快とする所なると同時に亦全く娯樂のみの爲めにするものにもあらす娯樂以外兒童は別に明瞭なる目的を認めて熱心に之を追求して止まさるか故に彼等をして能く其自發活動を滿足せしめ深く愉快を感せしめつゝ努力の全體を擧けて其の追求する目的の上に集注しよりて以て意志を鍛へ勞働に堪へしむるに至らん學校園の作業は獨り學校内の訓練のみに止まらす其影響は兒

童の家庭に及び家庭にあるのときと雖も與ふるに家庭內の一小空地と精神疲勞後の少時間とを以てすれは能く其强盛なる發動性を滿足せしめ以て惡戲を行ふの餘地なからしむることを得へし

(ろ)學校園の作業は獨立自爲の精神を養ふ　學校に於ては兒童の發達の程度に應して適當なる作業を課し兒童に許すに自由の行動を以てすること比較的多しとす故に兒童は不完全なからも自己の力量により獨立自爲其企圖せる所を成就せさるへからす而して其結果は兒童をしてよく自己が技倆を自認し其上に依賴することを知らしむるに至るへし加之學校園の作業は幾分農業園藝等の如き職業の基礎たるへき修養を與へ獨立自營に必要なる知能を授くるか故に兒童をしてよく依賴心を排して自營自活の方向に進まんとする念慮を盛ならしむるの效力あり

(は)學校園の作業は勤勉秩序着實等の良習慣を養ふ　吾人は前に學校園の作業か適當に兒童の活動性を善利し彼等に課するに趣味多き仕事を以てして能く長時間に亘り一定の目的に向ひて注意を持續せしめ得ることを說けり加之學校園の作業は多くは放課後又は休憩の時を利用して其結果の顯著なるものありこれ學校園の作業は特に勤勉力行の良習慣を養ふに適する所以なり作業にはまた自ら一定の秩序と豫定の

計畫となかるへからす故に若し之に對して精密なる注意と愼重なる考慮とを以てすることを怠らんか其仕事は顔面不成績に終らさるへからす此苦き經驗は克く兒童をして秩序を重んして輕擧無謀の擧動放縱散漫の行爲なきに至らしめ人物を着實ならしむることを得へし

(に)學校園の作業は個性の觀察に適す　學校園の作業は教室の課業に於けるよりも比較的自由にして兒童任意の活動を許すこと多きか故に作業に際して彼等か自然に發露する所の傾向を容易に看取するの利あり且つ又學校園の作業は兒童の趣味を感すること最も深く隨つて其行動も亦活潑を極むるか故に兒童か其作業に對して果して如何なる傾向を示すか或は其協働者に對して果して如何なる態度を取るか或は彼等か知的情的及ひ意的諸方面の活動は果して如何なる特質を現はすか等個性の觀察上最重要の機會を頗る容易に發見して根本的に彼等を理解し以て其訓練上に資することを得へし

丙　學校園の體育上に於ける價値

學校園の作業か心意諸方面の教育上に價値多きことは以上説きし所の如しと雖も之と同時に其體育上に資する所の效果も亦輕々に看過すへからさるものあり

（い）學校園の作業は健康の增進上に効あり　身體は其何れの部分たるを問はす適當に之を使用すれは其部分に於ける組織の新陳代謝を促して其發育を盛にし全身の健康を進むるに至ることは生理學の教ふる所にあらすや然るに學校園の勞作は全身の運動を要求して能くあらゆる筋肉を運用せしむることを得へし學校園の作業か特に兒童健康の增進上に價値多きは單に之に止まらす蓋し其勞作か常に强盛なる趣味に驅られて愉快なる間に行はるると其屋外の快濶にして空氣の新鮮なる場所に於て行はるるとは其著しきものなるへし兒童か規律正しき體操よりも比較的疲勞を感することなく克く長時間の勞働に耐ゆるを見ても其體育上効果の如何に著大なるかを證明して餘ありといふへし

（ろ）學校園の作業は筋肉の修練に適す　學校園の作業は單に兒童健康の增進上に著大の効果あるのみならす尙處世上必要なる身體の局部に向つて特別なる鍛錬を加へ以て身體をして意志の自由なる機關ならしむる上に資するの効も亦看過すへからす學校園に於ける勞作は寧ろ大筋の運動に傾き農藝を始め多くの身體的勞作に對して吾人か要求すること最も頻繁なるへき部類の運動に屬せり故に適當に此種の運動に必要なる大筋を修練して其作用を敏活にし其勞作に向つて最も適切なる姿勢を悟ら

しめ身體をして能く意志の命するかまゝに精確に且つ自由に行動するを得るに至らしむることは兒童か他日實際生活に入るの準備として頗る重要なりとす

(は)學校園は兒童か休養の場所として必要なり　學校園か兒童の審美心を敎育する上に効果多きことは旣に之を言へり隨つて學校園か兒童の娯樂休養の場所として必要缺くへからさることも亦自ら想像に難からさるへし若しそれ園內通路の構造に注意して兒童の逍遙に便しまた通氣日避け休憩等に要する設備を十分ならしめんか兒童殊に幼年者又は女兒をして其課業後の疲勞を回復休養せしむるの場所として缺くへからさるものとらん故に學校每に美しき學校園を有することはよく學校を潤色して兒童をして常に爽快ならしむる上に必要なりとす

二　學校園の副產的價値

學校園はもと兒童の敎育を以て主要の任務直接の目的となせとも間接にまた地方農事の改良を催進し同時に生徒父兄と學校とを相接近せしむる有力の方便ならしむることを得へし

(い)學校園は土地に適する果樹作物等の新種類の輸入を媒介す　學校園にして若し管理者其人を得て適當に之を經營することを得んか試作の結果に顧みて從來栽培せ

られさりし果樹作物等の善く其土地に適するものを發見するに難からさるへし而して學校園管理者にして若しまた生徒父兄の來觀を歡迎し彼等か新作物新果樹等の種子苗木又は接穂に對して要請する時全然其希望を無視せさらんか比較的栽培に容易なるか或は收獲の特に多大なるか或は此兩資質を兼有する所の新種類は忽ち其地方に普及播布せられて土地の特有産物たるに至らしむることも亦敢て期し難きにあらさるへし

（ろ）學校園は蔬菜果樹等の栽培法の改良を促す　　果樹蔬菜等の新種類の如きも官廳の奬勵農會の鼓舞によりて多少各地方に輸入傳播せられさりしにあらすと雖も農民の幼稚にして十分之か栽培法を理解せさるかため多くは未た好結果を見るに至らさりき例へは舶來果樹の改良種の如きも從來各地の試驗場農學校等に於て試作の結果其地方に好適なるを確めて農民の手に委せらるゝや彼等か農藝的知識の淺薄にして果樹栽培の術に通せさる季節をも選はすして妄りに肥料を施し或は剪枝を怠りて全く自然の發育に任するか故に折角の改良種も成長の後は殆んと野生種と選ふ所なきに至り結實するも其果實の食ふに堪へさるかため農夫をして失望の餘り空しく之を伐り棄てしめたるか如し今や時勢の進歩に連れて果實の需要日に多きを加ふるにも

拘はらす我邦農民の幼稚なるかため未た以て十分世間の需要を満足せしめ能はさるは誠に痛嘆に堪へさるなり獨り果樹の栽培のみに止まらす蔬菜の栽培に至りても亦同様の感なくんはあらす今日の農藝は自餘諸般の生産業に於けると等しく既に學理の普ねく應用せられたるかため全然其面目を一變してまた昔日のものにあらす然るに我邦農民の一般に科學的知識に缺乏し農藝的修養の十分ならさる未た以て十分佳良なる農産物を出す能はさるは勿論土地の利用に於ても亦遺憾なき能はす今日は多少園藝的修養あるものは從來の農家か一毛作又は二毛作を以て滿足したる同一の土地より三四回乃至五六回の收穫を行ひ從來數反歩の土地より收納し得たる收穫を僅に一反歩の土地より收得することと必しも不可能ならさるに至れり園藝の改善農事の刷新豈刻下の一大急務にあらすや故に地方の學校園にして若し經營其宜しきを得て父兄の來觀するもの多きに至らんか播種、植附灌漑、施肥、剪技、病害の豫防驅除等に對して好模範を示し該地方農藝の燈明臺たることと敢て難きにあらさるへし此の如きはもと各地方府縣郡立農事試驗場等固有の任務に屬すれとも吾人か學校園をして特に其任務の一半を分たしめんと欲する所以のものの亦謂なきにあらず今日の實際に於ては農民の尚ほ幼稚なるがため農事試驗場の如きも未だ以て十分に其價値を發揮して完亞に其任務を果すに足らざることは恐らくは當事者自身の認むる所にしてまた農藝改革家の最も遺憾とする所ならん然るに學校園は彼等農夫が最愛なる子女の手によりて營爲せられ彼等子女が學校園の愉快なる作業は恐らくは晩餐後に於ける一家團欒の話頭に上ることあるべく時としては又學校園の生産物が其晩餐の膳に上ることすらあるにあらずや果して然らば學校園の事業が農事試驗場のそれに比して父兄の注意を惹くことの一層大なるへきは固より自然の結果なるのみ吾人が地方農事改良の機關として農事試驗場と共に學校園に重きを措かんと欲する所以のもの實に此に存す

(は)學校園は父兄と學校とを接近せしむ　　前述の理由に基き學校園は父兄を刺激して自ら學校を訪問せんとする一大動機となり屢々學校に出入するの結果彼等をして知らず識らずの間に學校の事業を解して之に同情するの至らしめ學校園は自ら父兄と學校とを接近せしむるの媒介たるべし

(に)學校園は敎員の生活を愉快ならしむ　　學校園はもと兒童敎育のために經營すべきものにして町村の經濟又は學校の收益を目的とせず故に其果物蔬菜草花等の生産物の幾分は兒童の勞を慰し彼等を鼓舞奬勵するために用ひらるゝ外は悉く之を學校

園關係の教員に分配して以て其平素監督指導の勞に酬ゆへきなり教員は之に依りて其生活費の幾分を節約することを得るのみならず常に其室內を裝飾するに艶麗なる草花を以てすることを得べし若しそれ學校園に溫床の設備せらるゝが如きことあらんか教員は之に依りて或は雪中に美はしき花を咲かしめ或は瓜、茄子の類を熟せしめ得へし而して是等は皆園藝の趣味を玩味し日々の生活を愉快ならしむる所以にあらすや學校園の經營に伴ふ愉快は單に之に止まらず或は舶來改良種の家雞又は蜜蜂の類を盛に繁殖せしめ或は學校園にて收獲したる蔬菜果物等を用ひて種々の食料品の製作を試みる等は更に趣味深かるへし

三　學校園の任務

世には學校園を以て單に農業科の實習地と見做すものあれはまた理科讀本の教授上に必要なる植物を植うる植物園視しまたは美しき草花を植栽し主として趣味の教育上に資すへき草花園視するものあり然れとも此の如きは何れも學校園の教育的價値の全般を概觀する能はさるより來る偏見たるに過きす學校園の任務はしかく偏狹なるものにはあらさるなり世にはまた學校園より生する收入を以て學校の一財源たらしめんとする目的を以て學校園を經營し彼の專ら經濟上の利益のみを目的とする普

通の果樹園蔬菜園等と同一視するものあれはまた學校園を以て專ら其地方農家の副業を奨勵し或は農事の改良林業の發達を促かさんがために經營して農業林業の試驗場試作地等と同一視するものあり然れともこれまた學校園の副産的價値のみに着目して其任務の全般を概觀し得さる一種の偏見たるに過ぎず

學校園主要の任務は寧ろ兒童教育の方面にあるなり即ち學校園は學校の教育上に必要なる設備の一部分ならさるへからす而して學校全體の事業か兒童の教育にあるか如く其一部分なる學校園の經營も亦兒童の教育を以て主要の任務となさゝるへからす他語を以て之を言はゝ學校園か有する教育的價値の全般即ち其教授上訓練上及ひ體育上に於ける價値を十分に發揮するを以て學校園主要の任務となさゝるへからす而して此の主要任務の實現を妨けさる範圍に於て學校園の副産的價値をも同時に發揮せんことに勉めさるへからす

學校園の種類及ひ其内容

學校園は之を設置せんとする土地の或は東京大坂の如き大都市なると或は農業を以て住民主要の職業となし隨つて小學校に農業科を課しつゝある如き村落なると或は兩者の中間に位して一二萬の人口を有する小都市なるとによりて幾分其趣を異にせ

さるへからす即ち其位置面積區劃及ひ其他種々なる經營利用の方法上に於て互に相異なる所あるを要す故に固より大體上の區別に過きされとも便宜上學校園を分ちて村落小學校學校園小都市小學校學校園及ひ大都市小學校學校園の三種類となし此分類に從つて說く所あらんと欲す今は先つ各種學校園の區劃及ひ其內容につきて說く所あらんとす

甲　村落小學校學校園

吾人は村落高等小學校には農業を必須科として一般に設置するの必要を認め且つ近き將來に於て農業科の必す一般普及するの日あるを信するものなり故に村落高等小學校につきては農業科を設置しつゝあるものと否らさるものとを特に區別せす村落小學校學校園の最完全なるものは通例左の諸區劃を有し之に栽培する植物の種類は土地の狀況によりて多少異ならさるへからす

(い)果樹園　果樹は園內通路の兩側又は園の周圍等に植栽して特に一區劃を設けさることをも得れとも通例の場合に於ては之かため別に一區劃を設くるを以て管理上栽培上便利なりとす此區劃內に植栽すへき果樹は柑橘苹果梨梅桃李杏柿櫻桃栗葡萄無果花胡桃須具利等の中にて土地に適當せるものを選擇すへし

（ろ）穀菽蔬菜園　此區劃は生徒實習地苗床温床等より成り此區劃内に栽培すへき植物は稻麥粟黍玉蜀黍蕎麥等の穀類豆類馬鈴薯甘藷大根蕪菁胡蘿蔔牛蒡等の根菜類瓜類甘藍菠薐草萵苣葱等の葉菜類其他胡麻油菜等の中にて土地に適當なるものを選擇すへし

（は）農業實驗地　農業實驗地に於ては作物の種類播種施肥土壤等に關する試驗を行はしむ

（に）植物園　植物園は栽培池井等より成り池には蓮藺等の如き水生植物を栽培するのみならす魚介をも飼育すへし栽培には觀賞植物有毒植物藥用植物及ひ嗜好料纖維料油料染料糊料糖料等に供せらるゝ工藝作物を栽培すへし

（ほ）育樹園　育樹園に培養する植物は前に擧けし所の各種果樹の苗木接木の用に供する各種の砧木櫨漆樹茶等の如き工藝植物及ひ松杉檜樅樟等の如き有用林樹の苗木等とす

土地の情況によりては以上に擧けしものゝ外更に桑園茶園又は杞柳藺櫨漆樹等の栽培地又は養蜂園養鷄園養豚場養兎場等を附屬せしむへし

乙　小都市小學校學校園

小都市小學校學校園の最完全なるものは左の諸區割を有し之に植栽する植物の種類は土地の情況によりて多少異ならさるへからす

（い）果樹園　果樹園の內容は大體村落小學校學校園に同しかるへし
（ろ）穀菽蔬菜園　同上
（は）植物園　同上
（に）育樹園　同上
（ほ）植物叢　植物叢は其地方の森林に普通なる喬木灌木蔓草及ひ下生植物を雜然植栽して共同生活の自然的狀態を現出すへし

土地の情況により以上擧けしものゝ外特別なる區割を附設すること村落小學校學校園に於けるか如くすへし

丙　大都市小學校學校園

大都市の小學校に於ては若しも構內に若干の餘地あらは縱ひ小規模にして不十分たることを免れさるも學校每に宜しく小學校園を設備すへきなり但し此場合に於ては其內容は大體小都市小學校學校園に全しかるへし然れとも大都市の小學校は槪して構內に十分の餘地を有せさるか故に各區又は數區の小學校合同して共同の學校園を

設置するを可とす此場合に於ける學校園の區劃及ひ内容は左の如くなるを要す

（い）植物園　此區劃に植栽するには前に村落小學校學校園植物園の部に擧けたるものの外更に最も普通なる果樹蔬菜等を以てすへし尚又苗床並に熱帶植物の栽培等の用に供するため温床及ひ緑室をも附設すへし

（ろ）植物叢　此區劃の内容は大體小都市小學校學校園植物叢に同しかるへし

（は）花卉園　此區劃に植栽する植物は草花鉢栽植物並に其他の裝飾植物とす

學校園の經營

新に學校園を經營せんと欲せは先つ其位置面積區劃及ひ造營の順序方法等につきて考慮する所なかるへからす造營にして既に完成を告くれは次には之か維持及ひ管理の方法を講せさるへからす吾人は便宜上此等の諸問題を學校園の經營といふ題下に一括して説く所あらんと欲す

乙　位置

小學校を新築又は改築して新に校地を選定し校舍運動場等の位置を決定せんとするに當りては同時にまた學校園をも考慮の中に置かさるへからす此の如く新に校地を選定すると或は在來の校地の一部分を以て之に宛てんとするとに關せす學校園の位

置を決定するに際しては常に左の要件を顧慮するを要す
(い)可成校舎に接近せしむへし　蓋學校園は校舎に接近すれはする程其價値大なるへし折角の學校園にして若し校舎運動場等を距ること大ならんか徒に往返に時間を浪費し教授上管理上の不利は言ふに堪へさるのものあらん
(ろ)土地の傾斜甚たしからす土質可成佳良ならんことを要す　土地の少しく南方に傾斜することは寧ろ有益なる條件なりと雖も其傾斜甚たしきに過くるときは却りて耕種に不適當なるに至るへし土質も亦可成肥沃なる壌土を可とす餘りに砂質ならす且つ餘りに粘重ならさるを要す
(は)風通の良き向陽の地にして而かも防風林丘陵又は建物等を控へ風害又は霜害の憂少なからんことを要す　蔬菜の中には日蔭の地に適するもののなきにあらさるも多くは日當り良き曠開の地を好む草花果樹等大概皆然らさるはなし空氣の流通か充分自由なるへきことは蔬菜にありても果樹にありても共通の一重要件なりとすこれ學校園の位置は風通の良き向陽の地に選ふを以て最も適當なりとする所以なり霜は土壌に水濕を含むこと多き時は霜柱となりて作物の根を害そることあれとも其被害の最も大なるは寧ろ晩霜の春時新芽を損傷するにあり而して霜害は果樹に於て殊に甚

たしとす故に學校園には東方と北方とに校舎森林丘陵等を有して寒風と旭日とを遮り始めて霜害を輕減するの用意なかるへからす此等防風の地物を有することは單に寒氣を遮るの効あるのみならす同時にまた果樹結實の後屢々被むる所の風害をも幾分輕減するの利あり

(に)小川池等に接近するか又は噴井堀井等を設くることを得て灌漑に便ならさるへからす　園内噴井を設くることを得は獨り灌漑上に便利なるのみならす常に園内の小池に清水を堪ふることを得て風致を添へ同時に水産動物の飼育を容易ならしむるの利あり若し附近を流るゝ小川を園内に導くことを得は噴井の設けなきも寧ろ之に優るの利益あるへし噴井小川等の便利なき土地にありては已むを得す堀井に依るの外なからん故に望み得へくんは園内に噴井を設け得るか又は小川池等に接近する土地に學校園の位置を選定するを可とす

(ほ)公道に接して街路より容易に園内を概觀し得さるへからす　前に述へしか如く學校園は副試的目的として地方の農民を刺激し農藝の進歩改善を促すの任務を有せり故に一方道路に接せしめて土地の住民か日々田畑の往返の途次垣越しに園内を概觀し得るの便宜を與へさるへからす

乙　面積

學校園の大さは第一土地の事情によりて異ならさるへからす例へは小都市の小學校にありては村落の小學校に於けるか如く大なる面積を要せさるか如し蓋し小都市の小學校は村落小學校に於けるか如く通例農業科を課せさるか故に農業試驗地を設くるの必要なくまた蔬菜園の如きも小規模に於て實習せしむるに過きされは村落小學校のそれの如く廣き面積を要せさるへし次に學校園の面積は學校園の作業を課する生徒の多少によりても亦異ならさるへからす殊に蔬菜園果樹育樹園の如きは學級兒童共同的に或は兒童毎に其一部分を分擔して實習に任せしめさるへからさるか故に生徒數の多少は直に其面積の上に影響し之か大小を決定するの標準となさゝるを得さるへし

澳國小學校學校園は平均約八百平方メートル(約二百四十坪)の面積を有せりといふ吾人は前陳の一二條件と我か邦各地の小學校に於て現に實施しつゝある所の實際とに顧みるときは新に學校園を設置せんとする場合には其面積は左の範圍内に於て土地の情況と學校の事情とによりて決定するを以て適當と認む

村落小學校學校園　　百五十坪乃至五百坪　(四個年の高等小學校)

小都市小學校學校園　百坪乃至三百坪（同上）

大都市小學校共同學校園　一千坪乃至三千坪（同上）

尋常小學校にありては高等小學校に於けるか如く生徒をして單獨學校園の作業に從事せしむるか如きことなく單に敎員の仕事を手傳はしむる位に過きさるか故に尋常小學校及ひ高等小學校併置の場合には尋常小學校のため特に學校園を設くるの必要なくまた單獨の尋常小學校にありては高等小學校のそれの二分一又は三分の一面積にて十分なりとす隨つて二個年の高等小學校に在りても亦自ら其標準を前兩者の中間に求むへきなり

吾人か村落小學校學校園面積の最小限を百五十坪即ち半反歩と定めたるは次に述ふるか如き事情に基けり吾人は高等小學男女生徒約六十名を有するものを以て現在の村落四個年高等小學校の最小なるものと見做したり而して農業科を課するは固より高等第二第三第四學年のみなるへけれとも理科の敎授を實際的ならしめんとする必要上より實際學校園の作業に當らしめさるへからさるものは高等小學兒童の全體なるへく而して第三四學年生徒一人につき一坪第一二學年生徒一人につき半坪の實習地を得せしんめと欲せは第三四學年生徒二十名に對して二十坪第一二學年生徒四十

名に對して二十坪合計四十坪を蔬菜園のために準備せさるへからす次に果樹園に植栽するに吾人か前に擧けしもの丶中の數種を以てし植物園に植うるに前に擧けしか如き理科地理讀本等の敎授に必要なる各種の植物を以てし且つ之に附屬せしむるに一小池を以てせんと欲せは果樹園と植物園との各に少なくとも四十坪つ丶の面積を用意せさるへからす此の如くして百五十坪中餘す所の三十坪は農業試驗地と通路其他の目的に配當せさるへからす以上は村落小學校學校園面積の標準の最小限を百五十坪と斷したる理由の重なるものとす此最小標準より或は大なるもの或は更に小なるもの等あるは皆前に擧けし所の土地の或は都市なると或は兒童數の更に大なるとの事情に因れり

丙　設計圖

學校園の位置面積區劃等にして旣に定まらは次には之か設計圖を製作すへし設計圖に於ては諸區劃の形狀及ひ排列通路垣園等に關して決定する所なかるへからす果樹園蔬菜園植物園等諸區劃の排列につきては學校園として撰ひたる土地の形狀其他特殊の事情によりて具体的に決定せられさるへからすと雖も假に吾人か希望するか如き土地を得て新に學校園を造營する場合につき吾人か理想とする所の諸區劃の形狀

及ひ排列に關する一案を示さは則ち本文の末尾に附する設計圖の如くなるを要す諸區劃の形狀排列大小通路の位置等を決定するに當りては地形土質方位通氣等の關係肥料收獲物等の運搬生徒の出入等敎授上作業上の利害便否を考慮すへきこと勿論なりと雖も同時にまた學校園に風致を添ふるため審美的園藝的見地よりも顧みる所なかるへからすこは前に述へしか如し學校園は兒童趣味の敎育を以て其任務の一とすれはなり設計圖は之を實現するに先き立つて敎育上園藝上學識經驗ある老練家の批評を請ふを要す

丁　造營

設計圖既に成りて學校園新築に關する一切の計劃及ひ準備終らは吾人は直に之か造營に着手することを得へし學校園の造營に當りては特に次に述ふるか如き諸點に注意するを要す

（い）新に學校園を造營せんと欲せは晩秋又は早春に於てするを可とす　　其利益を數ふれは第一此季節は寒暖中を得て兒童か屋外の勞働に適せり次に造營作業の幾分は必す農夫の助勢を借らさるへからす然るに此季節は農事の比較的閑散なる時期なるか故に彼等の助力を得ること他の季節に於けるよりも容易なるへし加之此季節は一

年の中にて植物の移植等の上に最も適當なる季節に屬せりこれ吾人か學校園の造營を特に晩秋又は早春に於てせんと欲する所以なり

（る）過劇ならさる勞働は兒童をして之に當らしむへし　學校園として新に選定したる土地にして或は非常なる傾斜を有するか或は大なる木立灌木叢等を以て蔽はるゝ森林なるか或は竹藪なる等のため開墾又は大仕掛の地均らし等を要する塲合には仕事の性質上當然老成なる人夫に依頼せさるへからすと雖とも之に反して其選定地にして平坦なる田畠等なるか又は前陳の塲合と雖とも其仕事にして危險の虞なく且つ過激ならさる限りは生徒をして之に當らしむるを可とす固より斯る塲合の仕事は園藝の敎育といふ上よりは價値少なきも一種の勞働敎育として頗る價値に富み且つ經濟上利益する所極めて大にして學校園の設置を容易ならしむる上に著大の効あり勿論生徒をして此種の事に當らしむる塲合には適當に部署を定めて敎師の周到なる注意と指揮とを要す

（は）府縣郡町村に於ける勸業關係の吏員土地の老成なる農藝家林業家等の助力を借るを可とす　吾人は前に設計圖の製作に際しても園藝上の學識經驗ある老成者の批評を請ふの必要あることを說けり學校園の造營管理及び維持等に至りては其必要の

一層大なるを惟ふ何となれは園藝はもと一種專門の事業に屬し之か經營には豊富なる學識と多年の經驗とを要し師範學校の農業科に於ける修養のみを以てしては到底不十分たるを免かれされはなり前に述へしか如く學校園は勿論兒童の教育を目的とせる學校設備の一なりと雖も自餘の設備とは異なり地方農藝の改良發達上に著大なる影響を與ふるものなれは學校にして若し之かため特に要請する所あらは府縣廳郡役所等は恐らく爲めに技師巡回教師又は其他の吏員を派遣することを拒否せさるへし此の如く府縣郡町村の理事者の助力を請ふことは獨り學校園經營に關する知識技能の上の利益のみに止まらす尚之に要する材料例へは苗木種子等を得る上にもまた非常なる便利あるへしこれ吾人か學校園の造營に際しても亦府縣郡町村に於ける勸業關係の吏員土地の老成なる農藝家林業家等の助を借るを可とする所以なり

(に)學校園の造營は次に述ふるか如き順序方法に依るを可とす　先つ土地の開墾地均らしを行ふへし既に大体の地均らしを終らは設計圖に從つて各の區劃の隅々に杭を打ちて繩張を行ふへし次に其繩張に從つて井池通路等の造營に着手すへし園內通路の幹に相當するものは三尺乃至五尺幅なるを要す而して之より派出せる枝徑は二尺乃至三尺幅なるを可とす徑路は戶外觀察のため並に作業のため兒童の通行頻繁な

るへきか故に常に乾燥して地盤の堅牢ならんことを要す井及ひ池を堀るに當りて生する砂礫は之を徑路に運ひて築造の材料に供すへし次に垣圍、農舍肥料溜等の造築に着手することを得へし垣牆は生墻竹垣何れにても可なれとも要は十分盗難を防くに足るものならさるへからす地方小學校學校園管理者の常に訴ふる所の困難の一は學校園の屢々盗難に罹りて兒童を失望せしむることなり蓋し其原因は我が國民に公德の十分發達せさると學校園の作物中果物瓜類珍らしき草花等一般に盗難に罹り易きもの多きことに因れり故に生墻を用ひんとするものも可成枳殼垣を選ひ學校園の造築の初めに當りて竹垣に沿ひて植え附け又は播種して其成長を待つへし既に垣圍の造築を終らは各區劃の經營に着手することを得へし各區劃は植栽植物の種類と土性と土地の高低とによりて或は疏水工事を施し或は砂沃土を搬入する等の必要あるへし果樹園は全地盤を二尺位開拓して土壌を柔軟ならしむへし此際堀り出されたる礫樹は徑路に運ひて其築造に利用すへし蔬菜園植物園等も亦地盤開拓の必要あれとも果の如く深く耕すことを要せす大概一尺内外にて可なり植物園は植栽する植物の種類に從つて更に若干に區分して花壇を築造するの必要あれとも果樹園蔬菜園には其必要なし花壇は其土地の乾濕と植物の種類とによりて其床を或は高く或は低くすへし而して其幅は三四尺として除草施肥等の便利を計るへし次に其周圍にチョウセンシバリュ－ノヒゲ等を植うるか又は材木煉瓦石材等を用ひて境界を設くへし此の如くして既に土地花壇等の整理に關する一切の準備終らは植附け播種を行ふことを得へし

戌　管理及び維持

學校園の造營終らは之か管理及ひ維持の方法を講せさるへからす

（い）學校園暦　學校園暦は植物園果樹園蔬菜園等の各區劃につきて整地播種移植培肥剪枝收穫等そか一年間に於けるすへての作業と其時期とを順次に記載したるものにして學校園作業の豫定細目とも見做すへきものなり故に學校園のすへての作業は常に此の學校園暦に依りて營爲せられさるへからす然れとも學校園暦はもと一種の豫定案なるか故に之を實施するに當りては氣象其他の事情によりて年〻多少の變更は免れさる所なり且つ年〻の經驗によりて常に之を改訂することを忘るへからす

（ろ）學校園の經營に要する一切の費用は市町村の負擔とすへし　經營費の重なるものは土地の買入代金又は借地料開墾費農舍垣井池等の建設費農具苗木種子肥料等の購入代金農具建物の修繕費等とす此等の經費の一部分は收穫物の賣拂代金を以て支償すること必しも不可能にあらさるも收穫物は後に述ふるか如く其他の目的に向つ

て處分するを可とするか故に前陳經費の全部は市町村の負擔と定めて豫算するを要す生徒約六百名(内高等小學校二百名)を有する村落の尋常高等併置の小學校に於て完全に學校園を經營せんとするに要する經費は約二百七十圓にして其内譯は別表に示すか如し本表に於ては稍完全に學校園を經營する場合の一例を示したるに過きす故に若し土地の情況によりて本表に揭くるか如き負擔に耐ふる能はさる場合には幾分其施設を省略して以て其經費を半減若くは四半減すること必しも困難ならす即ち土地は一時購入を見合はせて借地すること農舍養雞舍の建築を廢めて校舍の一部分を以て之に充つること井の新設を見合はすこと農具の購入を見合はせて其大部分は兒童の家より携へ來たらしむること等に依りて創設費金二百六十九圓二十錢中實に金二百二十圓を節約して其約五分の一となすことを得るなり且つ又經常費の如きも年額僅に三十圓内外に過きされは町村の甚しく困難とせさる所ならん

(は)垣小舍の手入簡易なる農具の製作修繕等は兒童をして之に當らしめ以て經費の幾分を節約すへし　此の問題に關しては後に學校園の利用の條下に至りて更に說く所あらんと欲す

(に)學校園を管理するため主任を設くへし　學校園は學校の設備の一にして其經營

は學校事業の一部分なるか故に之か管理上の責任は當然學校長の上にあるへきこと勿論なりと雖とも學校園の經營には或程度の專門的修養を要するか故に特別の場合を除くの外は敎員中より學校園主任一名を命して學校園全般の管理に任し其統一を計らしむるを要す而して其所謂特別の場合とは即ち學校の餘り大ならさるかために學校長の事務の繁多ならさるか或は學校長か學校園經營に必要なる農藝上の專門的修養を有する等の如き場合をいふなり此の如き場合に於ては學校長自ら之か經營管理に任するを以て適當とす然れとも多くの場合に於ては學校の事情は學校長以外特に學校園主任一名を置くの必要あり學校園の主任は農學校出身者にして現に敎職に在るもの又は文部省開設の實業科講習會等に出席して特別の修養をなしたるもの又は師範學校在學中農業科を履修し卒業の後も常に此の方面の修養を怠らさるもの等の中につきて選任すへし學校園主任は左に揭くるか如き事務に任すへし

一　學校園の全般に關する計劃並に之に要する經費の豫算案を學校長に提出すること

二　各學級に對し兒童の年齡に應して適當なる作業を配當すること

三　學校園曆を編成して各學級か分擔せる作業の時機を失せす適當に進行するや

否やを監督すること

四　學校園經營に關して各教員に助言を與へまた各教員よりの請求を聽くこと

五　農具肥料生産物學校園暦學校園日誌等を保管すること

六　其他學校園全般の經營に關すること

（ほ）學校園に來觀者殊に父兄の來觀者あるときは可成學校長又は學校園主任之を案内して説明を與ふへし　既に述ふるか如く學校園は兒童の父兄をして學校に接近せしむるの媒介となるのみならす地方の農事園藝林業等を改良し發達せしむる上に著大の影響を有するか故に父兄の來觀者に對しては可成精密なる説明を與へまた苗木種子生産物等を希望するものあらは勉めて其希望を滿足せしむるを要す

（へ）收穫物の處分は之を學校長に委任すへし　收穫物の賣拂代金は當然町村の收入の一たるへしと雖も之を賣却する等のことなく學校長をして適當に處分することを得せしめさるへからす然らされは以て學校園の教育的經濟的價値を十分に發揮するに足らさるへし收穫物の處分に關しては後に至りて更に説く所あるへしと雖もこゝには單に學校園の維持といふ問題に關聯して收穫物の處分に論及せんと欲す學校長にして既に收穫物處分に關する全權を委任せられたらんには其兒童に與へ或は父兄

に贈りたる殘部は悉く之を學校園の經營に關係したる職員に贈りて其勞に報ゆるを可とす校長敎員等か自巳の管理の下にまたは自ら手を下して栽培したる生産物の分配に與らんと欲するは實に自然の要求なりとす加之之に依りて學校は彼等か課外に於ける勞力の幾分に報ゆることを得且つ彼等をして學校園の經營に對して一層の趣味を喚起せしむるの利益あり

學校園の管理及ひ維持に關して尙ほ一二の附記すへきものありその一は即ち園丁に關してなり學校園のため特に一人の園丁を有すれは常に便利を感すること勿論多かるへしと雖も之かため徒に學校園經營の費を大ならしむるの憂あれは勉めて之を避くるを要す且又學校園に園丁の必要を感すること實際上甚たしく大ならさるか如しそは當初學校園の面積を決定するや吾人は基礎を生徒の員數に置けり隨つて如何なる學校園も逐も他人の手を待たすして生徒敎員のみの協力によりて容易に營爲せらるへき筈なれはなり然れとも學校園に園丁を置かさるより生する一の困難は夏季休業中に於ける學校園の手入なりとす此時期に於ては植物の成長最も盛なるか爲め自ら培肥除草害蟲の驅除等の必要殊に大なればなりさりなから是亦實際上打勝ち難き程の困難にもあらす何となれは休暇中數回日を定めて生徒を交番に出校せしめて各

自分擔の作業を執らしめ且つ監督としては學校園關係の職員一名つつ交番に出校すれは事足れはなり加之長き休暇の中に兒童をして二三回校門を出入せしむること彼は等教養の上に於て實際上また必要なれはなり

學校園の利用

甲　教授上學校園の利用

(い)理科　諸教科の中其教授上學校園の必要を感すること最も大なるを理科とす蓋し理科は實物材料の供給場として或は觀察の場所として或は實驗の場所として到底學校園を缺くへからさるかためならんされは學校園を有する學校にありては理科教授に要する實物の供給所として適當に之を利用せさるへからす而して學校園の諸區劃中植物園は特に此要求に向つて經營せられつつありといふも敢て不可なきか如し何となれは此區劃には花壇と池とを有し其花壇には應用的方面より見たる植物のあらゆる種類を栽培し得へけれはなり故に此の區劃を適當に理科の教授上に利用せんと欲せは宜しく先つ理科の教科書を使用し或は理科の教授細目を實施する上に必要なる植物の種類を調査して悉く此區劃に網羅せさるへからす斯の如くすれは理科の教授に際し必要に應して學校園は何時にても實物材料を各教室に供給するを得ん然

れとも理科教授に必要なる材料のすへての供給を植物園のみに仰かんとすることは吾人の固より期せさる所なり何となれは普通なる森林樹木灌木蔓草雜草等は村落にありては寧ろ之を附近の森林山野に求め都市に在りては學校園内の植物叢に求むるを可とし又實物材料の果樹蔬菜等に屬するものも等しく之を他の區劃に求むる方寧ろ適當なれはなり要はあらかしめ教授上に必要なる各種植物の栽培を怠らす必要に際して容易に之を供給し得るにあるのみ實物材料の供給上第二の注意は各學級の兒童に對して十分に之を供給し得る如く栽培し置くことと之なり理科の教授に際して觀察せしむへき實物材料を各兒童に分配することは吾人の切望する所にしてまた甚しく困難のことにもあらす故に實物材料の供給所としての學校園の價値を十分に發揮せんと欲せは常に全校兒童の員數に顧みて材料植物を植栽することを怠るへからす理科の教授上に學校園利用の今一つの方向は實地の觀察にあり理科を教授するに際し兒童を時々戶外に引率し實地を觀察せしめて自然と觸接せしむるの必要なることは固より論を待たす然るに學校園は果樹園蔬菜畑池森等の小模型を有し且つ其位置の校舍に接近せるかため戶外觀察の場所として教育上價値多きことは既に說きし所の如し故に學校園を有する學校にありては觀察の場所として常に之か利用を怠らさるを

要す而して其學校園に於て觀察せしむへき事項は頗る雜多にして一々枚擧に遑あらすと雖とも此等は常に理科の敎授に連絡せしめ之と併進せしむるを要す但し兒童か常に學校園に出入して勝手に其欲する所を觀察することは固より彼等の自由に任せさるへからす然れとも苟くも敎授の必要上より觀察せしめんと欲するものはあらかしめ其觀察の事項と季節とを敎授細目又は敎授案の上に規定するを可とす觀察せしめんとする事項にして既に此の如く敎科書又は敎授細目に連絡あり隨つて其觀察は單に植物材料のみに止まることなく害蟲及び益蟲の仕事小禽の活動等の如き動物材料にも及はさるへからす又其觀察の時機の如きは敎室內敎授の進行に依りて自ら決定せらるゝものなるか故に敎授上必要を生する每に四季を通して園內に引率して觀察せしめさるへからす學校園觀察の時機と觀察事項とのあらかしめ決定せらるゝか如く其觀察の方法に至りても亦必す具案的ならさるへからす學校園の觀察は室內に於てする代りに學校を園內に移して敎授を戸外に於てするに過きされは每時限の敎授かあらかしめ立案せられたる敎案の下に實施せられつゝあるか如く學校園の觀察も亦あらかしめ立てられたる計劃の下に施行せられさるへからす即ち一定の目的準備觀察問答の順序方法觀察せしめたる後の結果の處理等なかるへからす若しそれ何

等の目的計劃なく漫然兒童を學校園に引率するごときとあらんか觀察の場所としての學校園の價値も恐らんは半減せらるゝに至らん

理科敎授上學校園利用の今一つの方向は實驗の場所として之を利用するにあり理科敎授の出發點として學校園を觀察せしめたるか如く本科敎授の終結に於ても亦其授けたる所を學校園の作業の實際上に應用して實驗せしめさるへからす例へは植物の培養害蟲の驅除果樹の剪枝樹木苗木の仕立養鷄養蜂等の如きは單に敎室内の敎授のみに依りて之を理解せしむるに止まらす更に一歩を進めて其知識を學校園の實際に應用して實驗せしめさるへからさるか如しては獨り敎室内に於て授けたる知識を一層明確ならしむることを得るのみならす自然研究に對し將た實業に向つて一層の趣味を添へ同時に他日の生活上に必要なる勘能を養はしむるの利益ありこれ吾人か前に學校園の種類及ひ内容といふ條下に敎科として農業を課せさる學校に於ても學校園に果樹園蔬菜園育樹園等の諸區劃を設置せんことを要求したる所以なり

果して然らは理科の敎授に連絡し實驗の場所として學校園を利用するの方法は當に如何なるへきか吾人は先つ村落小學校の場合につきて說く所あらんと欲す現行の法令に於ては高等小學校に農業科を課することを得るは其第三四學年のみに止まれり

然れとも吾人は常に之を第一二學年にも及ほさんことを希望して休まさるものなり然るに理科敎授の應用として適當に學校園を利用する時は現行法令の範圍內に於て尙農業科に關する吾人か前陳の要求の幾分を滿足せしむるに足るを信す故に村落の高等小學校に於ては其第一二學年の男女兒童に對しても亦第三四學年の兒童に對するか如く蔬菜園の一部分を分擔せしめて理科の敎授に於て授けたる所を實地に試みしむるを要す此塲合に於ては其作物の種類の如きは敎員の適當なる示導の下に兒童の任意たらしむることを可とす次に苗樹園及ひ果樹園の作業並に養鷄養蜂の如きは學級兒童の全體をして共同的に之に當らしむへしと雖も兒童をして實際手を下さしむるは理科の敎授と聯關せる一小部分のみに止めて其他は單に之を觀察せしむるのみを以て滿足せさるへからす隨つて此等作業の大部分は自ら敎員自らの又は上級兒童等の負擔に歸せさるへからす植物園に至りては理科敎材の關係上寧ろ第一二學年兒童と關係する所最も親密なるへきか故に主として此等兩學年の兒童に分擔せしめて共同的に其手入に任せしむるを要す而して此等の作業は急を要する塲合の外は常に放課後に於て執らしむるを可とす第三四學年級兒童の實習法に關しては後に農業科の條下に至りて更に說く所あるへし

都市小學校にありては學校園の面積大なる能はす隨つて蔬菜園の如きも村落小學校に於けるか如くに之に對して多くの土地を配當するに足らす故に其第一二學年の兒童に至るまて之か實習の地を準備せんことは到底不可能のことに屬すされは蔬菜園の作業は悉く之を上級の兒童に讓りて單に之を觀察せしむるに止むへきなりさりなから都市と雖も家每に多少の蔬菜園草花の花壇及ひ果樹等を有すること稀ならす而して此等は家事の一部分として專ら主婦の管理に屬せしむへきものなるか故に其第三四學年の女生徒には兒童每に又は數人共同して蔬菜園の一小區劃を分擔せしめて之か作業に任せしむるを可とす而して之か經營に關して理科教授との關係其他の方法に至りては既に村落小學校の部に述へし所に異ならさるへし果樹園及ひ育樹園の作業は之を高等小學兒童の全體に負擔せしめ理科の教授に連絡して各學級共同的に之に當らしむるを可とす

農業科――諸教科中理科に對立して學校園と親密の關係を有するものを農業科とす農業科を設置さる高等小學校の第三四學年兒童の學校園作業は實に農業科の一部分なりとす故に此場合に於ける學校園の作業は可成午後に於てし一部分授業時間中に一部分放課後に課するを要す學校園の諸區劃中農業科と關係の親切なるは農業試驗

地蔬菜園果樹園育樹園等とす農業試驗地は之を若干に區分して各學級に配當し一學級共同的に經營せしむるを可とす蔬菜園は各兒童に其一小區劃を配當し農業科教授細目の定むる所に從つてこれに各種の作物を栽培せしむへし而して其一學年間に於ける成績は毎年秋末に於て之を考査し中につき成績の優良なるものは何等かの方法によりて之を賞揚するを可とす且又生徒各自か分擔せる蔬菜園より生せし農産物の一部分は之を教員に請ふて貰ひ受け家庭に持ち歸ることを得しめさるへからす此の如きは獨り生徒の農業科に對する興味を増さしむるのみならす父兄を刺激して地方農事の改良上に貢獻する所少なからさるへし果樹園育樹園の如きも亦之を若干に區分して各學級に配當し農業科教授細目に從つて共同的に之か經營に當らしむるを可とす

地理科――學校園か地理科の教授上に必要なる種々の直觀材料を供給して之を補助し得ることは既に說きし所の如し故に地理科の教授に際しても亦理科の教授に於けるか如く貨物材料の供給所として學校園を適當に利用せさるへからすまた其植物園にはあらかしめ地理科の教授上に必要なる種々の貿易植物工藝作物等を植うるを要す學校園はまた地理初歩の教授上にも之を利用せさるへからす蓋し學校園に

は小舍あり垣あり池あり花壇あり畑あり樹園あり而して大小の通路は其間を縦横に走りて頗る地理的實物に富めり随つて運動場の如くに單調ならすまた校舍の如くに建物を以て覆はるゝことなきか故に地理初歩に於て之を地圖に製作せしむる材料としては最も適當なるものゝ一なるへしされは地理初歩の教授に當りて兒童を學校園に引率して其實地を測量し與へたる縮尺の下に之を製圖せしめんか必す有益にして且つ趣味ある課業とならん

國語科――兒童の學校園に於ける種々の觀察及ひ作業は作文に向つて常に趣味ある好資料を供給し得へし例へは我か學校園余か花壇夏の學校園鳴禽の仕事果樹園の手入等の如し故に國語科の教授に際しては常に學校園を此方面に利用することを怠るへからす殊に學校園日誌を備へて各兒童をして其日々の觀察並に作業の大要を記入せしめんか作文の應用練習としては最も實際的にして且つ興味多きものとならん國語科の教授か此等よりも學校園に待つ所更に大ならさるへからさるものは尋常小學讀本中に於ける事物教授にあり何となれは現行の法令に於ては尋常小學校に獨立の教科として理科初歩地理初歩等を有せさるか故に尋常小學の國語讀本中には實科的教材を収むること頗る多く随つて之か取扱上學校園を要すること毫も理科及ひ地理

科に異ならされはなり加之尋常小學の教授に在りては實物材料を用ひて兒童の直觀に訴ふへき部分多からさるへからす故に尋常小學讀本中に於ける事物材料を適當に教授せんと欲せは補助として是非とも豐富なる實物材料なかるへからす而して此等實物材料の過半は其供給を學校園に仰くか又は屢々兒童を學校園に引率して直に其實地を觀察せしむるの外あらさるへしされは尋常小學校にありても亦高等小學校に於けるか如く學校設備の一として必す學校園を設けあらかしめ國語讀本中に於ける事物材料を調査して必要と認むるものは必す之を學校園に栽培するを要す

圖畫科及ひ手工科――既に述へしか如く學校園は圖畫科に向つて新鮮にして且つ趣味ある寫生材料を供給することを得へし例へは草木の葉花及ひ果實樹木農舍等の如し故に圖畫科の教授に際しては或は室内寫生材料の供給所として或は屋外寫生の場所として適當に學校園を利用することを怠らさるを要す學校園の作業中には手工科に向つて趣味多き材料を供しまた手工科にて授けたる所を實地に應用せしむることを得る場合決して少しとせす例へは垣及ひ農舍の造築又は修繕養雞舍及ひ養蜂箱の製作又は修理花壇の造築農具の製作又は修理等の如し此等は一見稍高尚に失し兒童の作業としては少しく困難に過くるか如しと雖も實は然らす何となれは吾人か手工

科に對して要求する所は其製作品の精巧にあらすして却りて製作に依りて兒童を敎育する効果如何にあるか故に兒童に向つて決して多きを望ます其製作物の僅に實用に適するの程度を以て滿足すれはなり前上の如き臨時の作業は常に實際上の必要より來たるか故に兒童をして興味を覺えしむること殊に深く且つ大概多人數共同して事に從はさるへからさる場合多きか故に其兒童敎育上の價値に富めること蓋し意想の外にあらん

手工科の敎授は單に此等に止まることなく尙又製作材料の供給所として學校園を利用せさるへからす學校園の生産物中手工製作の材料として利用し得へきもの尠からす例へは麥稈苧棕櫚皮篠竹藺の莖燈心草藤蔓果實花葉等の如し此等は大概理科國語讀本等敎授上の必要より當然學校園に栽植せらるへきもののみにして學校園自然の生産物に屬せり故に學校園は手工科敎授のため特に其材料たるへき植物を栽培するを要せす勿論學校園にして若し十分の面積を有せんには手工科敎授のため特に其材料植物を栽培し苟くも毫も妨けさるへし之を要するに手工科は學校園の生産物中製作材料として苟も適當なるものあらんには常に之か利用を怠らさるにあるのみ兒童自らの手によりて培養收穫したる材料を手工製作の上に利用することは恐らくは彼

等の最も愉快とする所ならんされは手工製作の原料を可成學校園の生産物中に求むることは獨り經済上の利益なるのみならす同時にまた敎育上利益する所少からさるへしこれ學校園の生産物か其品質に於て縱ひ購入品に比して幾分劣る所あるにも拘はらす勉めて之を利用せさるへからさる所以なり之を要するに學校園は理科又は農業科等單に一二の敎科のみに止まることなくすへての敎科に向つて其敎授上に之を利用せさるへからす否單に敎授上に止まることなく訓練上體育上及ひ經済上の目的にも勉めて之を利用せさるへからす故に彼の學校園を以て或は農業科の實習地視し或は草花を栽植して審美的趣味を發成する機關と見做し或は敎授上に必要なる植物を栽植する場所と思惟するか如きは何れも一種の偏見たるに過きさること既に說きし所の如し

乙　訓練上體育上學校園の利用

學校園か克く兒童の訓練上に影響することを得るは兒童に課するに種々なる作業を以てすれはなり然るに學校園の作業は其性質上敎室内のそれよりも一層自由にして且つ兒童の愉快を感することと殊に深きか故に少しく注意を缺くときは兒童をして往往々散漫疎放に陷らしめ易し故に敎師はあらかしめ一定の規律を設けて生徒をして嚴

重に之に服従せしめさるへからす學校園の作業の頗る愉快なるかために或は教室の課業に遅刻し或は使用したる農具の掃除後始末を怠る等は日々有り勝ちの事なれは此等は學校園に於て兒童をして嚴守すへき規律の中に加へて常に之か實行を督勵せさるへからす斯の如く共同用具の始末時間の嚴守等の外數人或は一學級共同して事に當らしむるか如き場合尠からさるか故に教師は常に注意して之を公徳養成の上に利用することを忘るへからす

學校園にありては斯の如く一方に嚴重なる規律に服従せしむると同時にまた他方に於ては獨立自爲事に任するの習慣を養成せさるへからす蓋し妄りに管理を嚴にするの弊は往々優柔不斷に陥らしめて細大となく他人の命令を待たされは斷行すること能はさるに至らしめんされは學校園の作業に當りては寧ろ或る範圍内に於て兒童をして各自の分擔する所を獨斷專行することを奬勵せさるへからす彼等か自ら共爲さんと志しし所を孤疑することなく鋭意熱心して之を遂行せしむることはまた大に勤勉の習慣を養成する所以なり學校園の作業は理科農業科等に於けるか如くまた修身科の教授とも連絡せしめて其教授したる所を常に學校園に於て實行せしむることに勉めさるへからす故に學校園に關して特に規定したる所は豫め修身科の教授に於て

明瞭に理解せしめ置くの必要あり且又學校園に於て日々兒童か行動する所は賚りて以て修身科教授に於ける訓戒奬勵の材料となさゝるへからす殊に各兒童の個性につきて觀察したる所は之を訓練上に利用することを忘るへからす之を要するに學校園の作業に當りては吾人か本論の初めに於て學校園の訓練上に於ける教育的價値と題して列擧せし所を遺憾なく發揮せんと勉むるにあるのみ學校園の兒童體育の上に於ける價値は前に說きし所の如く主として兒童の勞働に伴ふか故に其の勞働をして適度に且つ愉快に進行せしむるに於ては自然の結果として其効果を收め得へし要は氣候の寒暖に應して體操科に於けると同樣の注意を怠ることなく且つ危險過激等に亘る行動を避けしむるにあるのみ

丙　地方農藝の改良上學校園の利用

學校園の一方を道路に隣接せしめて土地の住民をして通行の際園內を槪觀するの便利を與ふへきことは旣に前に述へし所の如し然れとも學校園をして地方農藝の改良上に十分貢献する所あらしめんと欲せは單にこの一事のみを以て滿足すへきにあらす更に其他の方法を講せさるへからす

(い)父兄の來觀を奬勵すへしゝ父兄談話會に於て或は其他の場合に於て學校長及ひ教

員は學校園の趣旨經營の方法に關して父兄に詳細の說明を與へ以て其來觀を奬勵すへし尙又卒業式紀念日等父兄の多數來集せる學校式日等を利用して彼等を學校園に導きて之を觀せしめさるへからすへて父兄の來觀したる時は實地につきて親切丁寧なる說明を與へ父兄の疑問を提出するあらは勉めて詳細なる答辨を與へて十分了解するに至らしむるを要す

(ろ)生產物の讓與　兒童か各自分擔の蔬菜園に於て得たる收穫物の一部分は之を彼等に與へて各自の家庭に携へ歸らしむるの有益なることは既に說きし所の如し故に學校園來觀等の際父兄にして若し果樹作物及ひ花卉の苗又は其等の種子接木用の接條等を請ふものあらは兒童の敎育上に妨けさる限りは勉めて之を讓與するを要す若しそれ學校園の規模小さく其生產物にして未た以て多數の父兄に讓與し得る程の分量に達せさるときは學校式日又は敎育品展覽會等に際して來觀父兄席の机上に陳列する等の方法に出つるを要す

明治三十九年（一九〇六）

九 「海外の學校園」

（『教育研究』第二十四號）

歐羅巴では、學校園といふものは、遠く既に第十七世紀頃から設けられて居つたのである。が、然かし、それも初めの間は、單に私立の研究所や高等の學校などに止まつて、現今のやうに、一般の小學校には、普及して居らなかつたのである。然るに、學校園が段々に其の必要を認められて來て、有らゆる小學校にまで普及するやうになつたのは、玆、僅か二十五六年前の事である。其の普及發達に先鞭を着けたのは、實に墺太利である。

墺太利 では、一千八百六十九年の小學校令で、全國の各村落小學校は、一個の學校園と農業實驗に要する設備とを用意すべき事を命じた、この規定は、學校園に就て、法文上設置を强ひた最初のものであつた。夫れから、同七十年には、更に改正令を發して、小學校の博物敎授は、季節と土地とに應じて構成せられて居る學校園と聯絡すべきことを定めた。此等法令の結果として、學校園は、墺太利の到る處に普及するやうになつたのである。爰に同國の學校園普及に關して、此の外に注意を拂はねばならぬのは、墺太利政府の如上の法令と相俟つて、その發達普及を促がした人々の盡力である。其の一人は、ウインの中學校長たるシユワッヴ氏である。氏は、普通敎育に勞働科の必要缺くべからざることを主張して今日の敎授は、今一層實際的にしなければならぬ。それには第一に勞働を學校敎科中に加へなければならぬことを、頻りに要求した。從來とても、學校には、幾分かの勞働を課さなかつたでもなかつたけれども、氏は、勞働科を、此れまでのやうに、單に附帶的のものとするに止まらないで、學校敎科中の主要なる部分を占めしむべきことを求めたのである。それで、氏は、勞働科を設置すると同時に、此れに必要なる設備として、必ず、各學校には學校園と、手工場と、女子の製作所とを設けねばならぬことを主張したのである。爾來、氏は、盛んに自說の唱道に努められて居つたが、一千八百七十三年、ウインに開設せられた博覽會には、同氏の意見を具體的にした、最も完全に設備せられたる學校園を持つて居る校舍の模型が出品せられた。此の一事は、墺太利、否、歐羅巴の全躰に、學校園を普及せしむる上に、見逃がすべからざる多大の効果を致したのである。それから、シユワッヴ氏と相並んで盡力せられた人は、ドクトル、メル氏である。氏は、一千八百八十五年から同しく九十一年に亘つて、「學校園」と題する雜誌を發行して、シユワッヴ氏に劣らず、學校園の普及に努めた。其の結果として、仝九十九年には、墺太利の全國に、一萬八千以上の學校園を有するやうになつた。

佛蘭西 では如何であるかといふに、同國では、一千八百八十二年の改正小學校令で、園藝農業科に關して、次のやうな事を規定して居る。それは、

下級 學校園に於ける初歩敎授

中級　土性　肥料　農業實習
上級　農學一班　農業簿記　果樹栽培　園藝

といふやうな點である。それから一千八百八十五年には、更に訓令を出して、園藝農業科に關する敎授は、單に、理論に偏しないで、寧ろ學校園に於ける實驗に基づくべきことを命じた。それから、又、仝八十七年には、別に布告を發して、村落小學校に於て、其の建築上國庫の補助を受けやうとする建物の設計は、校舍と共に學校園の事をも考へたものでなければ補助することは出來ぬことを規定した。此の如く、政府では、熱心に學校園の設置を奬勵した結果として、同國では學校園は著しく普及增加したのである。又、隣國の瑞西や、白耳義などでも、佛國に劣らず學校園が盛大に赴いて來た。

瑞西　では、學校園の問題は、二十年前から這入つて來て同國敎育者間の一問題となつたのである。そして、一千八百七十九年には、同盟縣の一つなるツルガウが、摸範學校園の設置を奬勵し始めてから、以來、他の諸縣も、之に倣ふやうになつたのである。次いで、八十四年には、中央政府も學校園の設置を以て政綱の中に加へて、之がために年々三千五百フラン宛の補助費を支出することにした。此れと同時に、一方には、瑞西農會は、一千八百八十一年以來、學校園の設置と、其の維持とに向つて、非常なる助力を與へ來つたのである。此等の結果として、同國の學校園は、著しき普及發達の機運に向つたのである。

白耳義　では、如何であるかといふに、元來、同國では、果樹の栽培と園藝とは、小學校の必須科となつて居る。そして一千八百七十三年の敎育令でもつて、此の科を成るべく實際的に實施させるために、各學校には、少なくとも十アール即ち、我が國の約一反歩の土地を學校園のために備ふべきことを規定した。そして、此の學校園を以て、農業科、植物科果樹栽培、及び、園藝に使用すべきものとしたのである。それから、又た一千八百九十七年の法令では、蔬菜の栽培に、特に重きを置いて、其の理論、並に、實地の敎授とも一切を女敎師の責任に歸せしめたのである。以上のやうな次第で、全國の小學校で、今日、學校園を持つて居らぬものは、一つもないやうになつた。その上、政府では、奬勵の一方便として優ぐれた學校園に對して賞を與ふるために、年々五千フランづゝの金を支出して居るのである。それから、

瑞典　の學校園の有樣を見るに、全國敎育社會に於ける學校園問題に關する興味は、矢張り墺太利や他の諸國に劣らないで、早くから起つて居つたのである。其の結果、既に一千八百六十九年の布告では、各學校は、平均二十アール乃至四十アールの面積を以て、適當に整理せられたる學校園を設くべきことを命令して居る。此の命令の結果として仝七十六年には、既に一千六百餘の學校園を有し、更に八十一年には、二千に增加し、尙ほ一千八百九十四年には、實に四千六百七十といふ多數の學校園を小學校に有するやうに至つたのである。が、此の數は、近年に至つて、漸次減少の傾向を見るやうになつた。これは、蓋し、同國殊にその北部地方では、今

日は、農業よりも、寧ろ手工科に一層の重きを置くやうな趨勢となり、且つは、法令も亦手工科の方に、より多くの保護を與へつゝあるからであらう。又瑞典と地を隣りして居る。那威では、學校園の普及は、隣國のそれよりも劣つて居る。これは、土地が、北方高緯度の寒地に位置して居つて、園藝などには適しない爲めであらう。それならば、隣りの露國では如何であるかといふに、全國の中部、及び、南部では、近來、小さい畑と、園とを小學校に附設して、果樹の栽培や、園藝などを敎授し始めたのである。町村や、學校附近の大地主等は、學校園に必要なだけの土地を無報酬で學校に貸與して居るが、此の制度は、南部地方では、著るしく發達して來た。その結果、或る縣などの小學校五百餘校の中で、上に言ふやうな學校園を有するもの、實に二百五十七校即ち、半數以上に達して居るのである。此等の學校園には、小さい穀物畑、蔬菜園、果樹園、牧草園、及び、養蠶の爲めなる桑園を有して居る。此等小學校は、一千八百九十五年には、葡萄園百二十ヘクトアール、菓樹一萬二千本、蜜蜂一千函の多數を所有するに至つた。最後に、獨逸では如何であるかといふに、

獨逸では、以上の各國とは違つて、學校園に關しては、一般に此れぞといつて法文上には、その規定を見ないのである。然し乍ら、二十餘年以來、此の問題は、全國敎育者間に盛んに唱へられて來たとは、爭ふべからざる事實である。如上は、獨逸全躰としての觀察であるが、各聯邦では、各學校に學校園を設くるとに就いては、或は多少の規定を設けて居るものもあれば、又は、單に此れが設立を希望するに止めて居るものもある。そして其の學校園の多數も、敎員の用に供する實用園である。從つて、純粹に兒童敎授上の目的のために設立せられたものは極めて少ない。又、村落小學校の大概の敎師は、果樹栽培を奬勵するために、育樹園を有つて居るのが多いのである。然らば都市の學校では如何であるかといふに、大都市では、理科敎授上に、植物材料を供給するための大植物園を有つて居るのである。即ち、其の都市にある多數の學校に、實物材料を供給する場所として、一大中央學校園を所有して居るのである。此の種類の學校園で、最初に出來たものは、伯林の中央學校園であつて、實に、四千ヘクトアールの面積を有つて居る。此の學校園では、地理的分布に從つて植物が栽ゑられて居るのであるが、其他の大都市の中央學校園では、大概、生活の共存躰を作るやうに栽ゑられてあるのである。

次には、英米の學校園について、一言述べたいのであるがそれは、更に號を改めて、其の情況を紹介するとにせよう。

明治三十九年（一九〇六）

十　「教育博物館」

（『教育研究』第二十八號）

教育博物館

棚橋源太郎

本篇は第一回全國小學校教員會の席上に於て棚橋教授がなしたる演説の大要なり時節柄參考となる節多ければ本欄に收むることゝなしぬ（かかり）

光輝ある戰後に於て、全國小學校教員の代表者が帝都に集まりて、戰後の初等教育に付いて研究をすると云ふことは、實に我が帝國に取りての一大事件で、世界の注意を値する會合なることを信じます。茲に集まつて居らるゝ諸君は、誠に少數ではあるが、各府縣教育團體の代表者であるが故に、此の會に於ける仕事は全帝國の初等教育に關係することであるから、之を頗る有力なる會合といはなければならぬ。此の如き名譽ある有力なる會合に出で、私如き者の卑見を申し述べることを得たのは私の最も光榮とする所であります。次ぎに又、此の如き會合に於て、戰後教育の大問題を提出して、それに付てお話をすべきであるにも拘はらず、私の申し述べやうとするのは、掲げてある通り「教育博物館」と云ふ、誠に、地味な問題であります。問題としては花々しくも何とも無い。戰後の教育を談ずる此の席上に於ては、誠に不相應な問題の觀がありますが、乍併、我が初等教育界は、多年の、諸君の御盡力で、大きな問題は大概解決されて居るのである。例へば、校舎の改築とか、就學の督促とか云ふやうな問題は、今日では、既に急務ではなくなつて居るので、今日の急務はむしろ學校内部の改良である。その內部をよくして行かなければならないのである。斯ういふ見地から觀ると、從來、あまりに我教育界から忘れられて居つた教育博物館問題は、むしろ時宜に適して居るかとも思はれる。當然、教育機關の系統中の一ッでなければならぬ。從て海外では盛に經營され、教育上に利用されて居る此の教育博物館に付て、聊さか卑見を申し述べて、有力なる諸君の注意を喚起することは、內容の改善を以て急務として居る此の戰後初等教育者の會合に對しては、却て、其の當を得たものと信ずるのであります。

初めに先づ、

教育博物館とは何ぞや。其の意義に就て申し述べやうと思ひます。教育博物館は、教育に從事して居る公衆の爲めに設置すべきものである。故に、彼の學校博物館、即ち、英語の School Museum 又は、佛語の Musée Scolaire といつて、個々の學校、又は、一教室内の生徒のために設けられてあるものとは全じくないのであります。學校博物館のことについては、我々共の學校長からお話があつて、本田教授と私の名前で、先年公にせられたる英國のヒユース孃の教授法講義に、可なり詳しく述べてありますから、諸君の中には、既に、十分御承知のお方も少なくないと思ひます。故に、私の爰て申し述べやうとするのは、其の學校博物館ではなくて、教育博物館に就てゞあります。英語の Pedagogical Museum 又は、佛語の Musée Pedagogique に就てゝあります。然るに、英語の School Museum に相當する獨逸語の Schul Museum は、單に、英佛語のやうに、學校博物館ばかりではなく、社會公衆を對象とする、私の所謂、教育博物館をも含んで居るのであります。ラインの教育辭書を見ても、Schul Museum といふ題の下に說いてあるのは、專ら、教育博物館についてゞあります。故に、名稱の上に於ては、獨逸語では英佛語のそれと一致しない點があるけれども、兎に角、私のお話しやうと思ふのは世間一般の教育者のために設置さるべき教育博物館についてゞあります。

次に、今一つ決定しておきたいことは、教育博物館の仕事の範圍であります。人によりては、教育博物館の任務を廣義に解して、獨り教育者のみに限らずに、世間一般の人の智識を普及するために經營すべきものとして居るのであります。此ういふ意義からいふと、上野の帝室博物館も、農商務省の商品陳列所も、皆、教育博物館でなければならぬ。乍併、各種の博物館には、夫々、或は美術、或は商工業、或は水產農業杯と、一定の目的があるのであります。故に、教育博物館は、特に教育の改善のために、教育者の智識を進めることを唯一の目的とすべきものと信じます。故に、教育博物館は、國家教育機關の系統中の一つとして見なければなりませぬ。由つて、此ういふ見地から、教育博物館なるものゝ任務、組織、事業、利用の方法といふやうな事項について、卑見を述べて見やうと思ひます。そこで先づ

教育博物館の任務から申し述べまする、言ふまでもなく、教育博物館は、家庭、幼稚園、學校等の教育改善の上に貢する一つの機關に外ならぬのであります。然らばドーいふ方面から、夫等の教育の改善に貢献するかといふに、第一に、最新の教授用具、家庭、學校に於ける教育上の諸設備を、世間に向つて紹介し、推擧するのである。教育博物館に行けば、夫等の最新の物が、悉く陳列されてあるから、選擇上に非常な便利がある。其の結果は、教授用品などの間に、自然の生存競爭が自由に行はれて、良いものは、益盛に購買され、良くないものは甚だしく排斥せられることになる。そして、其

の結果は、盛に購買され、製造される物は、其の都度、改善を加へて、益々、進歩するといふことになるのである。第二には、内外國教育の過去、現在の情況を容易に知らしむることである。或は、寫眞、繪書を通じて、或は、生徒の成績品、學校の一覽、諸規則等によりて、教育の情況を知らしめるのである。故に、教育關係の吏員、學校長、教員等はいふに及ばず、師範學校の生徒などに對しては、此の點に於て、非常なる便利を與へることが出來るのであります。第三は、教育の理論、實際に關する智識を普及するとてあります。即ち、閱覽所を置いて、教育に關する圖書を閱覽さしたり、講義を聞いて、新智識を授け、教育家の修養上に稗益を與へるのでありまず。以上は、教育博物館が、教育上に貢献し得る價値の重なるものでありまず、此の種類の價値を十分に發揮することが、即ち教育博物館の任務、目的とする所であります。教育博物館は、此の任務を果すために、果して、如何なる組織を必要とするか、どういふ方面に向つて活動しなければならないか。次には、

教育博物館の組織。事業と云ふことについて、申述べやうと思ひます。第一が設立維持の問題であります。教育博物館には、中央におくものと、地方に設置するものとがなければならぬ。中央教育博物館は、農商務省の商品陳列所と同樣に、中央政府の事業として當然經營すべきてある。英國のやうに國立博物館の教育部といふ樣に其一部分にするか、又は、教育博物館といふ獨立のものをおくかは、その國の事情によるとて、何れにしても、國費を以て經營すべき性質のものでありまず。それから。地方教育博物館は、性質上、その府縣の地方費を以てするか、又は、その地方教育會の經營に任ずるかでありまず。歐羅巴諸國でも、大概、此の中の何れかによつて設立維持されて居るやうでありまず。次には、教育品の陳列と云ふ問題でありまず。此れは、教育博物館としては、最も重大な仕事で、博物館の生命とも云ふべき問題であります。教育品にも色々ありまずが、その中でも重なるものを擧げるならば、第一が内外國最新の教授用具、生徒用品、材具建築の模型の類でありまず。教育上に教具の必要なるとは論をまたないとでありまず。教授の秘訣は、準備にありまず。よく準備されたる教授は、既に半ば以上成功したものと云ふとが出來ます。それに、教授用具は、實にその準備の最重要なる部分を占めて居るのでありまず。故に、今日では教授上には益々教具の必要を認めて、内國は勿論、清韓の地方に於ても、盛に需用されつゝあるのでありまず。それで、神田邊の書籍店には、追々に閉店をするものもあるのに反して、教育品販賣所は、此所にも彼所にも續々開店するといふ有樣でありまず。そして、その販賣高は中々に少なくないものと見えて、その賣品、即ち、教授用具を製造する教育品製造會社は、近時、非常なる繁盛を極めて來まして、教科書屋の衰亡と相對して、奇妙なる現象を呈して來たのでありまず。然るに、我邦現時の教具の研究といふものは、頗る幼稚で、多くは、教育上の經驗も智識もない素人によりて考案製作されて

居るのであります。教科書が、教育家によりて研究され、編纂されて居る比ではないのであります。教科書も等しく教授の用具であるのに、獨り教科書のみが教育家によりて、研究されて、それ以外の教授用具が等閑に附せらるゝといふことは誠に理由のないことである。故に教育博物館としては、教具研究上の便利を與へることが、目下の一大急務であります。外國に於ける最新の教授用具を買入れて、內國教育家の比較研究に資することは、此の點から最も必要なことである。それから、今一つは、製作場を附設して、外國品の中で形が大きくて、運搬費などの點で取寄せるに不便利なものは、製作場で模造して陳列しなければなりませぬ。又、製作場は、今一つには內國教育家の考案を集めて、進歩した用具を製作して、世人に示すことを努めなければならぬ。又、若しも、教育博物館にして、十分に外國品を購入する費用がない場合には、せめて其等に關する目錄なりとも取寄せたいのであります。海外教育品の製造販賣の會社の目錄は、精密な繪圖が挿入してあつて、頗る完備したものであるから、之れを見る丈でも、內國教育家、又は、製造業者を益することは、必ず尠なくないのであります。教授用機械標本や、教科書の目錄は、外國の雜誌にでも廣告すれば、容易に集められやうと思ふのであります。それで、教育博物館としては、以上にあげたやうな教育品の最新にして最も進歩せるものを廣く集めて陳列することが必要な仕事の一つであります。第二には、最新の內外國教科書類を集めて陳列することであります。教科書研究の必要は、今後益々必要で、一部分が文部省で編纂されつゝあると否とに拘はらず、相變らず教育上必要な研究事項であります。殊に、中等教育の教科書に至りては、之を研究するの必要が、一層大きいのであります。故に、外國の最も進歩した教科書類を買ひ集めて、比較研究の便利を計ることが、博物館の仕事として缺くべからざることであります。次に、又、內國で出版された諸學校の教科書、現に行はれて居るあらゆるものや、新に出版されたものを悉く集めて陳列しておくことも、前者に劣らず必要な事である。尙ほ、夫等の教科書が、どういふやうに普及して居るか、諸學校に採用されてあるか、其の統計表を作つて、圖書目錄などゝ共に陳列しておくことも望ましいのであります。そうすれば、地方の學校長、教員は、誠に輕便にその自分の學校、又は、學級のために最も適當な教科書を選擇することが出來るのであります。書肆も、亦、諸方へ澤山な見本を贈る浪費を省くことが出來るのであります。第三には、內外國教育の狀況を知らせるために、諸學校の規則、一覽、教授細目、學校建築や、學校生活の模樣を寫した寫眞繪畫の類、又は、學事統計表の類を集めて陳列しておくことが必要であります。教育の狀況を紹介するには、之等の外に、尙ほ、生徒の成績物がなければならぬ。故に、第四には、內外國諸學校生徒の成績品を蒐集することであります。成績物にして適當に集められてあるならば、之に依て、生徒の學藝進歩の度合が分るばかりでなく、尙、その教授の方法がどんなであるかといふことをも窺はれるのであります。我國で、従來行はれた教育品展覽會などで見るやうな成績物では、とてもそう云ふヿは望まれないのであります。何ぜなれば成績物として完備して居るものが少ないからである。然るに此の點に於ては海外から來る成績物は、流石先進國丈けあつて、例へば、圖書ならば、其の製作者即ち生徒の年齢、又は、學級を記し、其の製作された方法、即ち、實物から寫生したものならば、フラムチーチュア（from nature）とか、又、記臆から書かれたものならば、フラムメモリー（from memory）とか、又、臨本を見て書かれたものならば、フラムコッピー（from coppy）とか、云ふやうに記されてある。尙又之に費した時までが一々記されてあるのであります。故に、今後展覽會などに、生徒の成績物を出品するならば、今少しく、斯ういふ方に、注意が向けられたい。又、從來の樣に各種の成績物を、系統もなく、雜然と陳列する大展覽會よりも、今後は、今少しく系統的に、科學的に、計畫を立てゝ成績物も圖書とか手工とかと云ふ狹い範圍に限りて、小さくとも、進歩した展覽會が催されたいのであります。こう云ふ樣に常に成績物を集めて陳列したり。臨時に小展覽會を開くといふヿは、教育博物館の仕事としては、最も適當なヿの一つと考へます。第五に、教育博物館は、過去に屬する教育品、即ち、內外國教育史の資料となるべき教育品を陳列して、教育の變遷發達を、一目して瞭然たらしむるやうな便利を計らなければならぬ。過去の教育品といふ中には、色々の物があらうが、その重なるものは、昔の學校建築の繪畫寫眞とか、各時代の學校生活の模樣を現はした繪畫、寫眞、並に、著名な教育家の肖像の如き皆此中に包括されのである。寺小屋時代や、學校時代の教授訓練の模樣が、どんなであつたか、歐羅巴の十六世紀、十七世紀時代の學校教育の模樣が、今日とは如何に異なつて居つたか、又、それ等教育の史上に於ける偉人の風采は、どんなであつたかと云ふやうなヿは、吾々教育に從事して居るものゝ知らんと欲する所で、殊に師範學校の生徒に對して、內外の教育史を講義する時には、そう云ふ必要を感ずるヿが一層深いのである。次には、過去の各時代に於ける教具の變遷、發達を現はす所の物品である。例へば、寺小屋時代に用いた机文庫、の類から、明治初年の小學校に使はれた各種の教具、例へば、幾何學初歩の教授に使つた標本とか、色の教授に用いた掲圖や、カードの類とか、庶物示教に使はれた標本とか云ふ類であります。之等は、教育史や、教授法史の研究上に欠くべからざるのみならず、現在の教具を改良して行く參考資料としても欠くべからざるものであらうと思ひます。

次には、その發達變遷を現はす所の教科書である。我邦で言へば、足利時代の武士教育や、平民の教育には、どんな種類の教科書が使はれてあつたか、德川時代の教科書はどんなであつたか其の中でも下層の教育に用ひられた往來物とか、童子訓とか云ふ類は、最も趣味あるものである。それから、明治初年に使はれた小中學校の教科書は、どんなであつたか之等も、今日から見ると、教育上趣味深き遺物であります。文部省で出版した、アメリカのウヰルソンの讀本を基にして、多少の改作を加へた飜譯讀本の如き、文部省や東京師範學校から明治六七年以後、續々出版された物理楷梯、小學化學書地理歷史の教科書の如き、又理科の教科書として、グードリッチの博物學を飜譯した五號活字漢文躰十冊物の今日で云へば、中學校以上の讀物である。具氏博物學の如き、之等は其最も著しいものである。其他小學の初年級教授に用いられた單語編の如き、各種の掲圖の如き、共に、教育史の研究上には、なくてはならないものであります。此の類の書籍は、悉く集めて適當に陳列するならば教育史や、教授法史の研究上、非常なる價値があるにも拘はらず、今日まで、棄てゝ顧みられない有様である。故に段々壞して反古にせらるゝ故に今後、數年の中には、或は全く失はれて、他日、必要を感じた頃、再び求めることが出來ぬやうになるかも知れませぬ故に、此等過去の教育品を遺漏なく博物館に集めて保存し、適當に歷史的に陳列して、世の教育史を研究するものゝ便利に供することは、我國教育上、目下の必要事項ではありますまいか。

私は、以上に於いて、教育博物館の事業として、其の主要の位置を與へなければならぬ教育品の陳列といふ問題に付て申し述べたのであります。然るに、博物館に於ける今一つの事業は、教育圖書の閲覽、並に、教育に關する講演を催ほすことであります。前に列品の條下にお話をしました如く、列品中には、内外諸學校の規則、一覽、教授細目、學事統計、教授用器械標本、及び、教科書の目錄、過去、及び、現在の教科書類が集められてあるのであります。來觀者をして、此の種類の印刷物を閲覽せしめるためにも、既に閲覽室の必要を感ずるのであります。それに、尙ほ、教育博物館は、教育に從事してるものに對して、教育の理論、實際に關する新智識を、容易に收得することを得しめるために、内外國にお いて刊行された教育書類を集めて、閲讀するとを得しめねばならぬ。教育書の如きは、國立なり私立なりの圖書館があれば別に教育のみに關する圖書館の不必要を唱へるものがあるかも知れないが、實は、そうではないのであります。圖書館は社會百般の事に從事してる人のために、圖書を集めなければならぬのでありますから教育といふ方の事に、專門に從事して居る人に對して、十分に内外國の教育圖書を集めることは元より不可能な事であります。それで、歐羅巴におきましても、教育圖書館（Educational Library）といふものは、或は獨立に、或は教育博物館の附屬として設けられてあるのであります。次には、教育博物館に於て、教育者のために、特別なる講演を催すことであります。海外の或る教育博物館では卑近な學術上の事項に關し、通俗講義を催ほして、學問の普及に努めて居るものもあるが、私の考では、斯ういふ類の仕事は、教育博物館の本領とする所ではない。曩に、教育博物館の任務といふことに就て申し述べた所で、其の理由は明であらうと思ひます。然らば、教育博物館に於て行ふべき講義は、ドンな種類のでなければならぬといふに、それは、特に教育に從事して居るものゝ、智識を增進し、夫等の人の修養に資する類のものでなければならぬと思ひます。例へば、セントルイに、世界博覽會が催されたとするならば、それに參列した人を、講師に賴んで、實物、繪畫、寫眞、幻燈の類を使つて、その博覽會に現はれた海外各國の敎育の狀況を講演するとか、或は、敎育博物館に新に到着した敎授用の器械、例へば、敎育用の幻燈といふやうなものが到着したならば其れに就いて、之を實地に使用して、其の使用法、敎育上の價値購入の方法といふやうな事に就いて、說明をし、講義をする類であります。

以上申し述べたことの外、敎育博物館には、尙ほ、各種の仕事があるのでありますが、今、一々詳細にお話をすると、非常な時間を要しますから、唯、其の概畧だけを申し上げると、その一つは、來觀者に對して、館に陳列されてある敎育品について、親切丁寧に說明をして聞かせるといふことであります。第二には、諸方の學校などから、敎育品の購入方について、問ひ合せ來る者がある。例へば、敎授上の標本、機械を新に購入せやうといふ場合には、その種類、品目、價、販賣店、購入の手續等に就いて、聞き合せ來るものがあるとするならば、一々、之に應答して、その便利を計ることであります。此の類の仕事は、敎育博物館としては、尤も容易に世間を稗益することが出來る一つと思ひます。第三が、敎具の研究であります。敎具研究の必要は既に申述べた通りでありますが敎育博物館は敎具の研究上最も好都合の位置に居るのであります、そして其の研究の結果や、新に、館內に陳列された敎具などについて、雜誌上などで、世間に紹介するとも敎育博物館の仕事としては、最も大切なる事の一つであります。從つて、敎育博物館には一つの機關雜誌を有することと、每年年報を發行して、其の一年間に於ける館の事業を世間に報告することゝが必要であります。之が、即ち、其の第四であります。第五に地方の敎育展覽會等から要求のあつた時は、備付の敎育品の一部を貸與することであります。海外學校の生徒成績品の如きは、敎育品としては頗る趣味あり價値ある物なるにも拘はらず、之を集めることは中々容易のとでない。故に、此の類の成績物は、世界各國のを敎育博物館に集めておいて、來觀者の閲覽に供する許りでなく、地方で催されたる展覽會などへ、貸し與へて、多數の敎員閲覽の便利を計る必要があるのであります。此の如く擧げ來れば、敎育博物館の事業は、頗る多趣多樣で、費用と人とさへあれば、敎育の發達改善上に、餘程の事が出來るのであります。敎育博物館が、世間に對して盡すべき任務、其の本領とする事業は、實に前陳の通りでありますが、此等の任務を盡し、其の本領を發揮しやうとするには、館員として適當なる人物を得なければならぬ。又、博物館の仕事が、前申す通り、誠に多方面である丈け、それ丈け、又、各種の專門家を必要とするのであります。例へば、敎育の大家、各科敎授法の專門家、學校建築、學校衛生體育に關する專門家、製作の技師事務員。看守の類であります。

私は以上に於て、敎育機關の系統中の一つとしての敎育博物館に就ての理論を、一通り申し述べ終りました。教育博物館の教育上に欠くべからざるとは、以上申し述べた通りでありますから、海外諸國の實際に徴しましても、各國、夫々國立の又は、私立の教育博物館を有たないものはない。そしてその規模も、相當に小さくなく、隨分多額な費用を、之に投じて居るのであります。故に、その内部も、相當に整頓して十分に教育博物館としての任務を盡して居つて、其の國、其の地方の教育の改善上に、貢献しつゝあるのであります。獨乙の如きは、全國を通じて大小の教育博物館十七個の多數を有つて居るのであります。翻つて、我が國の實際を觀るならば、如何でありますか。全國を通じて、唯一の教育博物館すら、誠に少額の費用で、辛じて維持されて居るのでありますが、此の如き萎微として振はないのは、果して誰の責任でありませうか。誰の責任でもない。私は、世間教育家の罪に歸さなければなるまいと思ひます。世間が、博物館の價値を認めて、聲を大にして要求するならば、政府なり、其の他の團體なりは、必ずその至當なる要求に應じて相當の設備をするとは必然であります。戰後の教育會が、前にも申しました通り、主として、内容の改善である以上は、此の目的を達する機關として、教育博物館の必要は、益々大となつて來たのでありますから、諸君の御盡力で、中央の教育博物館を、完備するとは、勿論、地方にも續々新設して、十分、これを教育の改善上に利用するとになる新機運を作つて戴きたいのであります。私は、近時此の問題に付いては、頗る熱心して居るのであります。然るに、本日は、こういふ有力なる會合の席上に於て、此の問題に付て、卑見を申し述べる機會を、辻會長が、私に御與へ下されたのは、誠に私の感謝に堪へない所であります。また諸君に對しましても私の申し述べた卑見の中に幾分御參考になつた樣な點が御坐りましたならば、誠に、私の幸とする所であります。

大正元年（一九一二）

十一　「通俗博物館」（『教育時論』第九九四號）

本誌の一記者は本年二月十日フレーベル會席上に、棚橋教授の歸朝土産談として、ドイツに於る美育及作業主義教授の發達に關する講演を聽いて、甚深の興味を感し（第九六七號紹介）、如何なる形式及び方法を以て、教授は我が國教育社會を裨益せらるるかといふ事を觀てをつた。而して過日幸に同教授が目下組み立てらるる通俗博物館を參觀し、且つ其の説明を聽いた、尤も同教授はこれと作業主義及美育との關係を、如何に考へて居らるゝかは知らぬが、記者に於てはこれ亦其の一つと見得ると思ふ。乍併此の文は同教授のお話を紹介するが目的であるからして、記者の所見などは掲げぬのである　（編者）

此所に通俗敎育館と命名して通俗博物館とせぬのは、この博物館の他に通俗講演會を開き、又文部省の通俗敎育調査委員會で認定した、通俗敎育圖書をも陳列して、公衆の閲覽を許すことにする、即ち此の通俗敎育館は

一、通俗博物館
一、通俗講演會
一、通俗圖書館

の三部から成り立つてをるからである。乍併目下は何れも組み立て中であるから、まだ公衆には見せぬが、先づ通俗博物館を案内仕よう。尤もこれは文部省の通俗敎育調査委員會から、東京高等師範學校に囑托せられ、同校の附屬なる我が敎育博物館の一部に置くことゝなつたのである。

此の通俗博物館は、其の陳列を

一、天然物
二、加工品
三、理化學機械及び其の應用
四、衛生
五、天文

の五部に大別して蒐集した。

▲水族器。これは鐵背に厚硝子をハメた極めて堅牢な硝子箱（但し蓋無し）で、窓際の光線の充分なる所に置き、内には水草を植えてあり、且つこの通り時々餌を與へるからして、飼つてある魚類は決して生活に不自由を感せぬ。且つ各箱は上水道に聯絡する管があつて、其のガランをネヂると水は箱の底の方に出る、さうすると在來の水は箱の中央にある管から下水道に排泄せられるからして、新陳代謝は充分に出來る、それから其の箱を置いてある机に極く簡明で然かも通俗的な説明書を置いてある、この説明書の上に硝子板を置いて、其の四週を紙で目張りしてあるから、無くなつたり損したりする心配は無い。次は水陸兩棲類である、これには龜などを入れるのである。目下は淡水產丈けであるが、他日は鹹水產をも設けたい。（記者曰く、水產講習所で何とか一つ工夫して下さい）

▲實體鏡。といふのは『覗き目鏡』である。此の目鏡では標品で見せることの出來ぬ絕海の孤島に、海獸の群棲して居る所などを繪に依つて示すのである。

▲水禽類。此の大箱の中には、水禽を置くつもりであるが、背景をば小山畫伯に委囑してある、其の畫の前に水禽の標品を置いて、一種のパノラマ式に造るのである。

▲陸棲動物。此の大箱では動物を示すのみならず。其の各個の生活法をも示すのであつて、例へば啄木鳥は如何なる木から虫を取るか、木にはドンナ風に止るかといふ事を示すのであつて、彼の鳥は彼の如く木に止り得ればこそ木の甲側面を叩いて、乙側面から逃げ出す虫を啄むことが出來る譯を會得せしめるの類である。又木の下の地をば凸凹にして、其の凸せる所には穴を設けて狸の標品でも置く、この土地は殆ど實物の樣であるが、實はオガ屑を堅めた上に彩色したヅックを張り、其の上に手工品の苔を附着したのである。而して充分にナフタリンを撒布してあるから、數年間の保存に堪へるのである。(記者曰く、此に就いては上野の動物園に御依賴したい。彼の樣に個々の動物のみを示すに止まらず、何とか工夫して、動物の自然的生活法をも御示し下さい)。

▲植物標品は各植物に就き、幹、木材質、木皮、葉、花、實等を一つ箱の内に陳列して置く。

▲漆器製作順序。繪畫で漆器を製作してをる所を示し、下に其の原料たる漆及び木材から、順次これに加工して行く成績品を陳列する。此所には鉛筆の製作順序があり、彼所には雜誌の製作順序、及び彩色繪の製作順序がある。尙はモウ少し經てば花王石鹼の製作順序及麥酒の製作順序、紡績業の順序が寄附せられる筈である。

▲理科學器械の部では電信、電車、電流に依る車の廻轉、電鈴、電氣喞筒、電力精米機、無線電信の模型、及び燐光管、ダイナモ、起電盤等がある。七色板もある。又圓筒の內アル活動の順序を書き、圓筒に細長の孔を明け、其の圓筒を急速に廻轉して孔から其の內部を覗けば、書ける活動が聯絡して見えるといふ活動寫眞の原理がある。次には昔蓄音器が發明せられた時に敎育博物館に來るといふ、管を聽者の耳に當てゝ聽く蓄音機、それから圓筒に譜を彫りつけ、多數同時に聽く爲に喇叭を具へたるもの、進んで平圓盤に譜を彫り喇叭を具へたるもの、最新の喇叭無きものまである。航空機では二十年前に歐洲土產として齎らした輕氣球の繪畫が前世界的の型を示し、以て最近の飛航船、飛行機に及んでをる。衞生の部では酒精中毒を以て變質した心臟及び腎臟が健全なるそれと並んでをる。肺結核の肺臟がある、結膜炎及トラホームの眼瞼がある。肉類の成分がある、一日の完全食料及不完全食料がある、各種煙草のニコチンが示してある。この模型は臘細工で出來てをつて、注意せられなければ實物と間違ふ程巧に出來てをる。

▲天文部。には大なる望遠鏡が備へ付けてあつて、覗き得る樣になつてをる。

◎これは悉く觀覽者をして實驗せしめる、例へば電車でも無線電信でも、自らそれを遣つて觀ることを得しめるのである。而して此の樣な組織の博物館は伯林市のウラニヤ通俗博物館であるが、數層大なるものである。又歐洲でも此くの如き設備は市にはあるが町村には無い、町村では到底出來ないであらう、尤も經常費といふ丈けならば一年に五六百圓で足りると思ふ。

大正元年（一九一二）

十二 「博物學教授近時の傾向」（『教育界』第十一巻第五號）

今回、私が獨英米諸國初等敎育幷に中等敎育の、諸學校に於ける博物學敎授の實際を視察したところでは、私が彼方へ參りませぬ以前に既に我國に紹介され、知られて居つた所と大した相違はないやうに思つたのであります、即ち一體に生態學的方面を敎授することが重要視されて居つて、獨逸などでは生態主義の鼓吹者たるシユマイル氏の動植物學、生理學、人類學の敎科書が中等學校の敎科書として又中小學校の參考書として普く採用されて居るやうな有樣でありますと云ふと生態學的の事柄ばかりが敎授されて居るやうに誤解されるかも知れませぬが、さう云ふ譯ではありませぬ、矢張これまで博物學の敎授で敎へ來たつた記載的の事實や、生理、解剖的の事項や、人の生活上へ應用した方面などが敎授材料の大部分を占めて居るのであります、唯其上に從來餘り顧られなかつた生態學的方面をも一方面として相當に重きを置いて敎授して居ると云ふに過ぎないのであります、即ち、記載的、形態學的、解剖學的事實を單に事實として敎授するに止まらないで其生態學的理由をも同時に知らして行かうと云ふのであります、言換へて見れば、外形なり、内部の構造なり、其他の事項を生態學的に説明して居るのであります、是は博物學敎授の全般に亙つての大勢と見て宜いのであります、此傾向は中等學校は勿論小學校にも到る處認められるのであります。

以上は何も事新しいことでもございませぬが、此外に唯少し私が新しいと思つたことは、中等學校、時に依ると小學校の上級にも博物敎授の材料として近時盛に淡鹹水中の浮游微生物、即ちプランクトンを用ゐ出したことゝ、今一つは特別の時間特別の敎室に相當な設備をして生徒に生物學的實驗を課するやうになつたことであります、水中の浮游微生物を敎授材料として重要視しだしたのは、洵に近年のことでありまして、獨逸の北海に近いプレーンと云ふ所の生物學研究所長ツァハリヤスと云ふ人が五年前、即ち千九百六年に淡水に於けるプランクトンと題する一書を著して獨逸國内の池、河、湖水などに於ける浮游微生物のことを精しく記載して、此種の材料は中等學校なり、師範學校なりの上級生徒の博物材料としては缺くべからざるものである、彼等をして是非實地に就いて之を採集もさせ、また敎室に於て研究せしむる價値がありとして、一般博物敎授に從事して居る人達に向つて氏が意見を實地に試むべく提議をしたのが初めであります、然るに此提議や忽にして多くの博物學敎員に依つて歡迎せられ、類似の著書なども現れて、プランクトンは到る處博物敎員生徒によつて盛に採集され研究され、敎授の材料として用ゐられることになつたのであります、ツァハリヤスがプランクトンを博物敎授の材料として價値多しとした理由の重なるものは、水中浮遊の微生物、卽ちヴォルボックスとか、ダイヤトムとか云ふやうなものは、到るところの水中に瀰漫して居つて自然界の重要な役目を演じて居るのである、故に我々は是が研究に依つて自然界の經濟と云ふものを洵によく理解することが出來るのである、重要の役目とはどんなことかと言へば、先づ彼等は各種の魚類を首め、其他の動物に向つて食物を供給するのである、自ら彼等の餌食となつて之を養つて居るのである、人類が魚類や其魚類を食物として居る種々の鳥類なり、獸類なりから、衣食住生活の上に恩惠を受けて居ることは固より言ふまでもないことである、それに此種類の微細な浮遊有機物は、往々體內に葉綠體を有つて居るのであるから、太陽光線の作用の下に自から酸素を吐き出して、盛に之を水中に供給するのであります、水中の酸素は自から瀰漫する性質を缺いて居るので水中に滿遍に酸素を普及せしむるにはどうしてもプランクトンの如く到る所の水中に瀰漫して居るところのものゝ力を藉りなければならないのであります、此點に於てプランクトンは水中生活のあらゆる動物に對して陸上の森林の樹木や野草の如き作用をなしつゝあるのであります、此外彼等には又博物敎授の材料として其他の物に優つて居る點が幾らもあるのである例へば彼等微生物の體軀は一體に透明で其內部構造や生活機能を觀察するに便利であるばかりでなく彼等は又それ〴〵其境遇に適するやうな面白い構造を有つて居るのであります、就中水中を浮遊する爲には種々な都合の好い構造を備へて居るのであります、又一體に生活機能の習期性を備へて居るとも其長處の一つであります、加之ダフニヤや其他のものゝ如きに至つては、容易く動物の變態、卽ち種族が如何なる發生を經て完成するかと云ふとを知らしむるに最も便利であります、それに彼等微生物の中には動物と植物との中間に位するやうな最簡單な有機物があるので其中間物から一方は動物、一方は植物へと進化發達する其出發點に關する知識を與へるとが出來るのであります、又彼等の中には一個の細胞又は數個の細胞から成立つて居る樣な單純な構造のものがあるので、最も好都合に細胞生活、卽ち生活と云ふものゝ最も簡單な形を理解することが出來るのであります、更に之に止まらないで、彼等微生物の形態構造にはなか〳〵審美的なものがありまして、微細なるものゝ間にも自然の美と云ふものゝ存在して居ることを知らせることが出來るのであります、これと同時に其の微細なと云ふ點に於て、此自然界は實に限りなきものであると云ふことをも示すことが出來るのであります、斯くの如く一々擧げ來たると數へ切れない程の種々な利益な點を備へて居るので、ツァハリャスは、博物學敎授上敎材として之れを利用するの有益なることを唱へて居るのであります、それで今日ではプランクトンの研究并に博物科の敎材として之れを利用することが大いに重んぜられて來たので、日曜などに伯林の郊外に出て見ると、博物敎員や學生がプランクトン、ネッツと稱する直徑三四寸の圓い深い絹製の採集網を持つて、野川の間を逍遙して居るのを多數見受けるのであります。此プランクトン採集網は我國の羽二重のやうな絹地を用ゐて、其深い網の底はあけ放されて居つて金屬の小い輪を篏めて之れで閉ぢて居るのである、そして其の輪は螺旋仕掛けで開閉の出來るやうになつて居る、それに長い柄が附けられて居るのであります、併し其の網と柄とは螺旋仕掛けで取離しの出來るやうになつて居ります、彼の地の敎具店には幾らも賣つて居るのであります、プランクトンの採集に出掛ける敎師を見ると、大概は携帶用の小さい懷中顯微鏡とコルクの栓をした多數の小さいグラス管に可なり大きい採集壜なども携帶して居るのであります、秋季になりますと熱心な博物敎師などは夏中採集したプランクトンの標本を自分の研究室などに陳列して同好の友人を招待するやうな人も間々もあつた位であります。

今一つ近時流行の兆候を現はして來た所の生徒に課する生物學的實驗と云ふとは、今まで私が考へて居つたのとは大に其趣きを異にして居つて、通例二時間ぶつ通しの時間を設けて又是が爲に特別な生徒實驗室を設備して課するのであります、生徒が自ら行ふ實驗といふことは寧ろ物理、化學に屬するものが寧ろ其の大部分を占めて居て、博物學の方面は洵に近頃のことで、人口三百餘萬の全伯林市内でも洵に數へる程の少數の外は之を課して居ないのであります、高等女學校の如きになると一層其數が少いので、總てで四五校の上へは出でないやうであります、理化學博物學敎授の一部分として生徒に此種の實驗を課することは獨逸よりも英國の方が寧ろ先進國でありまして、彼方から近年輸入されて來たのであります、さうして其實驗を課する仕方は英語のヒユーリスチックメソッドと云ふ方法でやつて居るのが多いのであります、發見的方法とでも譯すべき方法で獨逸の方でも英國から輸入したのでありますから同じ言葉を用ゐて獨逸流に發音してホイリスチッシェ、メトーデと言つて居るのであります、何處が發見的かと云ふと、これまでの敎授時間にまだ一度も取扱つて居ない事實材料を、生徒に實驗觀察させて、其要點を手帳に記載させて置いて、次に來る普通の授業で、其の生徒自らの實驗に依つて得た所を基礎として、其觀察し發見し得た知識を整理し、新しい原理法則に導くのであります、それで何時も實驗の方が普通敎授に先立つのである、從來我國で間々行はれて居つたやうに普通の敎授で授けたこと、實驗して示したことを、後で生徒に實驗練習さして見るのとは全く其趣を異にして居るのであります、新に授けんとする事實、法則を生徒自からをして觀察し發見せしめむが爲に先づ彼等自からして實驗せしむるのである、從つて斯實驗は敎師が普通の敎室に於て行ふ實驗とは大いに其趣性質を異にして、居るのであります、卽ち生徒の能力に相當し、獨力でも出來るやうな成べく要素的な簡單な種類のものでなければならぬ、それで私の見た所でもこの種の實驗に於て課して居るところの實驗材料は生物の形體構造なり或は其生理的方面なりの成べく單純なもので生徒自ら殆ど教員に世話かけないで出來る樣なものばかりを選擇して居つたのであります、例へば植物材料に付いて言つて見るならば、種子萠發條件を生徒自からをして發見し決定せしめる爲に、戸外の空氣の寒い所と、室内の溫暖な所との兩方で種子を蒔かして見る之と同時に水氣のある砂とか、布の中に蒔かしても見同時にまた他方では全く水氣の無い乾燥した場所に蒔かして見ると云ふやうなことをするのであります、又植物體の構成成分を生徒自からをして發見決定せしむる爲には、先づ新鮮な草の一枝を秤べ量らして見る、次に之を充分乾燥して水の蒸發し終つたものを量らして見、最後に其乾燥したのを燒いて其灰を量らして見ると云ふやうな順序を取るのであります、又植物體内の水の運動循環を自から觀察發見せしむる爲には、キルクを通して水を盛つた壜へ新鮮な植物の一枝を插して其上からグラスの壜で掩ふてこれを窓際に置き之と同時に今一つ同じ樣な裝置をしたものゝ葉の表面にはシエルラツクか何かを塗らしめるのである、さすれば一方の方では、其掩ふてある壜の内面に葉から蒸發した水滴が着くに拘らず、他の一方では覆の内面には少しの水滴も着かないので、植物の葉が其面に開口する氣孔を通して絶えず水分を蒸散する事が解かるのである、そして其結果として植物の體内に自然水の循環を誘起するとが推論されるのであります、勿論これだけの實驗では不十分であるからこの樣な其他の實驗をも課して植物の體内を水が循環運動することを發見決定せしむると言つたやうな譯であります、この際實驗觀察の結果を一に手帳に書き附けさすことは勿論であります、獨逸の或る中學校で生徒の實驗を見た際には、矢張り植物科でありまして生徒の行つた實驗は水中の水草から日光の作用の下に吐出す酸素を試驗管へ集めて之を燃さしたり、インデゴブラウ(藍青)の溶液に水草の一片を入れて日光に洒らし、水草から吐出す酸素に依つて其染料が變色するのを見て、植物は日光の作用の下に酸素を吐出すと云ふとを生徒自から發見決定せしむると言つたやうな仕事をさして居つたのであります、時には又十數臺の顯微鏡を一人々々の生徒に當てがつて微細な生物や植物體の内景構造組織などを實驗させ調べさせて居つたのも見受けたのであります、博物に限らず、物理でも化學でも生徒の實驗は通例一學級を二分して其一半は他の課業に行くとか、或は遲く學校へ出て來るとか云ふやうにして半數だけの生徒を一組にして實驗を課して居るのであ　ます、又之れが爲めには特別な實驗室と云ふものを有つて居るのであります、博物學用の生徒實驗室の設備は獨英米を通じて大體に於て變りはないので、顯微鏡的の實驗の爲には一般に窓際の所を利用して居るのであります、卽ち光のよく入る窓際に沿うて餘り幅の廣くない厚い板で出來た頑丈な机を置いてある所もあれば或は二尺ばかりの縁を付けたやうに顯微鏡實驗の臺が固定されて居る所もあるのであります、それから室の中央の所には若干の机があつて、其抽出には一人々々に生徒用の實驗用具が這入つて居るのであります、其處では黒板の方に面して敎師の指導を受けつゝ顯微鏡を使はないでも出來る樣な實驗をさするやうになつて居るのであります、西洋建物の壁は仲々厚く隨つて窓の縁が可なり深いので其處には實驗の鉢植えや、實驗の裝置のしてある壜などが置かれてよく利用されて居るのであります、生徒の實驗觀察に供する爲め動物を飼育してある、水族器も多數置かれてある所が多いのであります、爬蟲類、兩棲類などの爲には水族器と、陸族器との中間に位する水陸族器とでも言ふべきものが一般に備へられて種々の動物が養はれて居るのであります、水族器などは底に土や砂を入れて動物ばかりでなく同時に水草をも植え付けて水の中へ酸素を供給せしむるやうになつて居るので自然窓際の日光の當る所に置かれてあるのであります、それから實驗室の一隅には二三箇所の流しが出來て居つて水道が引かれて居るのであります、設備の完全した所では其水道と小形の空氣喞筒とを利用して水族器の中へ空氣を絶えず送り込むやうに出來て居るのもありました、米國の遣方は一體に贅澤で敎室も廣く、從つて生徒の實驗臺以外に一隅に小さい黒板と二三十脚の腰掛とを置いて實驗に取掛かる前に其處で實驗に必要な注意を豫め與へることの出來るやうにしてあるのであります、而して實驗に使ふ爲の哺乳類や鳥類などを飼育して置く爲の特別の小さい押入のやうな物置のやうな部屋を附屬してあるのもあります、英米の實驗室では規則のやうに實驗室の一部に必ず生徒用の參考書の文庫へ附けられて實驗中生徒は隨意にそれを取つて參考にすることが出來るやうになつて居ります。

歐米を通じて著しく私の注意を惹いたのは生徒が殆ど敎師の世話を俟たないで一枚一枚に取りはづす事の出來る印刷物でなり、口頭でなり與へられた要領に從つて其の實驗を獨立して銘々に行ふことで、敎師は机間を巡つて歩いて生徒の相談に應ずる位のもので、一見敎師はあるか、ないかの情態であります、男子も女子も實驗中は白木綿の實驗服を上羽織つて非常な深い趣味を以て愉快さうに實驗に從事して居るやうに見受けたのであります、彼等の平生の仕事は獨り敎室の實驗に止まらぬものと見えて、實驗室の隅々には野外で採集し來たつた、實驗の材料とか植物の果實とか其他の採集物が堆積されて居るのを見ました、要するに總ての調子が生徒自から活動生徒自からなしたる實驗觀察の土臺の上に敎授が進行して居るやうに見えるのであります、敎師は單に其指導者たり、世話人たるに止つて、生徒自からがよく參考をも利用して自から研究すると云ふ風がありありと見えて居るのであります、私の考では小學校は兎も角も苟も中等學校、師範學校などでは男女を問はず理化學敎授は言ふまでもなく、博物學敎授に對しても亦普通の博物敎場、標本室以外に生徒實驗室の設備をもするやうにしたいのであります、さうして敎授時間の少くも一半は此生徒實驗室で費すことにしたいのであります、さうして其敎授の方法としては實驗室は勿論、普通の場合に於ても生徒本位にしたいのであります、卽ち可成的發明的の方法に依つて行きたいのであります、先づ私の見たところでは是等の點が歐米諸國普通敎育學校に於ける博物科敎授の最近の傾向であらうかと思ふて來たやうな譯であります。

大正二年（一九一三）

十三　「通俗教育上の展覧事業」（『通俗教育施設方法講演集』）

諸君はこれまで段々とお話をお聽きになりましたので通俗教育が歐羅巴亞米利加で教育上如何に大切な部分を占めて居るかといふ事は十分お分りになつたらうと思ひます私は教育學教授法の研究の爲め歐羅巴へ行つて居りましたのでありますしかしながら通俗教育も或る見方からは教育の一部分でありますから此の方面にも常に注意を怠らなかつたのであります私は此度歐米の通俗教育の實際を見顧みて之を日本の現情に較べて其の彼我の懸隔の非常なのに驚いたのであります彼國學校外の教育機關の整頓し且つ充實して居るのを見て之れは中々彼我の學校教育進歩の異い位ではない學校教育の改善も固より大切であるが一國の教育全體の上から考へて見ると學校外の教育通俗の教育といふ事も專攻者としては看過すべからざる一重

要の問題であるといふ事を思つたのでありますそれに私は教育博物館の主任を五六年前から致して居りましたので海外に行つたならば教育博物館は言ふまでもなく一般博物館の施設經營に就て能く調査をして來いと云ふ内命もありましたので此等の關係から通俗教育就中展覽事業の方面には多少注意を拂つたのであります。

今日歐羅巴の學校教育といふものは日本の如き此ではない非常に完備した進歩したもので此上改良の餘地は殆ど無い樣な感が致します事實また茲二十年來詳しい歷史は省いて置きますが各國の爲政者は學校の教育よりも學校外の教育通俗の教育を普及する事に着目して講演とか或は通俗の圖書館とか展覽事業とかに力を集中したのでありますす即ち學校以外の教育で以て學校教育の不足を補ひ其效果を十分にして國力を充實する事は實に今日平和の戰爭に於て各國が輸贏を決する唯一の戰略に供されたのでありますす通俗の教育は其の競爭決勝點になつて居るのでありますそこで此の一國教育の上から見て極めて重要な部分を占めて居る通俗教育の事業には色々あり

ますが重もなるものは既にそれ〴〵お話をお聽きになつたやうに公開講演通俗圖書館といふやうなものもありませうが最も多く金を掛けて設備の克く整つて居て通俗教育の上に最も多くの作用をして居るものは博物館であります卽ち展覽事業であるのでありますこれは實に驚くべきもので吾々が日本に居つて想像をして居つた樣なものでは無いのであります私は此の通俗教育の三分の一或は二分の一位の價値を與へなければならぬ所のこの博物館なり展覽事業なりと云ふ大きな問題を捕へて三時間位の短かい間にお話をする譯でありますから何う云ふ風にお話しやうかと餘程苦んだのであります々それは廣い範圍に渉つて骨組丈けをお話をすると蠟を嚙むやうな沒趣味なお話になつて仕舞ふ傾があるのでありますが併し別に良い工夫も無いから先づ大體を項目なりとも拾つてお話したいと思ふのであります

先づ第一回の講演と致しまして歐米に於ける通俗教育展覽事業の概況をお話しやうと思ふのであります第二回には我國に於ける通俗教育展覽事業の發達と云ふ事を申して見たいと思ひます第三回に此の展覽事業を經營する

方法に就て卑見を申上げて見たいと思ひます故に今日の豫定は歐米に於ける通俗敎育展覽事業の現情をお話申上げる積りであります

夫れで此の展覽事業には色々あるのでありますが特に此通俗敎育の爲め施設してある展覽事業と云ふものが若干あるのでありますが併しながら其の以外に學術や技藝の進歩發達を圖ると云ふ事が主で同時に通俗敎育の作用を兼ねて居る展覽事業と云ふものが幾らもあるのであります夫れには常設的のものもあれば一時的のものもあるのでありますそれで先づ其の特に通俗敎育の爲め施設されて居る展覽事業は何ういふものであるかと云ふ事に就てお話を申上げて見たいと思ふのであります特に通俗敎育の爲めにする展覽事業には常設的の物と時々に開く一時的のものとがあるのであります然らば常設的のものにはどんなものがあるかと云ふと最も模式的のものは伯林の自然科學的展覽所でありますそれはウラニヤ館と呼んで居る自然科學的通俗敎育館の一部分でありますウラニヤには陳列所以外に講演場圖書室等があります此講堂より大きい數倍もある建物で三階造ありまして眞中の

所が科學的劇場となつて居ります其處には棧敷があり下には平土間がある此處で幻燈をやり科學的講演をやる場所になつて居るのであります其周圍の所が展覽所になつて居りまして理化學の實驗の出來るやうになつて居る説明を讀んでボタンを押すと實驗が出來る樣になつて居る又把手を廻はして機械を動かすことが出來るやうになつて居るそれから尚多數の水族器を並べて小形の動物も飼つてあるのでありますそれに附屬の參考圖書室がある展覽場で疑問が起り興味が起つた時に直に此室に入つて參考の本を讀むことが出來るのであります尚此外に建物は離れて居りますがウラニャの一部分として天文部があります望遠鏡を覗かせたり天文學に關係のあるものを陳列してある場所があります其處は夜行つて僅かの金を拂へば誰でも星界の現象を見せて呉れる此ウラニャは幻燈を使つたり實驗に結び附けたりする公開講演それに陳列所參考の圖書館此の三つが結び着けてあるのであつて之れなどは理想的の通俗教育の爲め設けられたる通俗教育館とも云つて宜いのでありますそこで獨逸には之れに類したものが方々の都市に行く

とあるのでありますが其の一つを云つて見るとハノバー市ドレスデン市には郷土博物館といふものがありますそれは其の都市の沿革歴史を見せたり現在の狀況を紹介したりする爲めに其の都市で出來る物產などを順序克く並べたり其附近に棲んで居る動物生へて居る植物夫れに加工して造つた製造品等が順序克く並んで居るのであります又其の都市の歴史を示す爲めに種々な歴史上の遺物や繪畫などが陳列されて居りますハノバー市の博物館には市の歴史を見せる爲めに幻燈の使へる暗室があつて市內の小學校などは前以て通知して生徒を連れて行つて其郷土の沿革歴史を幻燈を使つて見せて説明をするやうに出來て居る郷土科を敎授する爲めには極めて便利で克く利用せられるのでありますが小學兒童に限らず誰にでも見せるのでありますす尤も斯ういふ樣な小博物館は一週間に二日とか三日とか日を限つて見せるやうになつて居りますから誰でも其日に行けば見る事が出來ます尙市博物館といふ名稱で類似の博物館があります大概の市は何れも古い歴史を持つて居りますから其市の誇として居る歴史を其處で見せたり又現在の

市の經營施設と云ふものも見せるやうになつて居ります故に其の博物館に行けば其の市の沿革現情が容易く分かるのであります此等は主として通俗敎育の爲めの施設と見て差支ない之れといふ專門的な研究の爲めにするものではなく誰が見ても參考になるものである旅行者學校の兒童生徒其の他の公衆に對して通俗敎育を與へる爲めに出來て居る施設に外なりませぬさう云ふ風にあちらでは自分共の市とか我が鄕土とか云ふ考へが强いのでありますから其の市に關係のあるやうな遺物は悉く保存して居る何年前に戰爭があつたと言へば其の戰爭の時の分捕品とか其時に使つた兵器とか云ふものを保存して居て博物館にズラット並べてある夫れから其の市の發達に功勞のあつた大名とか市長とかの肖像なども揭げてある而已ならず其の市の內に偉人の住つた家などがあるならばこれを博物館內に持つて來る事は出來ませぬから大切に保存の方法を講じて木の札などに分り易く說明を書いて旅行に來た遠來の人などを滿足させる樣になつて居る卽ち市博物館の一部分に組み込んで居るのであります市全體が博物館であると云ふやうに

出來て居るのであります市内到る處に見るべきもの歷史上の遺跡が善く保存されて居るのであります故に吾々外國人の如きも旅行して其の市のステーションに降りると吾々は先づ第一にその停車場で其市の案内記を買ふそれを擴げて見ると市博物館を始め市で保存されて居る遺跡などが一々書いてあるそこで其の市博物館に行けば其市の大體の事が分かるそれから案内に載せてある市内の見るべきものゝ目錄を見ると何町の何處には誰の生れた家があるとか死んだ家があるとか云ふやうな事が書いてある其の町を尋ねて行つて見るとチャンとそこに其の建物が見出される通例市なり教育會なりで買ひ取つて保存されて居るのであります

以上申述べたものは特に通俗教育の爲めに施設された常設的のものでありますが尚此れに類した展覽事業が其の時々に臨時に催される事が隨分あるのでありますドレスデンに旅行しました時に教育博物館の一室で顯微鏡を多數備へつけて動植物學とか解剖學とか種々のプレパラートを並べて見せて居りました土地の新聞などに書いて何曜日と何曜日の何時から何時まで

向ふ幾日間は見せると云ふ事になつて居る樣でありました私は旅行先きで恰度其の會にぶつかつたのでありますす其の目的は云ふまでもなく通俗の敎育卽ち自然科學的思想を普及する爲めでありますすお母さんが子供を連れて居たもの敎員のやうな顏をしたのも多數見に來てゐて中々中は賑うて居つたのでありますす夫れと同時に其の隣りの部屋には其頃其の市中を貫流するエルベ河に架つて居る有名なオグスッス橋といふのが架け換へになつて其の開橋式があるといふので其の開橋式の爲め臨時其の橋に關する展覽會がありました其の橋に關係した歷史といふものは澤山ありますから例へば兩國とか永代とか云ふ橋に歷史があると同じく昔の橋の構造が何ういふ風であつたとかそれに關する繪草紙を並べるとか其橋に關係ある寫眞古い本などを並べるとか苟も其の橋に關係ある歷史上の參考品が悉く陳べられてあつたのでありますすそれで之を見れば橋だけの事に止まらないでドレスデレ市全體の歷史が分つて仕舞う位興味のある展覽會でありました顯微鏡を覗く方の展覽會と相俟つて中々賑つて居つたのでありますす此等も別に深い意

味はないのである市民として必要な通俗の教育をするといふに過ぎないのである市民として其の市の沿革を知らしめ其の市に對して市民として義務心を養ふといふ樣な意味で詰り通俗敎育の爲め臨時に開設されたものに外ならないのであります夫れと同じやうなものを旅行中亞米利加の紐育市でも見たのでありますが約一ヶ月間この講堂位の三階建の建物で一時的の市政展覽會といふものが催されて居たのでありますが紐育市四百萬の市民は市税を納めて居るが此の市税は如何なる事に使はれて居るか吾等は市として如何なる事業を經營して居るか社會事業とか救濟事業とか敎育事業とかに何ういふ風に金が使はれて居るかといふ事を見せてさうして市民として必要なる知識道德を養ふ事がこの展覽會の目的でありますが之れ又通俗敎育の意味で行はれて居ると云つて差支ないこの會に偶然ぶつかつたので紐育市に長く滯在しても中々見る事の出來ぬ程澤山な吾々の研究調査に必要な事を幻燈とか寫眞とか標品とか模型とか其の他種々に進歩したやり方の展覽に依つて纔か二三時間で見ることの出來たのでありますが夫れを見ても私は展覽事業と

ひふものが如何に多くの人に利益を與へるか短かい時間の間に多大の利益を與ふるといふ事を熟々感じたのでありますが尚ほ斯ういふ樣な平たい意味の一時的の展覽事業は獨逸で時々見ました或る時は少年讀物の展覽會といふのがありました赤本とか繪本少年書類といふやうなものゝ展覽會でありますが之れは少年書類の審査委員會といふものが大概の市にありまして其の審査委員會や兒童保護會などの事業として行はれるやうでありますがこれには善良な讀物や或は俗惡な有害な讀物などを多數並べて父兄教師などに見せるのでありますが玩具の展覽會などもこの類でありましてこの類の展覽會はクリスマスの前に多く行はれるのでありますクリスマスには子供に赤本の類を買つてやるのでありますから其時に教育上値打のある讀物新刊のものなどを父兄に紹介し提供しやうといふのでありますすべて斯う云ふ樣な意味で斯ういふ樣な機會に展覽會が開かれるのでありまして社會教育通俗教育の施設は實に至れり盡せりでありますで以上申しましたのは特に通俗教育の爲めに施設された常設的と一時的の展覽事業に就てゞありますが尚此他

に特に通俗敎育の目的で施設されたものではないが其の規模が非常に大きい爲めに通俗の敎育上に偉大な貢獻をして居るものがあります卽ち學問技藝の專門的方面の改良進歩を圖るといふ事が主でありまして同時に通俗敎育の作用をもして居るのであります此の種の施設にはまた常設的の物と臨時的のものとあるのであります其の常設的のものを擧げて見るといふと博物館植物園動物園水族館などであります歐米諸國の博物館の施設の完備して居るのを日本の幼稚な現情に慣れた眼で見ると誰しも一驚を喫せざるを得ぬのであります彼國で餘程小さな市でも博物館を有つて居らぬ所は殆どないと言つてもよい東京京都大阪などの如き大都市であるならば通例七ツ八ツ乃至十五六の博物館を持つて居りまして上野の帝室博物館の如きは其中の最も小さいものである十倍も十數倍も大きい博物館を建て居るのでありますそしてそれは何んな種類の博物館であるかといふと先づ最も多いのが美術館である美術館の無い市は殆んどないと言つてよいそこには繪畫とか彫刻とかといふやうな美術品が陳列されて居るのでありまして之に次い

で博物學の博物館といふものが可なり多いのでありますモット廣い意味で自然科學博物館といふ樣な名を付けて居るのもありますが次ぎには歴史博物館古代博物館古物博物館といふものが到る所にあるのでありまして我が帝室博物館は先づそれと美術館とが合體した樣なものでありますに次いで多いのが人類學の博物館でありますが此所には其國民の屬して居る人種の發達を表はすばかりでなく世界のすべての人類に關する物が並べられて居るのでありますが歐羅巴の人類學博物館といふものは非常に發達をして居るのでありますそれに實業博物館といふものがまた到る處にあるのでありますこれは商品陳列館とは違つて重なる工藝の現時の進歩や其發達を歴史的比較研究的に示されて居るのでありますが又軍事上の發達や現狀を見せる爲の軍事博物館も可なり在るのでありますが其處には大きな馬に乘つて鎧を着て居る模型などが幾箇となく陳列されて居りまして昔の戰爭に使つた武器とか戰艦とかいふものは云ふ迄もなく此等のものを使つて戰をした有名な戰爭の油繪などが掲げられてあつて獨りで學問が出來るやうにしてあるそれ

から交通博物館といふものがある海洋博物館といふものがある海事思想の發達の目的で出來て居るそれに出版業博物館教育博物館衛生博物館兒童學博物館盲啞教育博物館といふやうなものがあるそれから圖書館でありますが日本にも近頃は圖書館といふものも彼方此方に芽生へが出來て來たのでありますが彼國の圖書館の大きい事は驚くべきものであつて其圖書館は日本の圖書館と違つて半は博物館の作用をして居るのである圖書館は只本を讀みに行く所とばかり思つて居つたが讀むばかりではなく見物する場所の一になつて居るのであります建築物が大きい丈けではない其の内には珍らしい古書や繪畫印刷製本術の進歩を示した標本や古文書偉人の手書の類記念章印形石碑の類が數多蒐集陳列されて居る大抵の圖書館には斯ういふ樣に展覽所が其一部分を成して居るのでありますそして圖書館といふ所は本を讀むばかりではない見る所即ち一部博物館になつて居るのでありますが次きは動植物園水族館でありますが之は時がないから省きまして以上申上げましたものは何れも專門的な學問技藝の研究の爲めに其の進歩發達を圖る爲

めの常設的展覽事業の概略でありますが扨て此等が如何に通俗敎育の作用をなしつゝあるか又如何に通俗敎育的に施設經營されつゝあるかといふ事は次回にお話申上げる積りであります

昨日の續きを申上げやうと思ひます此前回お話致しました博物館と云ふものには特に通俗敎育の爲め拵へた博物館と普通の博物館との二通りあると云ふことを申しましたが普通の博物館には夫々特別な目的があつて出來て居ります從つて其博物館には專門の研究室があつて大學生や學者專門家には特に便宜を與へることになつて居ります獨逸の博物館は殊にさうであります大學には陳列室も標本室も無いのが多い大學の陳列室器械標本室が公衆に見せる博物館になつて居ると見てよいが公開して公衆の觀覽を許して居る以上は段々と世の中が要求して來た通俗敎育の目的に答へなければならぬのでありますから近年の陳列の仕方は著しく通俗敎育化して來て通俗的に陳列する樣になりました學者專門家の研究の機關たることは勿論であ

るが同時に通俗教育の機關の樣な形になつて來たのでありますす美術館などに參りましても歐羅巴の美術の作品が歷史的に列べてある其眞物の無いものは模造品を代用して其位置を埋めてありますので美術の發達藝術の進歩の次第を遺憾なく示して居ります故に吾々の如き藝術の門外漢が往つて觀ても歐羅巴の美術の歷史或は現狀の一斑が容易く理解されたのは全く此博物館の御蔭であるのでありまする獨り美術館ばかりでなく一般の博物館の陳列の方法に於きましても吾々が上野の帝室博物館を觀た目で觀ると餘程違つて居るのでありまして是ならば通俗教育に利益があると云ふ事を直ぐ感じます諸君は拓殖博覽會を御覽になつたか知らぬが歐米の博物館の近時の陳列法が多少加味されて居るのでありますす彼れは一時的の者でありますが向ふの博物館は常設的でありますから間に合せのものではなく十分永久的の設備で出來て居るのでありますす剝製の動物を陳列するにもパノラマ的に人造の岩石や人工の草花樹木の實物などの背景を用ゐて居る總て自然の儘を縮寫してある昆蟲を陳列するにしても其の食物とする植物は人工的のも

の即ち造花がよく利用されて居る博物學の博物館へ小供等が往つて此等の標本を見て居る有樣を見ると其昆蟲の入れてある抽斗を自由に開けたり閉めたりして嬉れしそうにして見て居る何んなものを見て居るのかと窺いて見ると有觸れた揚羽の蝶であるそれが幼蟲から蛹になり成蟲に成るまでの標本が順序に一箱に入れてある蟲の標本ばかりではない人工の枸橘《からたち》の木の枝が入れて有る其れに卵が生み附けてあるそれが大きくなると柚坊《ゆつばう》になる小鳥の糞の樣な形の幼蟲になる觸れると直ぐ角を出し臭い嗅氣を出す柚坊になるそれが成長すると蛹になる所謂お菊蟲になる蛹が孵化すると揚羽の蝶になる其の順序に分り易く列べて其の一隅に小供に解るやうに說明が附けてあるこの說明と標本とで揚羽の蝶の生活史が解る樣にしてある彼等兒童はお菊蟲を見た事があらう揚羽の蝶の飛んで居るのも見た事があらう柚坊も見た事があらう見た事はあらうが而かも其の間の關係は知らないのである故に此標本さへ見れば直ぐに其關係が分るのである昆蟲標本の側には昆蟲を採集するに用ゆる道具藥品などか列べられてある又採集したものを

標本に造る順序や之に使ふ道具や材料が列べてありますから小供は容易く之を學ぶ事が出來る斯ういふやうな譯で陳列方が通俗敎育的で俄に要領を得て居るから下手な小學校の理科の授業や中學校の博物の授業よりも物を言はない博物館の通俗敎育的授業の方が氣が利いて居るのであるそれに又陳列品は土地に產出しない物二百里も三百里も數千里も旅行しなければ見られない物が實物で見せたり模形で見せたり寫眞繪畫で見せたりしてあるそれに實體鏡を使つて北極あたりの動物生活の模樣なり南洋の島に水禽の群居して居る模樣なりの大きい景色を眼鏡の力で覗かせて居るこの實體鏡の寫眞が陳列品と相俟つて觀覽者の理解を明瞭にする樣になつて居る實體鏡は七八圓位で買へるのでありますから譯はないのであります實體鏡は二三御茶水の通俗敎育館に列べてありますから御覽を願ひたいのであります自然科學博物館の理學應用の部に往きましてもさう云ふやうな工合で機械の歷史的發達などが見せてある蒸氣々罐で言つて見ればワットが英國で始めて考案して實地に用ゐた機關車の如何にも幼稚な原始的なものゝ眞物は

英國の博物館にある獨逸の博物館では其の模造品が陳列してあります其れは餘程大きい機械でありまして其の用材の腐つたり鐵が錆びたりして居る模樣は眞物其の儘であるワツトが造つた眞物であると云はれても私共には何れが何うか分らぬのであるさういふ風に歷史的發達を示す樣に列べてあるそれからまた室内などを照す照光の方法の歷史的發達を示す陳列などもある其の内には日本の行燈もあれば炬火蠟燭動植油や石油のランプ瓦斯燈アセチリン瓦斯燈電燈といふ樣な順序に標本にそれ〲火が點じてあるそれから又金屬の細工をする餙屋とか鍛冶屋とか云ふものゝ發達なども見せて居るそれに日本でやつて居るやうな程度から科學の十分に應用された今日の精巧な程度に至るまで模型に依つて示してある煤つた樣なうす暗い鍛冶屋の細工場の模樣餙屋が幼稚な原始的な器械裝置でやつて居る狀態が示されて居るそれが現今の最も進歩した器械の模形や標本が列べられて居るそれも電氣や蒸氣の動力で運轉する事が出來る樣になつて居る之が附けてある說明と相俟つて誰にでも解る樣に平易に斯うやつて陳列されてある

歷史博物館などに往けば尚更である上野の博物館にも藤原時代か徳川時代明治の初年と云ふやうに時代を追つて衣裝の發達が人形を使つて見せてありますが歐羅巴の博物館では彼れ位の小規模のものではないのであつてずつと古い時代から現代に至る各時代の社會の各階級の裝束着物を見せてある古代衣服ばかりではない各時代の人民の室內生活の模樣を示す爲めに其の時代に建てられた建築の壞れを持つて來て天井から戶に至るまで有ゆるものが其時代の式に出來て居るのである室の眞中に圍爐が切つてあつて電氣の光りで炭の火が熾つて居るやうに見せてあるそして其傍には實物大の人形が坐つて居るさうして其時代の器物調度其時代の人の手に成つた彫刻繪畫までが陳列されて居る吾々は之に依つて今日の文明の歐羅巴と云ふものが斯う云ふ樣な未開半開の時代を通つて進步發達をした事理學の應用なり美術なり風俗なり總てのものが斯う云ふ發達をしたかと云ふことが博物館を一巡するとスッカリ解つて仕舞うので其處に通俗敎育の値打があるのであります唯學問的に分類して系統的に列べたのでは專門の學者にして始

めて理解され參考になるのでありまず普通の人に對しては敎育的順序に列べて始めて了解されるのでありまず歐米の博物館は斯う云ふ通俗敎育的陳列に依つて學校以外に於て非常な敎育をして居ることを想像するに難からぬのである向ふの人が博物館の經營に非常な費用をかけ又種々と工風をして居ることは實に想像以上でありまず殊に說明の仕方杯には餘程力を入れて居る先日內務省からお貰ひになりました世界各國の國力の消長を示した統計表一覽表の樣に數字的の事を具體的に見せて居る兵隊を書いて其の大きさで其國の兵力を現し軍艦の大小で海軍の勢力を現はすと云ふやうに極く具體的に通俗敎育的に遣り……數字的のものは示して居るのでありまず斯の如く具體的に通俗敎育的に說明をしてあるから學問のないものも容易く面白く知識を得ることが出來るのでありまず博物館も斯の如くして通俗敎育の機關たる値打があるのでありまず

動物園に往つて見ても同樣でありまず雉二三羽を置くにも金網の圍の內に灌木の叢があり山林の一部分を持つて來たやうにしてあつて雉はカサ〳〵

と灌木の叢の中を掻分けて歩いて食物を索め巣を食い卵を生み子を孵化すると云ふやうな風でありますから動物園も通俗教育上非常な値打があるのでありますアザラシ、ラッコ、オットセイなどの海獣でも彼等の棲むやうな海岸を造り池に水を湛へて飼つて居るのでありますす彼等の上る處は表面の滑らかな岩石を使つて天然の通りの海岸にしてあるのでありますす隨つて動物園内で盛に繁殖するのでありますす歐米の動物園の動物の多くは皆動物園で生まれたのを買取つたものでありますす私は虎や其の他の大きな動物は其の產地から生捕つて來て動物園に飼つて居るものと思つて居りましたがさうではないのである此のやうに動物園で子が出來ますので向では餘り高いものではない專ら動物園へ動物を供給することを商賣にして居るものさへあるのでありますす斯う云ふ話は私から申上げぬでも他の諸君から歐羅巴の通俗教育上に於ける通俗教育の模様をお話になつたのでありますから歐羅巴の通俗教育上の設備の完備した事は十分御解りになつたことゝ思ひますが話の順序としして極短時間に歐羅巴の博物館の經營が餘程通俗化して來た事餘程教育的に

出來て居る事斯う云ふ機關が通俗敎育の上に役立つて居る事を御承知になつたら宜しいのであります
次にお話したいのは我國に於ける通俗敎育の展覽事業に就てゞありますす通俗敎育の機關としては講演とか圖書館とか云ふものと共に此通俗展覽事業が發達して來なければならぬのでありますから其れに就て卑見を申上げて見たい之が私のお話をして見たいと思ふ主なる點でありますで通俗敎育と云ふ見地からして段々文部省や内務省で御奬勵になりました結果として大分世間の注意を惹いて來たので圖書館などは大分彼方此方に發達し公開講演なども餘程弘まつて來たのであります然るに其割合には展覽と云ふ方面は一向に發達せぬ通俗敎育と云ふ見地から展覽の事業は未だ世間の人の注意を喚起する迄に至らぬのでありますす通俗敎育の目的で一時的展覽會を開設するとか常設的に展覽事業を開設するとか云ふ事はさつぱり未だ著手されて居らぬのでありますす通俗敎育の機關としては講演の始めにも申しました通り一番價値を有つて居る筈の展覽事業の方が最も後れて居るでありま

す私の僻見かも知らぬが歐羅巴の現狀に照らして見ても通俗敎育としては此常設的の展覽事業に依らねば本統の通俗敎育と云ふものゝ效果を收むる事は出來ぬと云ふ考を持して居るのでありますす私もさう信ずるのでありますす然らは我が邦には通俗敎育の見地から見て役立つて居る展覽事業が皆無かといふとさうでは無いのでありますす意識的に通俗敎育の機關にする考で經營されて居ないにしても事實上通俗敎育の作用をして居る博物館展覽所と云ふものは全く無いではない其規模から言へば勿論歐羅巴の比ではないけれど博物館としての萌芽段で即ち………歐羅巴の數十百年前の狀態で現存して居るのでありますす故に之に手を加へて………培養したならば何時かは歐羅巴の今日の如き博物館展覽所に發達する望があるのでありますす就中首府たる我が東京市には中央政府の諸官署もありますす爲め大分博物館の芽生がある遞信省に遞信博物館があり農商務省に商品陳列館があり海軍省に海軍參考館があり文部省に敎育博物館があり夫れに通俗敎育が出來掛つて居り陸軍省には遊就館があり宮内省には帝室博物館があると云ふ樣な譯で

極く小規模ながら芽生へはないでもないのでありますそれに小さな植物園動物園もあるのでありますそれから地方へ參りましても縣廳所在地になると商品陳列館物産館と云ふやうなものがある廳て發達して歷史博物館になる望のある戰勝記念館と云ふものがある或は古物博物館とか美術館とかの芽生の寶物展覽所がある社やお寺の一隅にある廳て發達したならば歐羅巴の博物學博物館になるだらうと思はれる專門學校の博物標本室がある帝國大學の人類學敎室の如きも今では小さいが段々手を入れゝば有用な人類學博物館にならぬとも限らぬ又地方には私設の小さな水族館動物園植物園と云ふものが段々ある樣でありますす例へば堺には私設の水族館がある豊橋には一私人がやつて居る小さな動物園がある村落の祭りには其處からして蛇や猛獸を損料で貸出して居る此の如く田舍に往きましても廳ては博物館に發達するだらうと思ふ樣な芽生へはあるのでありますす併しながら之を通俗敎育上に利用しやうと云ふやうな意識は一般には未だないのでありますす僅に一小部分の人の頭に之を通俗敎育上に利用しやうと云ふ考へが少しく起

つて來た位に過ぎないのでありますす歐羅巴の數十年前の狀態に日本の展覽事業があると見て宜しいのであります諸君が歐羅巴の現狀と之と比較してあゝいふ程度迄に一日も早く之を導き啓發して其程度迄進めてやらうと云ふ考を起し段々と多少の勞力と資本を之に注ぎ込んで御盡力下さつたならば私は其の内には終には彼方にも此方にも歐羅巴で見るやうな誠に羨ましい通俗教育の有力な機關が出來ることゝ思ふのでありますそれで其の芽生へを啓發して之を通俗教育の展覽事業の有力な機關にするには何うすればよいかと云ふ事に就て卑見を一つ申し述べて見たいと思ひます中には斯う云ふ人がある博物館の經營には先づ建物からして要る又中に陳列するにも夫々設備が要る何れも非常な經費を要するので講演などの樣に簡短には參らぬ隨つて歐羅巴諸國の如く富の程度の高い國に於ては出來るか知らぬが日本の如き貧國で現在の如き財政狀態では到底出來るものではないと誠に悲觀的に考へて居られる人もある樣ですチヨツト考へると誠に御尤もの樣ではありますが私はそれに對しては夫程までに悲觀すべき性質のものでは

ないと考へて居るので御坐います非常な經費を掛けないでも日本は日本なりに通俗教育の機關として作用させられるだけのものに餘り多く金を掛けないで出來る方法があらうと思ふのであります先づ第一に中に列べる材料でありますが私の考ではそれは到る處にゴロ〳〵轉がつて居る樣に思はれます舊藩主の倉庫の中にも在る寺院や富豪の倉の中にもある商賣人の店頭にも學校や協會の參考室にもある大名の倉にあるものは年々夏の土用には蟲が附いてはならないと云ふので土用干をして其度毎に三束三文で拂下げをするものも少くないそれを古着屋が買つて往つて袋物を造る材料に供せられると云ふやうな風で今日は他日博物館に取つて陳列品として大切なものが商人の手に渡つて段々失はれつゝあるのである武器の如き甲冑の如き古代服の如き昔の器物調度の如き歷史博物館を造つたら無くてならぬものが外國に廉く賣り飛ばされたり或は潰されたりするものが隨分少くない舊藩主の方では厄介視されつゝも兎に角先祖からのものであるといふので仕方なしに倉庫や物置きの中に仕舞つて置き腐るのを待つて居るといふやう

な狀態でありはせぬかと思ふ又世間には隨分物好きから石器を集めたり古い土器を集めたりするやうな人がある其人が死んだ後では空しく子供の玩弄物にされて仕舞うと云ふやうな事もあると思ふ世間には物好きと云ふものは幾らもあるだらうと思ふのであります昆蟲を好いて集める人人形を集める人古本を集める人繪畫彫刻を集める人幾らもあらうと思ふ歐羅巴の博物館の發達を見るに或物好きの人から又は其の未亡人から博物館に寄附した澤山の蒐集品が隨分あつて悉く金を出して買ひ取つたものばかりではない博物館の一室には石膏で造つた蒐集者の半身像が掲げてある此室は何の誰が亞弗利加で多年官吏として居る間に道樂に蒐めたものをその人から寄附したものであると云つた樣な事が肖像の下に書きつけてある亞弗利加研究の參考品として立派なものが集まつて居るのである其人が學術的に或は道樂的に骨を折つて集めたものは何時迄も殘つて居る石造の建物が壞はれない以上博物館のあらん限り其人の功績と云ふものは絶えず社會を利益して居るのであります私は少しく心掛けて吟味するならばさう云ふ樣な博物

館の内容物陳列品は到る處に轉がつて居ると思ふ其れを利用するならば甚だしく金を掛けるにも及ぶまい美術品でもさうである隨分繪畫や彫刻物や美術工藝の參考品は好きで富豪などが集めて持つて居るものは幾らもある其れを借受けるかすれば隨分手に入るものである建物さへ人家から離れて火事の憂の無いものでさへあれば自分の庫や物置に置くよりも安全であるそして仕舞つて置くよりも世間の人と共に樂み世間に利益を與へるのだから話をすれば出品するに極つて居る今拓殖博覽會が開かれて居りますが私は通俗教育館の爲めにその殘物を幾らか貰ひたいと思つて狙つて居るのでありますが各地方には年々勸業展覽會共進會の類がありますす其時には態々金を掛けて造つた模型とか骨を折つて拵へたり集めたりした統計蒐集品があるのでありますずから其時の殘品を利用して通俗教育の目的に向けると云ふ考へがあるならばそんな機會は幾らもある今回の拓殖博覽會の陳列品中にも之は常設の通俗教育館に列べて置きたいと思ふものが若干はある樣でありますす各地方で展覽會を開きました場合に實業衞生學術種々な方面の陳

列品で通俗教育館に列べて置きたいといふものは屹度あるに違ひない是れまで我邦の人に通俗教育の機關として展覽場が必要である博物館が必要であると云ふ考へがなかつた爲に此種類の機會が一向に利用されなかつたのである日本人に其の考へが有つたならばとくに博物館の若干は斯う云ふものに依つて出來て居る筈である惜しい事には斯う云ふ方面には日本の教育家が餘り考へて居なかつたのであるこれが展覽事業博物館の方面で我が邦が今日の樣な憐れなる狀態を來した所以であらうと思ひますで日清日露の戰利品等も陸海軍から寄贈されて隨分彼方此方にありますけれども今日では寧ろ厄介視されて片隅に仕舞はれて居るのであるこれらも適當に利用すれば宜いと思つて居りますす要するに博物館展覽場に陳列する材料と云ふものは私は必ずしも金を出して買うとか一々造るとか外國から取寄せるとか云ふ事をしないで目の前に幾らも轉がつて居て金を掛けないで或程度まで集める事が出來ると云ふ事は私の信じて疑はない所でありますす次には此等の材料を收容する容器は何うするかといふ問題でありますす陳列品の蒐集方

法に就てはお前の言つた事位はとくに氣附かぬ事はないけれども何分之を陳列する場所展覽場が無いので今日まで手を着けなかつたのであると云ふ人があるかも知らぬが是れ亦歐羅巴で博物館の發達した歴史や數年來私が博物館の事業を僅かな費用で經營して見た經驗に依つて見ると案外困難な問題でもないと云ふ自信があるのであります通俗教育の博物館創設の場合は種々あらうが其の一つの場合は既にもう或種の陳列館として出來て居り作用して居るものを通俗教育的に直すのでありますこの場合には建物が既にあるのでありますから中味を直せばそれで可いのでありますそれから第二の場合は火災の憂がないやうに出來て居る或種類の建物を展覽場に利用することであります第三には新たに建物を造るに好都合の機會を見出すのであります其の記念事業として例へば恐れ多い事でありますが明治天皇の御代を記念する爲めにとか又來々年の御即位式の御目出度いことを記念する爲めとかいふ樣な機會を利用して陳列品を容れる建物を作らせる樣にするのであります存外纏まる事があらうと思ひます又若し一時的に共進會博

物會等を遣るならば其建物の一部分を永久的の建物に造らせるのでありますス或は學校とか役場とか會堂とかを改築する樣な場合でありますす其の建物を少し修繕すればまだ使へるといふ見込があるならば其古い方は此展覽場といふ方面に使はせて呉れる樣にするのでありますこんな樣な機會は今後幾らもありはせぬかと思ふ又現に出來て居る何かの建物の一部分を使用すると云ふことになれば一層簡短であります

只今東京にあります展覽事業の中で此通俗敎育の目的に利用し得べきものは何れ〳〵であるかといふ樣な事を世間に紹介するものがこれまで無かつたので何處に何の展覽所があるか何の博物館があるか知らぬ人が多い歐羅巴でありますと其の都市なり一國なりの事情を早く知らうと思ふと旅行案內を買つて博物館に行つて見れば直ぐ解る處が日本でありますと地方から東京に來て地方で見られないものを見たいと思つても適當な東京案內が無いので容易く見ることが出來ぬで通俗敎育調査委員會では東京にある通俗

教育の作用をして居る展覧事業には如何なるものがあるかと云ふことを普ねく世間に紹介し同時に其の陳列の方法も歐羅巴に於ける如くに今少しく通俗教育の作用をするやうな形に變へさして見たいと云ふ希望が起つて來たやうでありますから遠からず其ことが實現されることゝ思ふのでありますす地方に於きましても同じ様な憾みがありますから諸君のお考へで適當に指導なさるならば通俗教育の機關として現在あるものを有效に働かすことが出來やうと思ひます何處にもあるが彼の商品陳列館又は物産館でありますすわれに歐羅巴で遣つて居るやうな工夫を凝らして歴史的に工業發達の次第を見せ又比較研究的に内國の各地で出來る物産外國の製品抔を蒐集して陳列したならば之を歐羅巴の實業博物館のやうにすることは甚だしく困難でなからうと思ひます今迄のやうな勸工場的なものでは博物館としての作用殊に通俗教育上の效果が少いのでありますす少し手を入れたならば立派な實業博物館にすることが出來るかと思ひます

次には寶物の展覧所であります鎌倉の八幡宮奈良の大佛京都の寺々などに

は寶物の展覽所と云ふものがあるのでありますがあれも少し手を入れて通俗教育に利用すると云ふ考ならば其の餘地は幾らもあるだらうと思ひます次にまた到る處に非常な勢で發達しつゝある圖書館であ
りますがあの圖書館も歐羅巴で遣つて居るやうな工合に其の一部分を展覽所にする考で擴張し歐羅巴のやうな形に直して行くならば又展覽所として通俗教育の働きをするやうになるのであります次には大學や高等專門學校の器械標品室であ
ります米國のハーバート大學などでは立派な博物の標品室があつて夫れを公開して居ります日本でも仙臺とか福岡とかには大學が出來て立派な器械標品の室が出來て居ります又各地の高等商業學校高等工業學校杯にも相當な設備が出來て居るのでありますから夫等に博物館として必要な僅かばかりの設備をとじて毎日では困るが一週の内水曜とか火曜とか二日間位でも公開したならば立派な博物館の作用をすることゝ思ひます其の日に限つて器械を動かして見せたり又は使はせたり説明をしてやつたりすれば一般の人に對しては勿論小學校の教員などに對しても學力のよい補習になることゝ

思ひます下手な講演を聞かずよりも器械を動かして見せて簡短な説明をしてやる方が何程利益になるか知れません次は個人の陳列室であります各地富豪で美術品の陳列館を邸内に有つて居るものが段々出來て來た樣でありますこれ等も所有者に交渉して陳列方に通俗教育的の意味を持たせ公開しても盜難などの憂の無いだけの設備をして公開させるやうな事にしたいのでありますこれまた通俗教育の上から見て立派な機關にすることが出來るのでありますさう云ふ類のものを適當に利用して行く方法を講じたならば今日の財政困難な時代に於て姑息な方法ではあるけれども最も實行され易いかと思ふのでありますしみつたれな考へ消極的姑息的の考へと御笑ひかも知れませぬが最も行はれ易い方の愚案を申上げた次第であります次に展覽所博物館に充てる建物を探し出すことでありますが歐羅巴では古城や火名の館偉人の住んだ家などを歷史上の遺蹟保存といふ意味からして買取つて保存し同時に其の建物を博物館に利用して居るのも少くありませぬ偉人の住つた所として通俗教育の好い展覽物である上に其中には其偉人に關す

る遺物を列べたり歴史上の參考品を陳列したりして博物館にして居ります段々申上げる通り遺跡を保存するといふことは何うしてもせねばならぬ事でありますが其の遺跡の中の古い建物を展覽所に利用するには先づ第一に採光の具合などを變へ可成原形を損しない範圍に於て建物に修繕を加へなければなりませぬ城跡とか大名屋敷とか名高い寺とか云ふものは段々なくなつて往く樣でありますから今後の子供に歴史敎育をする際に大いに困るのでありますが何うしても之は保存して行き度い同時にそれを博物館として入れ物に使ふ事を工夫するのも一案かと思ふのであります次は陳列館の構造の問題であります之を新築せざるまでも古い建物を改造し修繕する上にも直ぐ起つて來る問題であります歐羅巴には博物館學といふものがありまして專門の雜誌があり著書があつて種々研究されて居ります構造の上で第一に考ふべき事は採光の設備であります陳列場では一般に壁面を利用するから光りは大抵上から取る上野の竹の臺の展覽所を御覽になつても棟の處に兩側に硝子窓があつて其の硝子窓から光りを取るといふ風に出來て居

ります兎に角壁面を利用すると云ふことは陳列の上に必要でありますもともと建築上の事は專門家の考案に俟たなければなりませぬが陳列上の要求からして大體の事は心得て居なければなりませぬ採光に次いで必要な事は通氣でありますます空氣がよく通いそれから濕氣を防ぐといふ事が大切でありますます濕氣の爲に陳列物を傷めぬやうにする事が大切でありますす之と同時に火事や盜難の事にも注意をしなければならぬ博物館の性質によつては隨分貴重な物を列べるのでありますからこの點は特に考慮を要するのでありますす次は塵を避けるといふ事でありますす陳列所といふものは常に多數の人が歩く爲めに塵埃が起つて空氣を惡くしまた陳列物を傷めますそれにまた床の構造によつて足音の爲に喧噪を來たしますからこの點にも注意して之を避ける工夫が必要でありますす此の如く陳列場の構造には餘程注意をして專門的に考案せなければならぬといふ事をお考へになつて置かなければならぬ古い陳列所を利用するにして理想的には行かぬが成るべく陳列場の目的に適ふ樣に適當に利用するといふ事が大切であります

次の問題は陳列場として出來上つた建物の壁面なり平面なりの空間を適當に陳列の上に利用することでありますこれは中々骨の折れる面倒な仕事であります明日御覽を願ふ通俗教育館では眞中の空間の利用が出來て居らぬのでありますから陸軍の飛行機隊に依賴して飛行船や飛行機の模型を借りて此の空間を塞いで見やうと思つて思ります此の空間を利用する爲めに歐羅巴では鯨の骨格を吊したり陳列箱の構造に工夫をしたりして居ります硝子戸棚を拵へるに致しましても眞中に置く物と隅に置く物とは違はなければならぬ中には天井と前後左右の五方を硝子にしなければならぬ物もあれば隅に置く物は形を三角にして一方を硝子にしなければならぬのもあります硝子も大きな厚いものを使へば立派であるが金が掛かるとか云ふやうな風で金の關係や空間を利用するといふ點から夫れ〴〵構造に工夫が要りますので愈陳列戸棚を造るといふ場合には夫れ〴〵研究をして掛からなければなりませぬ又戸棚の中に陳列する物に依つては硝子の棚板を使はなければならぬものもあれば木の板で事の足るものもある棚を吊るには固定する

よりも棚板の支えに刻みを造つて置いて棚板を上げたり下げたりするやうにして置けば非常に都合が宜い如何なる場合にも融通が利くのであります夫れから窓際の平面を利用するには通例斜面の硝子の蓋のある陳列臺を用ゐなければなりませぬ硝子蓋の陳列臺でも窓際でない他の場處に使ふものに斜面にする必要はない兎に角戸棚にしても斜面陳列臺にしても平面陳列臺にしても之を据える場所に依つて其形や構造が違はなければならぬのであります棚箱に依つて空間を塞いで行き又陳列する物に依つては更に特別なものを用ゐなければならぬ例へば寫眞繪畫布の切れ織物の類である此等は勿論額に仕立てなければならぬそして面積を節約する爲めに一本の太い支柱の周圍に幾枚も着けて廻轉して見せるやうにしなければならぬ物に依つてはまた框に硝子を二枚張つて其の間に入れ吊して透過光線で見せるやうな構造の物も要ります陳列の臺や戸棚を造る上に今一つ必要な注意は盜難を豫防する事であります數年來博物館の仕事をやつて居りますに屢々物を盜られるのであります故に陳列箱を一つ作るにも餘程この點に注意しな

ければならぬ欧米の博物館の陳列棚は大抵戸棚は鐵骨になつて居ります貴重品を入れる平面臺斜面臺などになりますと木材で造つた其の臺の外廓に更に一重鐵製の同じ様な形の鞘があつて毎日閉館の時刻が來ると齒車仕掛けで其の陳列臺の全體が下方に降りて來て其の鐵製の外廓即ち鞘の内へ入つて終いますそうして鐵製の被を引き出してそれと鞘との間に鍵を下すといふやうになつて居る即ち全體を確かり一重厚い鐵で包んで仕舞ふといふやうな構造になつて居るのでありますす次の問題は陳列の部類分けでありますす博物館の性質に依つて夫れ〲違ひもありましようが此の場合に於きましては目的が通俗教育でありますから誰れが見ても理解の出來易いやうに興味を感ずるやうに教育的の順序に陳列する外はありませぬ諸君の大多數は教育家でありますから夫れ〲教育的に御工夫をなさつたら宜からうと思ひます次ぎには陳列の仕方でありますす列べるには背景といふ事を考へなければならぬ斜面臺なり平面臺なり陳列戸棚なり物を陳列するには其の物に依つて中には赤い物も白い物も黒い物も透明なものゝ不透明なものもあり

ますから其背景に使ふ敷くなり張るなりする物の質や色を考へなければならぬ歐羅巴では一般に布を敷いて居ります羅紗紙などは價は安いが兎角色が變り易く又安つぽく見えていかぬ要するに其の背景によつて見易くなり美しく見える樣に其の陳列品を善く調和するものでなければならぬ此の背景一つで物が引き立つて來るものでありますから背景色の注意は餘程大事であります先日實業之日本社が全國小學校兒童成績品展覽會を催しました時に各地方から集つて來る成績品を見ますると三間位に三尺の物を持つて來た人に成績品の表裝に背景色と云ふ事に一向注意が用ゐてない何う云ふ色の如何なる材料を使つたならば成績物が引き立つて見えるかといふ事に注意が缺けて居るのが多かつたのであります地方から集つて來た成績品の七八割は表裝がしてなかつたので主催者の方で表裝をして陳列せねばならぬ事になりまして私は其の相談に乘つたのでありますが何分千校以上にも達するのでありますから一校分に一圓掛けても一千圓でありますそれで白ボール紙を二枚合せそれに化粧張りに羅紗紙を使つて臺紙を造らせました

そしてそれに成績品を貼り付けましたそして一枚毎に異つた色の輪廓を付けることにしたのであります輪廓を附けると成績品が著しく引き立つて見えて來るのであります成績品が滅茶々々に貼め付けてあるのと臺紙の背景色を選擇し一枚毎に輪廓を施して貼り付けてあるのとは一寸見た所でも非常に違ひます西洋紙に畫いた繪の成績を日本紙の薄い臺紙に貼り付けてあつたもの杯がありましたが洋畫紙の部分だけ浮き上つて居て折角の子供の成績品を毀して仕舞つて氣の毒に思はれましたのであります案外斯ういふ事に就ては教員社會の考へが進歩して居らぬのに驚いたのであります東京で割合に安くボール紙や羅紗紙の材料で表裝したものゝ方が地方から集つた絹地を使つたりよい布切れを使つたりして三圓五圓かけたものよりも却つて善く見えるといふ一般の評判でありました夫れが爲め審査の際にも表裝の巧拙で幾分の幸不幸は自然免れないものであります近縣から出品して下すつた人は東京で表裝したのを見て成績が惡く見えなかつたものと見えて展覽會主催者に向つて滿足を表して歸へられたといふ事でありますさう

云ふ譯であるのでありますからまして箱や戸棚中に物を列べると云ふ事になると背景一つで以て物が見易くなつたり又人の注意を引き易くなつたり善く見えたりするのは無論であります大變惡口を申上げる樣でありますが地方の展覽會に行つて見ても其表裝や裝飾の仕方が拙な上に貼り付け方が滅茶〳〵になつて居る七枚以上貼つてはいけぬ處へ十二枚も十三枚も貼つてあるから何うも醜い其れに主催者の方でも出品者の方でも一枚に割り當てられる陳列の壁面幾坪平面幾坪といふ事を明にして之に適當する樣な陳列品の數量や陳列方法が十分工夫されて居ないらしいのである其の結果無暗に貼り付けたり列べたりして成績品が重なり合つたり甚だしきは陳列ではなく積んであると云ふやうな具合で丸で勸工場的であるのでありますそれで將來の教育品展覽會で勸工場的の陳列方では困りますから充分注意をして成る可く陳列臺の前に靑竹で埒を設けるとかオリーヴ色なり小豆色なりの適當な背景色の布なり紙なりを使つて陳列品を調和するやうにし陳列品の分量も加減して人の注意を引くやうに工夫したいものだと思います日

本の人は手先きが器用だといふが美的鑑賞力は遺憾ながら歐羅巴に劣つて居る樣でありますが外國から來た生徒の成績品を見るに表裝の仕方が仲々氣が利いて居るのでありますが私の關係して居る教育博物館ではこの海外の成績品を各地へ盛んに貸出して居りますが段々さう云ふ表裝や裝飾の具合などを見た所では生徒成績品の表裝の仕方も近頃大に變つて來た樣に思ひます兎も角も物を並べるとか表裝をするとか云ふ事に就て日本人の美的鑑賞力意匠は遺憾ながら歐羅巴に比べると非常に幼稚な樣に思はれるのでありますが明日當り帝國教育會を借りて吾々が催して居る教育品展覽會に行つて御覽になつても御分りに成りますが本當に陳列したのと勸工場的に陳列してあるのとで同じ物でも非常な相違がある氣の利いた列べ方がしてあると陳列品其の物はさう立派でなくても衆人の注意を引いて善く見えるのでありますが拓殖博覽會を御覽になつて此の陳列方の巧拙を見る機會は隨分ある事と思ひます今日の陳列法では盛に模型を利用するのでありますが拓殖博覽會にも大分模型を利用されて居る遞信博物館にも善く模型が利用されて居

る昔の運送問屋の家の模型が造つてある家の内外の諸處に燈火が點けてある人形が提灯を持つて居るそれには一燭光か二燭光位の電燈を入れて點火してあるのであります斯の如き事は今日の陳列上當り前の方法になつて居るのでありますが兎も角實物の得難いものの放大して見せる必要のあるもの大きいから小さくして見せる必要のある物切斷して見せる必要のある物等に對しては石膏とか粘土とか木材とか紙とか種々の材料を使つて模型に造つて見せて居ります博物館に模型の利用といふ事は今日は極めて必要な事になつて居ります通俗敎育館にも蠟細工の模型が可なりに出品されて居りますが模型製作法は近年非常な進歩をしたのであります次の問題は陳列上に繪畫の利用であります模型で示す事の出來ない物は繪で補ふの外はありませぬ其物のない場合には模型にする模型で示す事の出來ぬものに繪を使ふダイヤグラムを利用するといふ事になるのであります

次ぎは説明の仕方であります陳列所博物館には説明がなければなんにもならぬ陳列順序方法と云ふ事も大切でありますが夫れに更に適當な説明が付

かなければならぬ博物館は適當な說明に依つて始めて生命を得るのであります說明の文句を簡潔にし讀み易くしなければならぬ又其の文字もゴシックの樣な字體で印刷した方が可い少くとも印刷文字のやうな書體に書かねばならぬ眼を勞せずして讀み得られる樣に印刷なり書くなりして說明を施さなければならぬ場所の都合では磨硝子に漆で書いて吊すのも可い說明の書き方は外國の博物館では大に工夫されて居るのでありますが遺憾ながら我が國の博物館では氣の利いた說明の仕方と云ふものは見る事が出來ないのであります若しも諸君が展覽事業に御着手になるならば何卒進んだ法で說明を書くと云ふ事に願ひ度いのであります次は博物館陳列場の案內の事であります一枚刷りでも可いから兎に角全陳列館を概觀する手引きになる樣な案內書きを陳列品を見る前に觀覽者に渡す事が必要であります尤も我が邦の芽生の樣な小さい陳列場には其の必要が少いが上野の帝室博物館位のものには案內書きの必要がある西洋の博物館であるならば必ず木戶番の所で案內を賣つて居るのであります

以上私は段々と實際的な事柄をお話を申しましたのでありますが之れは今迄私が歐米の博物館の實際を見たり自ら經驗して得た所を申上げたのに過ぎませぬ尙此度通俗教育調査委員會の決議に基いて文部省から當高等師範學校長へ附屬教育博物館内に通俗教育の展覽事業を始める樣にといふ命令がありました結果本年九月の夏休み後から着手して二月三月の間に誠に僅かの費用で通俗教育館の雛形の樣なものが出來たのであります百余坪の平屋建の陳列館が數部内に區劃されて居るのでありますす其第一が天産物其の次が之れに加工して商品にする製造の順序を示した標品セルロイド護謨人造絹絲鞣皮石鹼鉛筆陶器木綿モスリン石油セメントイシキ硝子麥酒羅紗の類の原料品からの製造順序標品と其の工場で就業して居る模樣を寫した寫眞が陳列されて居ります其次ぎが理學實驗器械理學應用の器械や器械學の模形でありますす器械や模形は把手を廻はし釦を押して動かして見る事が出來る樣にしてあるそしてそれに説明が附けてある説明を讀んで實驗をすることが出來る樣になつて居りますこの部分が同通俗教育館の仕事の重もな

るものになつて居るのでおりますが其の次が天文地學で其の次が衞生でおりますこの十一月の三十日から兎に角開館はして居りますが未だ尚未製品で充實して居りませぬので聊か淋しい感じが致します先きに擧げました製造順序標品の如きは殆ど其全部製造所販賣者に依頼して出品なり寄贈なりを得たものでありますす蓄音機なども教育博物館にあつた最舊式なもの二種に三光堂の出品して呉れたホーンのあるのと無いのとの二種を發達の順序に陳列し繪畫で補つてありますす金を使はない樣に現にあるものを出來るだけ應用したり出品や寄贈を賴んだりして極めて少い金と人手とで創設をしたのでありますから此の點は聊か諸君が今後地方で陳列館を御經營なさる際には多少御參考になることゝ思ひますす兎に角右の次第でありますから何んな事をやつて居るか一度御覽を願ひ度いのでありますす私の講演は之れで御免を蒙ります

大正二年（一九一三）

十四　「通俗教育館施設の現況及将來の計畫」（『帝國教育』第三七一號）

一　本館の沿革

大正元年八月、文部省は、通俗教育調査委員の決議に基き、東京高等師範學校長に對して、同校附屬東京教育博物館內に、通俗教育に關する展覽及び講演等の施設を爲さしむる樣、申越されたるを以て、當館に於ては、爾來、新館と稱する一棟を以て之が陳列場に充て、建物及び陳列用具の修繕物品の蒐集に着手し、同年十一月三十日、大略の陳列を終りたるを以て、不取敢、開館して公衆の觀覽に供することとせり。當館に於ては、同時に又從來の教育圖書閲覽所を以て、通俗圖書の閲覽所に充つるの方針を定め、通俗教育調査委員會に交涉して、同會の認定に係かる通俗圖書全部一通り借入れの承諾を得、一方又出版業者に對して通俗圖書の寄贈を依賴し、此等蒐集の圖書を、從來の當館圖書閲覽所に備へ付け、同年十月より公衆の閲覽に供することとせり。

二　本館の事業

通俗の教育上新に施設すべきもの極めて多し、隨つて其の總ての方面に涉りて、同時に之を經營せんとするが如きは、固より容易の業にあらず。故に當館に於ては、當館が大都市の中央に於て、新に建設せらるるものなること、及び之が爲めに支出し得べき經費の多からざる等の事情に顧みて、差當り當館が經營せんとする事業を、自然科學及び之が應用に關する卑近なる器械標品模型繪畫及び寫眞の類を陳列して、公衆の觀覽試用に供する事、及び通俗の圖書を備へて公衆の閲覽に供する事の二つに限りたり。尚追つては、當館の改築を待つて、通俗の講演をも、公開せんとするの希望を有せり。

三　展　覽

展覽事業は、通俗教育上極めて重大なる一要素たるに拘らず從來我が邦に於ては、殆んど之を顧みるもの無き不振の狀態にあり。彼の通俗圖書館通俗講演會等が、近時非常なる普及發達を爲したるに對して、聊か、片手落ちの感なき能はず故に、當館に於ては、通俗教育上展覽の事業を以て刻下の急務と爲し、之が經營を以て當館事業の主要なるものと爲せり以下項を追ふて、其の事業の內容及び之が經營の方法を述べん。

い、陳列場の區劃　陳列場は、百六坪の木造平屋建にして、其の一部分を事務室に充つるの外は、全部陳列の目的に使用し、左の數區に劃す。

天　產
重要商品製造順序標品
理學器械及び器械模型
天文地學
衞　生

ろ、物品の蒐集陳列　天產部には、東京市附近淡水產の昆蟲小魚兩棲類及び爬蟲類を採集して、水陸の植物と共に、之を水族器及び陸族器中に飼育す。又天井及び四方グラス張の大陳列戸棚には、東京附近に產する動物の剝製標本を、自然及び人工の植物土石と共に陳列して、四季に於ける動植物生活の自然狀態を示せり。右の外、普通なる有要動植礦物の標品數十種をも陳列せり。此等の天產物は、之を圖解せる繪畫と併せ陳列し兩者相俟ちて其の理解を容易ならしめんことに力め、其の繪畫の一部分は、自働式並に回轉式の實體鏡に仕掛けて觀覽せしめつゝあり。尚追つては、顯微鏡下に微細なる自然物をも觀覽することを得しめんとするの希望を有せり。

重要商品製造順序標品としては、玻璃、セルロイド、セメント、護謨、齒磨粉、石鹼、インキ、鉛筆、獸皮、羅紗、麥稈眞田、絹布、人造絹絲、綿布、モスリン、陶器、漆器、銅線板、石油、印刷物及び麥酒等が、原料より完成品に至るまでの標品を蒐集して、其の製造場に於ける就業の實況を示したる寫眞繪畫等と併せ陳列せり。此等製造品の標品及び工場の寫眞は僅に其の二三を除く外は、悉く製造業者又は販賣業者に依賴して出品又は寄贈せしめたるものに係かる。

理學器械及び器械模型の部には、力學、電氣學、音響學及び光學等に關する器械二十八種と、數種の器械學模型及び旋盤縫機等とを、實驗臺上に陳列して公衆の試用に供し、又理學の應用に成れる普通の器械、例へば飛行機蒸汽機關電話蓄音機タイプライターの如きものの標本又は模型を、適當に之を圖解せる繪畫と共に併せ陳列して、其の構造用途並に器械としての發達の歷史等を示せり。

天文地學の部には、起伏地圖火山模型人種模型船舶模型及び天文學器械の類を之を圖解せる繪畫寫眞と併せ陳列せり。陳列品中の望遠鏡は追つては公衆をして隨意に試用するの便宜を得しめんと欲す。又天文地學に關する繪畫寫眞の一部分は、實體鏡に仕掛け、また幻燈映畫に製して觀覽せしめつゝあり。

衞生の部には、人體內臟諸器關の疾病及び健全狀態比較の蠟細工模型、主要なる食料品及び嗜好料の分析標品、衞生上より見たる完全不完全食品配合の蠟細工模

は、

型。蠟細工及び紙製人體解剖模型、有害動植物の標品及び模型、飲料水の供給幷に溪流利用の方法を示したる模型の類は、之れを圖解せる繪畫と併せ陳列せり。

器械の試用　理化學實驗の器械及び普通なる器械の見本模型を陳列して、公衆をして隨意に之を試用せしむることは、實に當館陳列場に於ける事業の主なるものとす。公衆に試用せしむべき器械は、堅固なる實驗臺上に固定し、其の傍に圖解又は說明を附して、之が實驗使用の方法、並に、其の原理、器械の用途等を明にせり。器械を運轉するには、ハンドル、キー又は押ボタン等の媒介に依らしめ、毀損され易き器械の要部には、グラス箱の蓋を施して、試用者をして之に觸ること能はざらしむ。電氣の器械を運轉せしむるには、當分蓄電池及びハンドダイナモに依れり。理科學實驗の器械中破損し易きものは、特別なる來觀者に限りて、之が試用を許しつつあり。

に、

觀覽案內　當館陳列場は、極めて狹隘なる上に、內部に隔壁を有せず、一眸の下によく全館內を看透し得るが故に、各陳列箱各列品に說明を附するの外は、別に印刷したる觀覽案內等の必要を感ぜず。但し、特別なる來觀者の爲めには、追つて當館の現狀及び通俗敎育館經營上參考となるべき必要の事項を載せたる印刷物を備へて、其要求に應ぜんと欲す。列品に旋せる說明は、可成簡潔平易なる文章と、見易き書體とを以てし、特志者の爲め、說明文中に、適當なる參考書名を揭ぐることゝせり。而して參考書は、當館圖書閱覽所備付のものより選擇せり。實驗臺又は水族器臺の表面に於ける如く毀損され易き場所に施す說明は、紙に書きて貼り附けたる上に、更に厚き玻璃板の覆を爲せり。今、水族器理學器械等に施せる說明中より一二の例を示せば則ち左の如し。

例　一

此水族器《コノスイゾクキ》にゐる動物《ダウブツ》は

黑《クロ》い甲《カウ》　　ゲンゴラウ

體《カラダ》の大《オホ》きくて扁平《ヒラ》たい　　タガメ(又はカツパムシ)

カマキリのやうな　　ミヅカマキリ

水面《スイメン》を舞《マ》ふ　　ミズスマシ

である。何《ド》れも淡水《マミヅ》にゐて小さな動物《ダウブツ》を食《タ》べる。精《クハ》しいことは裏《ウラ》の圖《ト》書室《ショシツ》で昆蟲生態學《コンチウセイタイガク》を御覽《ゴラン》なさい。

又水草《マタミヅクサ》はキンギヨモ、フサモ、である。

例　二

これは「ハンドダイナモ」である。

「ハンドル」を右方《ミギ》に廻轉《マワ》すと左方《ヒダリ》にある馬蹄磁石《バジシヤク》の間《アイダ》の發電子《アマチヤー》が廻轉《マワ》つて電流《デンリウ》を起《オコ》す、この電流《デンリウ》は電線《ハリガネ》に傳《ツタ》はつて種々《イロイロ》の事《コト》に用《モチ》ゐられる。左《ヒダリ》の前《マヘ》の方《ハウ》にある棒《バウ》の端《ハシ》の電燈《デンタウ》が點火《ツク》のは電流《デンリウ》が電球《タマ》の中《ナカ》の炭素線《タンソセン》に來《ク》ると通過《トホリ》にくいので光《ヒカリ》と熱《ネツ》とを發《ダ》すからである。大仕掛《オホジカケ》の發電所《ハツデンジヨ》では水力《スイリヨク》や蒸氣力《ヂヤウキリヨク》で發電子《アマチヤー》を廻轉《マワ》す。精《クハ》しいことは裏《ウラ》の圖書室《トショシツ》で實驗物理學《ジツケンブツリガク》第《ダイ》六九六頁《ペイジ》と第《ダイ》七三六頁《ペイジ》とを御覽《ゴラン》なさい。

は、

來觀者の取締　當館は事務の多端なる割合には、館員の數多きが故に、正門出入口の如きも門衞を置かず、特に井口工學博士に考案を依頼したる自働數取器械を備へ附けて、來観者の員數を計算しつゝあり。隨つて陳列場出入口の如きも、特に看守を置かず、唯草履を備附けて、來觀者中靴を穿たざるものに對し、之を穿き更へしむる外は、杖傘の類は携帶したるまま入場せしめつゝあり。併しながら十歳以下の兒童にして、保護者の同伴なきものは入場を謝絶し居れり。これ十歳以下の兒童に對しては、當館陳列場の程度、稍高きに過ぐるが故に更に添ふるに、特別なる口頭上の説明を以てするにあらざれば教育上效果なければなり。尙當館陳列場には、一人の看守を置きて、專ら來觀者の取締に任ぜしめつゝあるも、入場者多數の際などには陳列場を遊戯場視する兒童の爲め、往々場内の喧噪を來たし、又は、物品を毀損せらるること稀ならず。故に兒童の取締につきては、更に研究する所あるべし。

四 圖書の閲覽

閲覽所は、在來の教育圖書閲覽所藏書に、通俗教育調査委員會認定の通俗圖書と、出版業者の寄贈に係かる通俗圖書とを加へて、公開しつゝあり。閲覽所には、專任者二人を配して、一人は專ら圖書の出納に當り、他の一人は事務の傍ら、看視を爲さしむ。圖書閲覽の方法として、カードを備へ之に依りて、普通の手續を踏ましむるに過ぎざれども、唯寄贈の邦文雜誌二百三十種、新聞十四種及び購入又は寄贈の歐文雜誌新聞八種は、閲覽室の書棚に陳列して之を開放し、入場者をして任意之を閲讀するの便宜を得しめつゝあり。尙は當館改築の上は、別に兒童室を設けて、特に選定したる標準的少年讀物を備へ、兒童自ら圖書の出入を爲し、簡便なる方法に依りて讀書するの便利を得しめんことを期す。又一般の閲覽者に對しても、追つては適當なる方法を以て、圖書の館外貸出を行はんと欲す。

五 公開講演

當館は、目下適當なる講演室を有せざるが故に、講演に關しては、單に將來に對する當館の希望を述べ得るに過ぎず。講演は每週一二回、必ず、定日に開くこととし、少くとも向ふ一ヶ月間に行ふ講演の題目及び講演者の氏名等は、前月中に公表すべし。講演の内容は、主として自然科學及び之が應用に關する事項に限り、講演には可成繪畫標品及び幻燈を利用し、理化學に關する事項に對しては、能ふ限り講演に結合するに實驗を以てせんとす、講演の用に供せらるゝ幻燈映畫は、希望に應じて貸出に應じ、或は、之を複製して希望者に配ち得ることとなし、同時に又、映畫に對する説明書の著作出版をも經營せんと欲す。

六 本館の經費

昨天正元年八月以來、當館創設の爲め費したる經費は、約一千圓とす。而して、其の殆と全部が陳列施設の爲めに費されたるものと見做し得べし。其の內譯左の如し。

金九拾四圓五拾錢　水道布設費
金五百九拾七圓四拾五錢　器具器械費

金貳百參拾六圓	標品費
金七拾五圓貳拾五錢	營繕費
金參拾四圓六拾五錢	運搬費
金拾壹圓五拾錢	圖書費
合計 金壹千四拾九圓參拾五錢	

本館創設の費用は、一見極めて少額の感あるも、現に陳列の用に供されつゝある戸棚陳列臺の如きものまでも、之を新調するとせんか、之に要する經費のみにても、五六千圓の多額に達すべし。蓋し當館が前記の如き少額の經費を以て施設し得たるは、必竟之を在來の敎育博物館の經營に結合したるに因るべし。當館が開館以來、約三ヶ月間に陳列場維持の爲め、費したる經費は左の如し。

金五拾六圓參拾錢

內譯

金七圓貳拾錢	器具費
金拾五圓	電力及び給水費
金拾參圓參拾錢	機械修理費
金拾參圓八拾錢	上草履購入費
金四圓貳拾五錢	材料費
金貳圓七拾五錢	借入品運搬費

七 本館掛員

當館は、敎育博物館事務の傍ら、經營せらるゝものなるが故に、隨つて、掛員の如きも、全部敎育博物館と兼務とす。目下、圖書閲覽所に專任の雇二名、陳列場に專任の看守一名を置く外は、主事一名書記一名雇三名敎育博物館事務の傍ら、當館の經營に任じつゝあり。

八 來觀者

昨年十一月三十日、開館より本年二月十四日に至る開館日數五十五日の來觀者總數、二萬六百三十二人にして、一日の平均三百七十五人なり。之を通俗敎育館開館前の、最近年度同月に於ける敎育博物館來觀者、一日の平均數七十一人に比するに。五倍强に相當せり。由來、十二月一月及び二月は、一年中の來觀者最も少き季節なるに拘らず、此の如きの多數に達せり。故に、之を一年の全體より見る時は、非常なる激增と云はざる可からず。

九 將來に對する希望

本館改築の場合には、二階建又は三階建となし、陳列場圖書閲覽所講演室及び事務所を同一建物內に纒め、天文部を其の屋上に設けんと欲す。右は通俗敎育館全般に對する希望にして、其の細目に涉りては、旣に局部に於て、述ぶる所ありたれば、今は之を省略せり。

一〇 通俗敎育展覽事業施設に關する注意

展覽事業の內容　通俗敎育の目的を以て施設すべき展覽の事業は、必ずしも自然科學及び之が應用に限るを要せず。事情に依りては、却りて人文的科學を主とするも可なるべく、或は自然科學と人文的科學との兩方面を網羅し、或は更に之を擴張して藝術に及ぼすも敢て不可なかるべし。若しそれ、その所在地の沿革現狀を紹介するの目的を以て、各方面に涉りて、通俗敎育上必要なる物品を蒐集陳列して、鄉土博物館又は都市博物館等の名稱の下に之を經營せんか、通俗の敎育市民的陶冶の上に、必ず多大の效果あるべきは勿論、陳列品蒐集の上にも亦鮮からざる便利あらん。縱し又、展覽事業の範圍を、自然科學及び之が應用に限りたりとするも、自然科學が包有する分科は實に多趣多樣なりとす。されば這般當館が創設に際して、選びたる如きもののみに止ることなく、事情に依りては　宜しく更に進んで氣象海洋地質古生物人類農業水產林業の諸學科に及すべきなり。

施設の方法　新に、施設せんとする通俗敎育陳列館に對して、之に用ひ得べき經費の潤澤ならざる場合には、その建物の如き、必ずしも之を新築するを要せず。在來の陳列館校舍會堂役所等の一室又は數室を以て其の要求を充たし得べし。但、この場合には、建物の性質によりて、多少の改造を加ふるを要す。例へば窓の構造を改め、壁天井を塗り更へて採光に便し、床の構造を改めて震動を防ぎ塵埃及び足音の起つを防ぐが如し。陳列に用ふる戸棚臺の如きも、亦經費の都合によりては、學校備付けの不用品に、幾分の修繕を加へて、之を利用し得べし。陳列品の蒐集に關しても、亦この方針に依るを可とす。卽ち理學器械博物標品掛圖の如きは、學校備付敎授用品中の不用に屬するものを蒐めて、之に幾分の修繕を加ふれば、直に陳列又は試用の目的に供し得べし。獨り學校のみに止まることなく、更に之を諸官衙及び實業衞生敎育等に關する私立團體等に求めんか、其の所藏に係かる參考品又は博覽會出品の殘品等の中には、通俗敎育の目的に適するもの、必ず鮮からざるべし。此等は寄贈借入等の方法に依らば容易く蒐集し得べし。其の他個人の蒐集保存に係かる物品中にも、亦其の出品又は寄贈を促すに値するもの、恐らく鮮からざるべし。若しそれ、水陸の產物及び製造品に至りては、其の生產又は販賣の當業者に交渉して、半ば廣告の目的を以て容易に之が出品又は寄贈を爲さしめ得べし。

經費　新に施設せんとする通俗敎育展覽事業の規模にして甚だしく大ならず、經營の方針亦前述の如くならんか、之が創設に要する經費は、蓋し案外の少額を以て辨じ得らるべし。而して之が維持に關しても、人につきては、少數專任者の外は學校敎員又は有志者を囑托し得べく、物につきては、當館開館後に於ける事實の示す如くなるが故に、是亦案外少額の經費を以て辨じ得らるべし。

大正四年（一九一五）

十五　「學校設備用品の研究改善」（『學校設備用品』）

第六節　學校設備用品の研究改善

學校用品は、其の校具たると、將た敎具學用品たるとに論なく、敎育上、衛生上、經濟上製造工藝の技術上等の見地から、考慮を爲すべきものであることは、既に述べた通りである。故に學校用品に關する研究は、各方面の專門家の協力に俟たなければならないのである。敎授方法の上からも、訓練管理の上からも勿論見なければならないのであるが、衛生の方面抔になると、一層專門家を煩はさなければならぬ點が多いのである。それにまた製造工業家の專門的智識を無視する譯にはいかないのである。殊に生徒の趣味の養成美育といふ點から、其の製品の外形、意匠といふ様なことにも藝術專門家の考慮を要することが、少なくないのである。それに經濟上の問題として、色々講究する餘地の多いことは、旣に述べた通りである斯の如く各方面の專門家に依つて種々研究された校具敎具及び學用品に關する研究の結果は果して如何なる形に於て發表せられつゝあるのであるか。

學校設備用品研究發表の機關

前陳の如き各專門家に依て、種々な方面から爲される學校設備用品に關する研究の結果は歐米の諸國では、種々の機關に依て、世間に發表されつゝあるのである。彼の時々催される敎育品展覽會の如きも、勿論其機會の一つではあるが、歐米の諸國では、最も普通な方法としては、定期の刊行物である。敎育專門の雜誌、學校衞生の雜誌、各學科並に其の學科の敎授法の研究を目的として居る特別の雜誌、又は學校用品の研究紹介の爲めに特に定期又は臨時に刊行される雜誌の類である。獨逸で刊行されて居る學校用品專門の雜誌で著者の手に在るものだけでも六七種の多きに達して居るのである。それに物理化學數學家事手藝圖畫體操地理歷史といつた様な各科の學術技藝並に其の敎授方法の研究に關する是等雜誌には其の科の敎授用、學習用の設備用に關する種々な研究考案、並に新しく發賣された製品が紹介されて居るのである。校具敎具及び學用品に關する專門の雜誌は、國に依ては、敎育博物館から出して居る所もあれば、又敎育品を製造販賣して居る會社商店の機關雜誌になつて居つて、新案敎育品の紹介廣告の用に供されて居るものも少なくないのである。尙ほ是等雜誌の外に、特別の著作單行本の形で現はれるもの例へば、各科敎授法、學校管理法、學校衛生抔に關する新著書の中で發表せられる新研究も勿論少なくない。各科敎授法には各學科每に敎具の欄があつて法令に準備した必要な敎具が一通り擧げてあるものが少くないのである。

然らば右の如くにして、學者、專門家、實際家に依て發表せられた結果は、通例如何に處分せられるのであらうか。多數の新研究、新考案の中で評判の比較的良いものは、多くは製造業者の手を借りて、製作され發賣せられることになるのである。故に彼の國で市場に販賣されて居る學校用品の中には、何博士、何敎授考案とか、又何校長新案とか、誰博士敎授式とかいふ樣な名を冠するものが少くないのである。權利思想の發達した彼の國のことであるから、特許を受けて居るものも少なくないのである。我國では遺憾ながら、此の方面の研究は尙ほ甚だ幼稚で、まだ學者、專門家諸君の注意を喚起する程度に達して居ないのである、小

教育博物館の任務

學校の敎員諸君で、稀に考案せられる物がないではないが、それも先づ計數器、黑板拭、配水器位のものである、尤も農商務省特許局へ審査を出願して新案特許權を得る新案の文具品抔は毎月數品づゝはある樣である。併しながら是等は殆ど製造人抔の敎育門外の人の考案に成るものばかりで敎育上や衞生上の新しい要求に觸れて居るものは極めて少ないのである。此點は歐米國とは聊か事情を異にして居る。故に前に擧げた歐米國で發刊される雜誌著書の外彼國で相當名のある校具敎具及び學用品の製造販賣業者の年々發刊する商品目錄は、學校設備用品の研究上、必要な參考資料となるべきものである。

學校設備品の研究改善上、敎育博物館は、どんな作用をして居るか。歐羅巴の各國には、敎育博物館とか、常設の敎具陳列所とかいふ名稱のものが、大概一つ二つはある。獨逸の如きは、各聯邦大小の都市に、五十近い敎育博物館があつて、其處には其の聯邦の敎則に準據して作られた新案、又は改良の學校用品が陳列してあつて、敎師校長の觀覽に供されて居るのである。著者が歐羅巴滯在中に見た多數の敎育博物館の中で、其の組織が可成り善く出來て居て、敎育博物館としての作用を、比較的善く行なつて居たのは、獨逸のミュンヘン市に在るオーバー、バイエルンの敎育會附屬の敎育博物館である。

ミュンヘンの教育博物館

この博物館は、勿論小規模のものではあるが、其組織を言ふと、一人の館長と二三の事務員の外に一名の名譽委員と、八名の評議員十七名の專門委員とが置かれてあるのである。評議員には文部省の參與官グリングンスペルグ氏を評議員長として、文部省の參與官、縣の教育事務官、視學、醫務官、市視學、師範學校長等。ミユンヘン市在住の教育當局者の幹部を網羅して居るのである。教育學者として命名のあるドクトル、ケルシユンシタイネル氏の如きも其中の一人である。專門委員としては、市視學、縣視學、中學校、及び師範學校の教員、小學校の校長。教員、縣の教育事務官等の中で各教科各方面の專門家の囑託して居るのである。普通教育關係の上から見て、先づ第一流の代表者を網羅して居るのである。そして市學務官ケルシユンシタイネル氏は、其の專門委員長である。

此の博物館に陳列される教育品は、小學校、實業補習學校及び師範學校用の校具教具の總てゞある。唯教科書だけは除外されて居る。專門委員會は嚴重な審査を行つて、前記諸學校の用品として、最も適當と認められるもののみを、市場にある販賣品の中から選定して、商人からの出品を許すことになつて居るのである。其際の物品運搬に要する費用抔は、勿論商人の負擔である。其代り一旦出陳を許された教育品は、少くとも三年間だけは、擅まに撤去することは出來ないのである。博物館は每年全館内の陳列品に、それ〴〵定價を附けた精しい一冊の陳列品目錄を印刷して、管内の諸學校に配附することになつて居るのである。もとこの博物館は、政府の許可を得て成立つて居る半官半私的のものであるから、管内の諸學校で敎育品を購入せんとする場合には、先づ敎育博物館專門委員會の審査に合格した敎育品即ち現に敎育博物館内に陳列してある物品の中に就いて之れを撰擇することは、自然の勢である。故に諸學校の校長敎員は、博物館陳列品目錄に付て座ながら其の欲する所の物品を蒐集することが出來るのである。敎育博物館の方では、又館の事業として、其の買入れ方に付て無料で仲介の勞を執ることになつて居るのである。尤もそれは管内の公立學校に對してのみである。併しながら管内の私立の學校や管外の公私立學校から、特別に依賴された場合にも館務の都合の出來る限りは、成る可く其の要求に應ずることになつて居るのである。以上は在ミュンヘン市の敎育博物館の組織及び事業の大要であるが、其他の敎育博物館でも、大體之に類した仕事をして居るのである。故にこの敎育博物館といふものの作用で、多數の販賣敎育品の中に就て、可なり嚴しい陶汰を行ふことが出來るのである。其の結果商賣人の粗製濫造を制裁することが出來るのである。全管内の敎員校長をして、安心して比較的善良な敎

本邦の教育品陳列所

育品を手に入れしむることが出來るのである。本邦に於ては、教育博物館といふものは、只、官立のものが東京に一つある計りで、教育博物館らしいものが、其他には殆ど無いのであるから、全國の教員校長は、多數の學校用品の中で、どれを買て可いか、一寸判斷に困るといふ有様である。勿論我が邦でも歐米諸國でも此教育博物館の外に學校用品の製造業者の陳列室が在つて其處には、其家で取扱はれる製品だけは、陳列されて居るのであるが、良い物も良くない物も、區別なく陳列されて居るのである、故に其の撰擇は、甚だ困難である。故に

特に本邦に教育博物館の必要

本邦に於ても兎に角全國主要の都市には、教育博物館を設置することにしたい。少くとも大阪、京都、名古屋、廣島、福岡、仙臺、新潟、京城、臺北、と言つた様な土地には、是非一つの教育博物館を置くことにしたいのである。そしてミュンヘン市の教育博物館に於ける如く、標準的の學校用品を蒐集陳列して、之に對する目錄を發行することにしたいのである。そして其の教育博物館には、圖書室といふものを設けて、重なる教育品業者の商品目錄、學用品商教具店の機關雜誌抔をも蒐集して、參考の資料に供することにしたい。それから海外で使はれて居る、成る可く新しい校具教具學用品の見本、又は校具の模型抔も陳列し、海外に於ける種々な學校の新しい施設を寫眞抔で見ることの出來る様にして置きたいのである。本

邦の如く地理上歐米の先進國と遠く相距つて居つて彼國最新の敎育上施設を實地について視察する便利を缺いて居る國では前陳の如き敎育博物館の必要が殊に多いのである。

敎育品展覽會の經營

本邦に於ける常設の敎育博物館は、右の如き狀態にあるけれども、臨時の敎育品展覽會といふものは、本邦に於ても、屢々各地に催されるのである。此の展覽會は、敎育品の研究改善の上には、少なからぬ効力のあるものであるから、將來は此の施設を、成る可く有効に利用せしむることにしたいのである。それには從來のやり方を一變して、經營の仕方を全然改めたいと想ふのである、先づ此種の展覽會を計畫するに當つては、宜しく、學校建築、學校衞生、各學科の敎授者等の專門委員を囑托して、展覽會に出品陳列せしむべき標準的の販賣品や、各學校の新研究に屬するもの抔を、科學的、研究的の態度を以て、蒐集し陳列することにしたいのである。此種の展覽會は勿論廣い意味の敎育博覽會の一部分として經營することも固より差支ないのである。但し從來のやり方の樣に、何等の主義系統もなく雜駁では、何の効果もないのである、今少しく專門的科學的に經營したいのである。常設の敎育博物館に於て經營して居るよりも一層研究的、科學的の態度で、一層嶄新なものを蒐集陳列する樣に經營をしなければ、其の効果がないのである。

ウヰンの敎具媒介本部

敎育品の研究改善上、今一つ參考すべきものは、墺國ウヰン市の敎具媒介本部(Lehrmittel Central) の組織事業である。此會の目的は、特に墺地利の敎則に準據した敎具を調達することにて、敎育上に貢獻せんとするにあるのである。此の目的を達する爲に、如何なる事業をして居るかといふに、其の一は、敎授上の目的に適合せる敎具を大規模に蒐集製作すること其二は、敎授上に必要な總ての敎具を學校に供給する爲めの媒介の勞を取ること、其三は、特別な敎科に付いて、敎師の爲に講習會及び講演會を行ふと、其四は、各學校に必要な敎具の總ての種類のものを一箇所に蒐集して陳列し、且つ其の供給方を媒介すること、其五は、敎育上の出版物、專門家の研究を奬勵し、之を刊行普及すること等である。此會は、如何なる組織に依て、以上の如き事業を行ふかといふに、大體會員組織である。そして會員の會費と、賛助會員の義金とに依て維持されて居るのである。正會員は年四クローネ以上、敎員の正會員は、二クローネ以上の會費を納めることになつて居る。正會員で、ウヰン市に住つて本會の事業に從事する者を實行委員、地方に在て本會の事業に關係する者を通信委員といふ名稱にしてある。そして日々會へ詰切て事務を執て居る者は、非役退職の敎員連である。著者が同會を訪問した時に、目に觸れた當時會で經營して居た事業を擧げて見ると、墺地利國内で使はれる小學校の教科書、生徒に與へる賞與本、科外讀物の類が蒐集されて居たのである。それ等の賞與本、課外讀物は同會で選定したもの計りで、之に對する目錄が出來て居て各地の學校に配付してある。販賣者と特約を結んで、頗る低廉な價格で、學校に供給することになつて居る。今一つは礦物標本が盛に蒐集されて居た。これは各地に產する岩石、礦物化石等の特產物を其の他の會員から幾組も多數本會へ送らして、他の地方の會員と互に交換することに依て、全國に產する礦物、岩石、化石の標本の一通りを、各學校が無料で、手に入れるといふ方法である。今一つは、簡易理化學器械を盛に製作して居つたのである。そして各地からの希望に依て、教具類の購入方の媒介を取扱つて居るのを見受けたのである。本邦に於ても、各地の學校の設備を成る可く經濟的に、そして教育上の目的に合う樣に整へるには、此の種類の機關が中央部に存在して居ることは、極めて有益なことの樣に思はれたのである。

大正五年（一九一六）

十六　「教育展覧事業」（『通俗教育施設に關する講演集』）

私は此の通俗教育の事業の一なる展覽事業のお話を申上げる事になつて居るのでありますが、今日は何所にも展覽會は行はれて居ります。之は標本、實物、繪畫、模型或は統計（統計表は近頃餘り流行りませぬが圖に書いた統計）のやうなものを陳列し、或は實物を使用せしめて、眼と手を通して通俗教育をしようと思ふ方法でありまして、通俗教育中隨分主要なる部分を占めて居るのであります、之は一口に展覽事業といふのでありますが、大体常設的のものと一時的のものとの二つに見なければならぬと思ふ普通博物館、植物園、動物園、水族館といふのが常設でありまして博覽會、展覽會といつたやうなものは一時的のものであります、それ等の仕事は皆今お話をした眼と手を通して通俗教育をしようといふ事になるのであります、其の經營方如何に依つては一層通俗的の事も出來るし、或は通俗教育として最も値打のない經營方もあるのでありますが、要するに通俗教育といふ見地から、常設であると一時的であるとを問はず、今後は段々かゝる施設をして行くといふ事が通俗教育上極く必要であらうと思ふのであります、通俗教育とはどんな事をするか、數日に亘つてお話をお聽きになつた事でございませうからして、展覽といふ方法に依つて通俗教育の有らゆる方面、即ち或は自然科學的智識の普及、或は自然科學の應用、或は歷史、考古學、或は美術、音樂思想等の普及又は家庭敎育の助けの爲めとしての子供の躾方、或は子供の用品の展覽である、三越の子供博覽會などは展覽方面の事業である。又歐羅巴で行ふ市町村の公民として必要である事柄等の方面の事なども展覽して敎育するといふ事が、立憲國では極く必要であらうと思ふ、此の自然科學、或は自然科學應用は仲々範圍が廣い、自然科學には色々學科がありまして一々申上げないでもお分りであらうが、それの應用といふ事になると、仲々廣くて農事、水產、林業、製造、交通、衞生といつたやうな事は皆其の應用になるのでありまして、殆ど通俗教育の有らゆる方面の事を、眼を通して苦しませずに手つ取り早く、さうして深い印象を與へ、話を聽いたり、本を讀んだり、非常に時間の掛かる事を僅かの時間で敎育するといふ事は、展覽事業の特色であります、歐羅巴では此の事業を常設的と一時的とでやつて居る、私は今日さういふやうな範圍に涉つてお話をしようと思ふのでありますが、時間が極短いのでありますからして、極大要のお話しか出來ぬと思ひます。

餘り具体的の事を申しますといふと、都會と村落とは土地の事情に依つて夫れ〳〵違ひますからして、矢張り原則だけ御話をして置いた方が、實際の御經營の場合に宜からうと思ふ、それで今日のお話は一般的の事になるかも知れませぬ、他の先生からも色々御話があつたやうでありますが、海外て展覽事業に依つて通俗教育をして居る施設といふものは、非常なもので、私などは歐羅巴亞米利加に參りませぬ先きは夫れ程に考へて居りませぬでしたが、歐羅巴へ行つて見ても學校などに付ては餘り驚きませぬ、なぜなれば歐羅巴にあるやうなものは大抵日本にもある、上は大學から下は幼稚園に至るまで色々學校の系統なども揃つて居りますが、歐羅巴の何處へ行つても日本で餘り見ないものは展覽事業、博物館、美術館といつたやうなものである、此等は如何にも大仕掛てあるばかりでなく又どんな田舍の津々浦々に至るまでも小仕掛の常設展覽所が餘ほど行渡つて居ります、先ず東京位の人口を持つて居る街でありますと、宮內省で經營されて居ります位のは小さい博物館であるのでありますあれを横に五つ六つも倍して、それには二段か二段半位上に高くしたやうなものが五つ六つもある、第二流位の都會が其の通りである、又第一流の伯林市などでは四十位あります、巴里へ行つても倫敦へ行つても、紐育へ行つて見ても、もつと小さな日本でいふと名古屋、靜岡或は廣島位の街へ行つて見ても、二つや三つの常設的の博物館があります、それは皆通俗教育を目的として作つたものである、其の外動物とか、水產とか植物といつたやうなもの丶、娯樂半分に日曜日などに開く展覽事業は幾つもある、勞働者或は貧乏人などは日曜日が閑でありますから之に見せて通俗教育をするのである故にさういふ所は大抵觀覽料を取らぬ、日本の博覽會などは日曜日であると十錢の入場料も二十錢にするといふことをやつて居りますか、向ふでは日曜日は或は半額、或は特に無料といふ風でありますす特に下層の人などで閑の無い人には娯樂半分にそれを見せて、さうして美術思想を養ひ、或は理學、化學、醫事、衛生、育兒、家事、農事等、有らゆる方面の智識を、普及するといふことに非常な金を掛けて居る、建物を見たばかりでも我々は驚いて仕舞ひます、之は幾らの金が掛つたらうと思はれる石で積上げた非常に立派な大きなものがあると思ふと、又田舍に行けば田舍相應の小さな規模でやつて居る、私が英吉利に居る時、南ウエールスのカーヂフといふ石炭の出る街の在にバーレーといふ小さな街があります、此所で言へば横須賀よりもつと小さいと思ひます、其所に私の知つた人で隱居さんが居ります、元と女子高等師範學校の校長をやつて居られましたが、隱居して當時名譽視學官などをやつて居ります、日本にも一年か二年居りましたが、日本から歸へる時に珍らしい物を買つて歸つた、國の者に見せるやうにそれを村役場の一室に奇麗に陳べてあります、それで矢張り街の學校の先生が生徒に日本の地理を敎へるときに、ジヤパンというても唯だ日本といふだけでなく、品物を見せて、日本といふことに付て非常に深い印象を與へる、又其の土地の職人などが、ちよつと變つた意匠を凝らさうとか、色々日本といふものに付て調べたいといふことが頭に浮んだときには、其所へ往つて見る、一年間に僅かの見物人でありますけれども、兎に角小さい博物館でもそれ位である伯林に日本の名譽領事をして居る、猶太の人がありますが、大變日本品好きで、一年に二萬マルク位の豫算で所々の博覽會に出品した日本品を買足して居る、其の人の家には數場位の部屋が二つも三つもある、丁度今日此の學校の大典記念展覽會場にあるやうな陳列函に奇麗に列べて説明付てやつて居ります、それでも一の博物館で、色々の職人とか、美術工藝品の細工人とかいふやうな人が日々見せて吳れといふと喜んで見せる、家に來る客には無論見せる、博物館で而かも常設的の物といつた所が、さういふ小さなものがある、大きな物になると限りなく非常に立派な設備をして居る、概ね其の地方の事情によつて相當に夫々やつて居るのであります、一時的のものなる博覽會といふと、殆ど今日では世界的流行になつて居るので、彼の國でも非常に大きなものがありますが、少し小さい博覽會、即ち日本の所謂展覽會はなかなか流行して居る、向ふの人は實に此の展覽會が好きである、餘ほど研究的精神に富んで居るのでありますから、物を見てさうして色々研究するといふ風てありますが、日本の人は見て默つて聞くといふ傾きがある、例へば向ふの人は同じ話をするにしても、素話といふことはない、話をするならば乞度幻燈を使ふとか、繪を使ふとか、或は話に關係のあるやうな物を其所らへ陳べるとか、それから話の後でズッと見て、實物の説明をするといふ風で、素話は滅多にない、五人か七人集つても幻燈會などをやる、日本では妙に話の上にばかり力を入れて、眼に訴へるとか、物を見せろとかいふ方は無い、向ふのは物を見せて、さうして話をするから、材料が要領を得るのです、故に話をする時には必ず小さい展覽會がそれには乞度くつ附くてです、今一つの展覽會の例を一つお話して見ますると、私が瑞典を旅行いたしました時にネッスといふ所に手工の講習所がありました、其所に各國の人が集つて來て手工の教授を受けて居る、小學校の先生なども居る、三四日私は其の講習所のお客になつて寢泊りをして觀察をして居りましたが、晝飯を食つた時に展覽會があるから來いといふので、教員に連れられて行くと、庭へ下りた、何時の間に廣告をしたか講習員五百人中の趣味を持つた者が二三十人集つて來た、それは近傍の老農が林檎の栽培に色々苦心した話で其の栽培した林檎の見本や何かゞちやんと整へてあつた、其所へ講習員が二三十人集ると、一時間ばかりそれを見せて說明を加へる、是れも一つの展覽會です、私共はチョットの間それを見て大變面白いと思ひましたが、講習に來て居る人の食後一時間、最早一時的の展覽會であります、又獨逸のドレスデンといふ所に旅行をしました時に、或る小學校の敎場の一つだけ机を除けて、さうして中學校、女學校あたりの顯微鏡を二十か二十五集めて來て窓の所へ列べて、其所に金魚の餌になるもの、水產に關係したもの、或は病原を爲す黴菌であるとか、或は黴であるとか、顯微鏡でなければ見えないものを見せて居る、新聞雜誌に書いたと見えまして、奧さんみたいな人も居れば、色々な人が來て其の部屋は大變混雜して居りました、これも一時的の通俗展覽會でありまず、それに說明も付いて居るし、それに居る人も口でも說明をしてやる、餘程效力のあるものと思ふ、何も費用の要る譯でも何でもない、又同じくドレスデンでありましたが、彼所のエルベ川に架つて居るウォルブリッヂといふ大きな橋を改築した、東京でいへば兩國橋といふやうなもので、仲々古いものであつた、其所は電車が通るやうになつて居る、其の開通式があつて、其の記念の展覽會があつた、ウォルブリッヂの記念展覽會、どんなものかと行つて見ますると、小學校の敎場を二つ位潰して、それで昔から其の橋に付いての歷史、此所でどういふ戰があつた、昔は斯んな風の建築であつたといふやうに、此の橋を中心として歷史に溯つて書いてある、何でもないやうでありますが、ドレスデンの市民には餘程興味のある事で子供が見ても大人が見ても餘程趣味津々たるものがあらうと思つたのであります、極めて手輕で、それで何時となく自分の鄕土を知る事が出來る、兩國橋などは江戶の遺物でありまして、江戶の市民たるもの丶鄕土を愛する念慮を養ふには此の古い歷史を知らせるが必要である、さういふやうな事で通俗敎育上の價値といふものは仲々輕く見られないと思ふのであります、此等は半ば娯樂で、半ば精神敎育をいたし、又智識の上にも大變貢献するのであります、又私が伯林に居る時に或る議事堂に子供の讀物の展覽會があるからといふので、行つて見ると正月のクリスマスの前で其の年に出來た新しい良い繪本、讀み物といふもの丶展覽會であつた、さういふ機會に學校の先生などが發起して、其の年に出來た新らしい表紙の綺麗な本などで子供が見まして、有益であるといふものを撰擇して列べる、其の他雜誌や何か最も俗惡有害なものが出來た時には、さういふものも列べて見せる、親達にはその展覽會のあることを新聞で知らせ又子供同志に知らせますと、ドャ〳〵來る、來て見ると今年斯んなよい讀物が出來た、之は何所で賣つて居るといふ事も分るからそれを帳面に書く尤も俗惡のものとは分類してあるから、心配はない、かくて女の子男の子には之が宜いといふ風に一寸一時間位展覽をして、自分の甥なり、姪なり、子供なり孫なりに有益な贈り物を見付ける事が出來る、段々さういふ風な事が發達して來ますと、同じ繪本を一冊買つても、玩具を買つても、成るたけ無害な有益な物を買ふといふ事を世間が要求する、日本ではさういふ事を要求しても其の要求に應ずる施設もない、所が向ふでは極く手輕に、さういふ物を集めて親達に見せる、毎年それをやる、來ない人には印刷をした目錄をやるやうにする、此等は通俗教育の展覽事業の一つであると思ひます、日本でも段々さういふ傾向が出來まして、先達て大學の教授が大學の御殿で南洋へ行つた人が持つて來たものを此の教場の半分位の所に列べてそれの説明をして見せて與れました、私は大變よい催しだと思ひました、附屬中學にも見せて與れましたので、吾々職員は其の教授から説明を聞きましたが、唯三十分ばかり見たきりですが南洋といふ事に付いて大變智識を得た、それから又日蘭協會がめがね橋の停車場の二階で、此の教場位の大きさの部屋で、展覽會をやつた和蘭は文明を歐羅巴から日本へ輸入した緣故の深い國でありまして、日本へ歐羅巴の文明がどんな風に這入り込んだかといふ事を知るには最も宜い展覽會でありました、私も行つて見て極めて氣の利いた展覽會であると思ひましたが、果して新聞などでも極めて好評でありました、段々さういふやうな傾向が出來まして、極めて結構であると思つて居るのであります、歐羅巴では私が伯林に居る間に…………二週間か三週間、或は一年位の間、絶えず此の小さい展覽會があり過ぎる位ありました、發働機の展覧會では飛行機に自働車の發働機を仕掛けたり、船の發働機を應用されたり、其他有らゆる發働機の展覧會を開かれた、之は今から考へて見ると、獨逸皇帝が會長となつて居られまして、それで發働機の展覧會を開かれたのです、今日から考へると、大いに此の飛行機建造の發達をカイザーが望まれて、さうして大いに之が奬勵をされて居ると氣付いたのである、それから國立自働車協會といふものがありまして、自働車の奬勵をし、それと同時に發働機を奬勵して居る、此等は何れも通俗敎育の力を藉りて一般の人にさういふ思想を普及するのである、又旅行展覧會といふものもありまして、旅行に必要な注意を與へる、之は學生などに少額の金錢て趣味ある旅行思想を養成するには效のあるものと思ひます、其の他芝居展覧會等色々の展覧會があるのでありますが、向ふの人はさういふ有らゆる種類の事を機會を利用しては眼を通して通俗的に敎育をしようといふ考を持つて居ります、又獨逸のキール軍港の餘程奥の方にルーベックといふ街があります、此處にあるルーベックといふ川があつて水雷艇が七八隻此の街へ著いた、當時私は或會がありまして此の街に旅行をして居ると川を何十里と溯つて今水雷艇が七八隻來た珍らしいといふので、街は上を下への大混雜であつた、我々も獨逸の水雷艇を見ようと思つて、行つて見ると、士官から水兵達が來る人毎に熱心に説明をする、さうして一般の人に水雷艇は決して危險なものでないとか、其の生活の面白いことから、戰爭の時に効力のあること、大切なこと何でも水雷艇を造らなければならぬといふ事を話し、海事思想を鼓吹してゐた、之も一種の展覽事業で設備は何にも要らぬ、唯一日か二日碇泊して居るので、船の居る内はそれだけであるが、今度はそれを新聞に書いて街中の人にズッと見せる、之が喜んで海軍に入らうとか、色々海事思想を養つて、結局獨逸の海軍の發達に貢献をすることになる、向ふの人が有らゆる機會を利用するといふことに、如何に注意して居るかといふことは、それでも御分りになるだらうと思ひます、かういふ一時的或は常設的展覽事業に關する歐羅巴の狀況などを申上げて居ると、なか〳〵限りのないことでありますからして、今御話をしたことで歐羅巴亞米利加邊りの國民が、學校で子供を教育する以外に、子供は無論の話、或は人の細君になつて居る人其の他世間一般の人に對して今御話をしたやうな風に、眼を通して各方面の智識を普及することに、如何に努力して居るかといふことは大凡想像が參りませうと思ふのであります、特に少し都會地でありますといふと、一の博物館などゝいふものが街の一の裝飾一の娯樂場となつて居るのでありまして、歐羅巴の大きな街を旅行すれば何所へ行つて見ても、街の樣子を知るには、先づ以て博物館に行くがよいといふが、不幸にして日本にはまだ博物館らしいものが無い、唯だホンの博物館の芽生え見たいなものがある、即ち宮内省の帝國博物館、是は歷史美術の博物館の芽生え見たいなもので、あれを完備して始めて本當の博物館になるのであります、農商務省には商品陳列館があります、外國では商業博物館といつて居ります、其の前に農商務省の地質調査所の鑛物の陳列所がある、遞信省には今の新橋驛に遞信博物館がある、昔は交通博物館といつた、歐羅巴では交通博物館といつて隨分大きなものがあります、それから海軍には築地に海軍參考館といふものがあり、招魂社の遊就館は陸軍の方の展覽會、文部省の方には私が關係して居ります通俗教育館といふものと、それから教育博物館といふ小さいものが二つあります、又同じ御茶の水に博物館といはれるやうなものではない、ホンの博物館の芽生えてあるが一つある、此等は今後段々發達させて行かなければならぬのでありますが、歐羅巴の人が來ても恐らく失望するだらうと思ふ、來て見ると、東京といふ街は夜になると暗い、一向夜遊びに行く所がない、市街が暗らいし、晝になつても見物しようといつた所で、博物館といふものもない、外國では宮殿などを見せることがありますが、古い宮殿で錢を出して見る所も無い、劇場ぐらゐが日本も歐羅巴に劣らず發達して居るだらうと思はれる、歐羅巴の人が日本を早く理解するのに誠に不自由を感ずるだらうと思つて居る。

それから向ふの實際を見ると、まだ〳〵大いに努力しなければならぬが、學校外に娛樂半分に眼を通して、さうして手つ取り早く色々の方面の智識を普及する、即ち學校で教育したことを補つて行く機關即ち圖書館であるとか、講演であるとかいふやうなものと共に、展覽といつたやうな學校外の設備が完備して來なければ、幾ら學校の先生が努力して見た所が、歐羅巴に對抗して行かうといふ事はむづかしい、獨逸では七八箇年の義務教育に更に補習教育を三年も强行して居る、日本よりも二年も義務教育を多くしてある上に、卒業した其の力は仲々二年位の違ひではない遥かに進んで居る、それから小學校を出てから補習教育をやつて、其の上に講演、圖書館、博物館であるとか、展覽會であるとか、有らゆる機關で人を教育する、學校教育を補習する、到れり盡せりで、さういふ設備で以てやつて居りますから、幾ら吾々が力んで見た所が、歐羅巴だけの機關設備がないのであるから迚も追付かないのであります、それでどうしても學校の先生だけに任かしては置けない、無論學校に重きを置かなければならぬのでありますけれども、學校に任かして置かないで學校以外に有らゆる機會を利用して世間でも今お話したやうな方法で此の教育の効果をモッと深くして、國力の充實、發展の基礎を造るといふ事を考へなれればなるまいと思ふ、どうも日本では兎角教育といふ事は學校でする事のやうな風に考へられるのでありますけれども、之は歐羅巴殊に獨逸あたりでは、普佛戰爭後其所に氣が付いて學校だけでは往かない、學校以上に色々の施設をやらなければならない、學校位は知れたものだ、學校と相提携して今お話したやうな、有らゆる通俗教育施設を完備して、國力充實の發展を期することの必要な事に感づいた、實に國力を天下に競爭するには學校だけの力では出來ぬ事を三十年も四十年も前に氣が付いて設備を完備して、今お話した通りになつたのでありますが、日本は甚だ遺憾ながらまだ數年前に漸く少數の人が斯んな事に眼を着けたに止つて居るのであります、それで私は色々の方面に於て御盡力を願はなければならぬのでありますが、先づ展覽會といふ事で横濱みたいな所、神奈川縣の市町村といつたやうな所の人に眼を通して如何に通俗教育をすべきかといつたやうな、實際問題に付いて具体的のお話は出來ませぬが、極く原則的に私の意見を申上げて見ようと思ふのでありま す。

先づ此の事業を常設的と一時的とに別けてお話を申上げなければなりませぬが、常設的といへば博物館でありませうが、博物館といふと大きな物のやうに考へますけれども、八疊敷か十疊敷の部屋一つでも私は之を博物館といふのであります、之は歐羅巴の博物館の發達の歴史を考へて見ましてもさうです、大体此の一時的の展覽會といふやうなものも此の縣の各地で段々おやりになるだらうと思ひますが、さういふ機會に建物の一部分をバラックにしないで幾らか金を掛けて、永久的に作つて置いて之を博物館にするといふ事が此の事業の手初めとしては必要です、歐羅巴で博物館といつてもさういふやうな歴史を持つて居ります、一個人なり會社なりて、金持が有つて居る物を自分の家に列べて居るやつが段々殖えて來たら、人を一人付けて一週間の内に一日だけ見せる、日曜だけ見せるとか、或は紹介狀のある人だけ見せるといふ風に、個人の掛物であるとか、骨董品であるとか、好き〳〵で蒐めた昆虫であるとか、貝類であるとかを列べて見せたのが發達して博物館となるのである、獨逸では亞弗利加或は支那に長く外交官をやつて居つた人で珍らしき物を澤山持つて歸り、それを秘藏して居たが大分蒐つたからといふので、それを自分の部屋に列べて、公開したのもある、それも始めは一週に一日或は二日或は知つた者とかいふ風にしてゐたが段々大きくなつて町が補助するといふ事になり、段々に博物館が出來たといふのもあります、それから當縣の鎌倉などには寶物がありますさういふものを段々博物館にすることも出來ます、かゝる所では色々な名高い由來のある物を持つて來て系統的に列べて歴史博物館とすることも出來ます、又學校に色々の標本もありませう、獨逸では大學の標本室を開放してある、之も標本の博物館といふのであります、東京の大學の人類學教室には地圖がある、澤山の地圖を列べてそれを開放して居るのもある、小學校あたりもモウ少し開放して多くの人に見せる、始終といふ事はむづかしいか知れませぬが、或る時には見せるといふ方法を取る事が一番早いだらうと思ふ、詰りさう云ふやうに或る人が集めた物とか、神社にある少しの寶物とか熱心な學校の先生があつめた色々な標本とかを公開するも宜からう、始めから縣會或は郡會にかけて經費を議決し、それで家を造つて行かうといふよりは始めは行はれ易い事からやつて行く、歐羅巴でもさういふやうな、發達の歴史を持つて居るのであります、それを日本でも繰返してやる方が宜いと思ひます、殊に圖書館といふものは、市町村に大分普及して來たのでありますが、歐羅巴の圖書館は大部分は陳列所になつて居る、歐羅巴の圖書館は半分陳列所向きで多くは古い浮世繪或は古い本それから昔の印形或はメタル或は石文色々石摺りになつたものがあります、之はナポレオンの書いたものとか、ワシントンの手紙だとか之はナポレオンがどうしたものとか、さういふ手紙といつたやうなものを函に容れて列べてある、それは圖書館であるが、半分は博物館の作用をして居る、それで我國の圖書館も段々發達して來たのでありますから、そこの一部分に圖書館に關係の近いやうなものを段々陳列して、さうして其所へ出入をした人は本を讀むばかりでなく、物を見て教育の便を得るやうに、圖書館の建物の一部に增築をして、さうして其所を或種類の陳列場にするがよい、私なども學校の生徒に教授法の講釋などをする時に、さういふ話をすることでありますが、一体小學校や中學校で歴史を教へる時にどうも標本などが少ない、高等小學校などでは猶更歴史博物の標本といふものが誠に少ない、御大典の記念品などは學校に永久的に殘されたら大變宜いことではないかと思ふ、歐羅巴でありますと、小さい所へ行つて見ると、歴史博物館はない、それで一の方法として小學校の一室とか、役場の二階、又は郡會議事堂の何所とかいつた所を博物館に當てゝある、あゝいふ御大典に著た裝束といつたやうな物は文明史を教へるのに缺くべからざるものである、御大典に著たものであるけれども、之はいつ時代の服裝である、いつ時代の役人が著た禮服である、といふことを教へるのに、本の挿繪などでは物足らぬ、矢張りあゝいふ物でもあると、之はいつ時代の朝廷の官吏が斯ういふ服裝をしたものである、其の頃の武器といふものは斯ういふ物であるといふことが明かにわかる、それで火繩鐵砲などは學校に一つ欲しいです、種子ヶ島の鐵砲が傳來して來た、之は日本の封建制度を壞した、歴史上誠に意味がある、さういふ物が知らぬ中に古道具屋邊りで廉い値で買はれる、或は村の物持が藏に持つて居る物で、家に置ても蟲干などで困つて居るもの、或は舊藩主などでも古い長上下とか、其の他矢張りさういふ昔使つた物などゝいふものは、蟲干を毎年やるんだが、虫が出たから今度暦屋にやるとか、煙草入に縫ふたとか、嚢物を縫つて仕舞ふとかいふことにならぬ内に、郡役所の所在地ぐらゐの何所かの一室に函を造つて奇麗に保存をして、さうして小學校で歴史を敎へる時にそれを借りて來るなり、或は子供を連れて行つて昔の武器は斯ういふ物だ、昔の服裝は斯ういふ風であるといふ風に、敎授をして始めて本當の親切の敎授といへる、本の挿繪ぐらゐで歴史を敎へるといふことは極めて樂でありますが、不親切の敎授である、本當の敎授をやるには歐羅巴のやうに博物館まで連れて行つて見せてやる、さういふ機關が無ければ、一郡に一箇所位歴史的の遺物を保存して、之は昔の錢、之は昔の紙幣である、之は昔の御駕籠、昔の飛脚、昔の交通であるとか、或は昔の服裝、武器であるとかいふ様に、昔の物を色々集めて置いてキチッと整頓して説明を附けて置きたいと思ひます、かゝるものが一箇所あると、其の郡の生徒が郡役所の在る所へ一日なり半日なりて遠足をして來て、其の實物を見、有益なる智識を得て歸るといふことが出來るやうになつたら、どうかと思ふてす、デありますからして、大きなことを言はないでも宜いからして、先づ斯ういふやうな所から段々工夫したらよいと思ふ、之が各郡に出來てから、之を殖やして中央部は此の縣ならば或は横須賀、或は鎌倉、或は小田原に置き其所には可なり大きな物を造り、ちよつと其所へ行つて博物館を觀られるやうにしたい昔の小田城の模型とか、昔は其所は斯ういふ城であつたとか、箱根の關所の模型とか、或は雲助の人形であるとか、色々無くならぬものは先きに保存して置きたいと私は思ふ、それが結局博物館の發達する本になるだらうと思ふ、さういふ風に眼を通して敎育する施設はまだ殆ど手が著いて居らぬ。

次に一時的の展覽會でありますが、是亦常設といふことになると大分事がむづかしいけれども、一時的の展覽會は此の縣下でも方々て屢々行はれるのでありますが、それに付て少し私の意見を申上げて見たいと思ふ、之は歐羅巴などでも皆さうでありますが、有らゆる機會例へば丁度斯ういふ風に三日間諸君が御集りになり其の機會に此の學校長などが御話をなさるならば展覽會を開いて大勢の人に見せる、或は敎育會を開くとすれば、其の設備に附けて展覽會を開く、又御祭りであるとか、祝日であるとか、人の集まる機會があれば之を利用して、出來るだけ展覽會を開設するといふやうなことにしたいと思ふ、さうして又或は町村とすれば若し其の村から海軍に軍人が出て居つて南洋へ軍艦て行つたとか、或は商賣に行つて、今度珍らしい物を持つて來たとかいふ、其の機會を計つて直ぐ小學校の教場に一つそれを陳べて、さうして其の人から說明をして貰ふとか、色々さういふ機會があると思ふのです、さういふ機會を外さず、少しでも之は參考になると思つた物が其所に到著したならば、それを逼さず之を材料として敎育をするがよい、面倒なものでありますけれども、矢張り獨逸の人が其の街に潜水艇が著いたといふ機會を利用して、咄嗟に發動的にやつたことか知らんけれども、兎に角機千人といふ人に海軍の思想を普及して、其の通俗教育の効果がどれだけあつたか分らぬ位である、それはどれだけ經費が要つたかと言へば、別に經費は掛らない、金を掛けずに通俗教育をやつて居る、歐羅巴と競爭をするには矢張り歐羅巴でやる以上の事をしなければ迚も優者の地位に立つ事は出來ない、向ふでやつて居る以上の事を日本はやるといふ覺悟をしなければ、日本の國力の充實の仕様はない、其の種を蒔かなければならぬ、さうして今後農業の展覽會、或は此の縣邊りには水產がありますが、水產展覽會にしろ、色々展覽會を御開きになるといふやうな機會があるならば、私は通俗教育といふ考で、それを經營するといふことが必要であると思ふ、又博覽會屋といふのが東京にありますが矢張り展覽會をやるといへば博覽會屋のやうな人に頼めばよいのであるが、是までの博覽會屋は通俗教育の思想を缺いて居る、それ故通俗教育の考へのある小學校長、視學、或は町村の通俗教育に關係のあるお方が此の博覽會屋に御加はりになれば、同じ展覽會をやるにしてもモツとそれを能く分るやうに列べることも出來る、あまり專門的でなく、從來やつた展覽會に通俗教育の色彩を帶びしめるやうにしたいと思ふ、餘りむづかしい事をいつてもいけない、其位の所で始めて行きたいと思ふ、それが此の常設的、或は一時的博物館、通俗教育展覽事業の大方針であります、私は唯今の方針で、將來或は常設的なり、一時的なり、展覽會を施設經營なさる場合があるならば、御參考になる事を二三お話し申上げて見たいと思ふ。

順序、それから製品、それから製品にマークを貼つて其の價、年産額、一年の輸出額、或は輸入額といふやうな數字なども示す、どうしてもさういふ風な物に依つて教育する方が宜いので、それに説明を付け、眼を通して教育する外はない、學校の教育に於に是非さういふことがなくぢやならぬ、通俗の陳列所を造つて、矢張りさういふものはどうしても保存しなければなるまいと思ふ、さういふ物は展覽會でなくても製造家に話をすれば一つは廣告になるばかりでなく、世間の公益を謀る爲め、又教育の爲めになるから、或程度までは自腹を切つても便宜を謀るやうなことを大低の工場でやつて居るデありますから、さういふ工場に向つて能く其の趣意を御話になると、譯もなく應ずると思ふ、私共は今まで大抵さういふやうな方法で物を集めて居ります、隨分各地から賴まれて製造家に話をして便宜を謀つてやつたこともありますが、製造家は案外さういふ要求には樂に應ずるです、デ私の御話をした今までのことは、慾の深い、金を使はぬで集めることばかりだが、それより御買ひになるが一番宜しい、或は注文して御造りになるが一番宜いですが、なか〳〵費用多端でありますから、まあ金が掛らぬ集め方ばかりをお話して居るです。

　それから今度は蒐めた物を陳列することに付て少しお話を申上げて見たいと思ふのであります、當校にも一時的の大典記念品展覽會が開催されて居ります、大分結構に陳列されて居るのでありますが大凡此の物を陳列するやり方といふものは、さう澤山あるものぢやない、陳列の凾といつたやうなものは、是はもう東京へでも御出ましになつた時に、一遍陳列館などに御出になつて其所で使つて居るものを御覽になれば直に分る、あれも分類は大凡幾らといふ極まりがある、覗き函といつて四方から容れることの出來るやうな函を使ふとか、或は壁面に平行して置く三方硝子の物を使ふとか、或は硝子戸棚を置くとか、四方硝子の函を使ふとかい陳列に使ふ容物はさう澤山種類があるものではありませぬ、即ち大凡式が決まつて居るのでありますからして、それに依つて容物はどうしても作るより外ありませぬ、學校に古い陳列戸棚でもありましたならば、それを幾らか改造でもしたならば、一番經濟の方法であります、どうしても此の容物は作つて掛らなければ仕樣がない、其所に物を陳べるのでありますが、一番大事なことは、我々の方で背景といつて居りますバックです、下に布を御敷きになるとか、或は後ろが棚であると板で貼つてありますから、それに紙を貼るとか、或は布を貼るとか、必ず背景といふものがあるのでありますす、之が一番大事のことで、博覽會屋といふ人は、さういふことに掛けてなかく巧い、我々が展覽會や博覽會に行つて見まして、稍々見られるものは、皆あれは博覽會屋のしたのです、博覽會屋は其の下に裝飾屋といふものを使つてやるので、出品する人は博覽會屋の指揮の下にある裝飾請負業者みたいなものに賴むのです、それは物を陳べる專門家でありますそれが總て物を見て、之は斯ういふ金屬の物であるからして、此の下は小豆色が宜いとか、或はオリーブ色を使ふとか、或は白い布が却て引立つとか、之は矢張り後ろに黑い物を使はぬといかぬとか、夫々其の物に依つて下に敷く物、後ろに貼る布を考へる、之が一番大事なことであります、贅澤な布にすれば幾らも高いものがありますけれども、先づ金の掛らぬ物ならば羅紗紙を使ふのです、羅紗紙も、オリーブ色もあれば小豆色もありますけれども、羅紗紙といふものは餘りピカ〳〵光り過ぎる、羅紗紙よりももつと廉いものでペンキを使ふことです、羅紗紙は二月三月目には一遍取替なければならぬ、ペンキで塗つて置けば一番金が掛りませぬ、此の背景色といふものが一番大事で、まア艶消羅紗紙が一番に廉くて宜いでせう、それで此の背景色を考へないと引立つて來ない、之はどうしてもさういふことに付て誰が一番技倆を持つて居るかといふと、學校の先生の中でも繪の先生です、それで一時的のあゝいふ物を列べるとか、常設的の物を陳べるとか、何しろ物を陳べる時にはどうしても繪の先生を頼むといふことが必要で、今後展覽會をなさるときには、少なくとも繪の先生をそれに一人加へることが必要であります、繪の先生が形の上の調和、色の上の配合等は色々研究して居りますから、氣の利いた陳べ方をし、氣の利いた背景色を使ふてす、今後諸君が、學校で展覽會をなさるとか或は各郡で展覽會でも御開催なさるときには、どうか其の委員の中には、繪の先生を御加へになることに願ひたいと思ひます、それから手工の先生なども惡るくないと思ひます。

それから今度は其所に物を陳べるのでありますが、私は今まで各地特に小學校邊りで開かれた展覽會などを拜見に往きましたが、物を陳べるといふやうなことに付ては、殆ど考へない、方々から集つて來たゞけを、何でも其所の極めてある所へ無暗に押込む、ゴチャ〳〵に積む、狹い所へギッシリ列んで居る、列んで居るといふよりは、置いてある、我々の方ではそれを勸工場式陳列法といつて居ります、さういふ物があつたつて見るものではないさう云ふ風なものがあればそれは一つ所に集めて、跡は極く代表的の物だけを列べると人が見る、人は眼に當つて忌氣の起らぬだけにアッサリと列べたものでなければ見るものではない、博覽會へ行つても專門家の列べたのを見ると、列んだものが眼に飽きず引締るやうな列べ方がしてある、もしこれから覽展會などを開くならば、どの學校はどれだけの面積が當嵌めてあるか、どの方面にはどれだけ、それを入れる箱、或は臺であるとか、其所はどういふ風になつて居るかを能く調べて、入合せて此所は都合好く出品を促す、出品をする方も能く事實を調べて、さうして其所に納まりが付いて、見て見惡くないやうな風に經營することが必要であらうと思ふ、所が小學校生徒の教育品展覽會をしたから審査をせよと私共委員に選まれますけれども、行つて見ると所狹きまでに一ぱい詰込んで居る所がある、それを見ても實は餘りゴタ〳〵して居るから忌氣が起つて、見る氣が起らない、之は人に見て貰ふといふ考へて列べたのぢやない、唯其所に置いたといふに過ぎないのでありますから、それを一つ本式に物を列べるといふやうな考へにしたらどうかと思ふ、殊に繪の製作品などを見ると、其の繪が記憶から書いたのであるか、或は寫生であるか、或は臨書でやつたのであるか、それとも圖案でしたのであるか、どういふ風にして書いたのであるか一向分らぬ製作品は審査をせよといはれて殆ど困つて仕舞ふ、歐羅巴から來る製作物は宛度說明がしてあります、之は何歲の子供の書いたとか、生徒が記憶から描いたのであるとか、之は生徒が寫生して來て何時間掛つて何度目であるとか、之はどんな風にして製作をやらたとか、此の製作物はどうした、此の學校ではどういふ方法で繪を敎へて居るから、其の方法でやつたといふ事が分つて、此の製作は上出來である、或は出來が惡いと始めて判斷が付く、此の學校の此の敎授は進んで居るから、此の成績が擧つたといふ事が分つて、始めて審査が出來る、是は寫生したのか、或は生徒が敷寫しにして描いたのであるか、どうした繪かサッパリ分らない製作では吾々審査をしようといつても出來はせぬ、さういふ展覽會へ出品するといふ事に付いては、出す方も考へもない、列べる方でも唯出して下さいといふ事ばかりであるから、それで展覽會へ行つて見ると、唯ゴチャ〳〵實に勸工場的に一ぱいて物が列び切らぬので、無暗に二重三重にもなつて、其の儘出して置けばそれで言譯が立つといつたやうなやり方であります、小學校先生の展覽會を見る事は御免だといふ人が多いのは面白くないからである、それは展覽會の如きは飾り列べて、裝飾を施し、其所に餘興もあり、飮食店もあつて人を引付ける、肩の凝らぬやう慰みになつて智識を普及するやうにやつて居る、それは專門家でないと行かない、所が先生方のやるのは何でも爲になるやうな事をといふので、却つて慾張り過ぎて物を澤山列べて、餘り有益であるから見るものが面白くない、餘り有益過ぎるからである、通俗敎育會で展覽會などは成るたけ有益でない方が宜い、餘り有益にして説明も細かく書いてあつて、餘り慾張つて色々の物を列べ、餘計智識を與へようとするから二間か三間見たゞけで疲れて仕舞ふ、二時間か三時間で大体の智識を與へ、深き印象を與へ、心持ち好くお客を歸さうといふには、さう慾張つたつて仕樣がない、細かく説明してもそれは讀まない、列べ方、順序なども、人が感心するやうにアッサリと列べて理解の行くやうに列べる、其所にはウンと裝飾を施し、金魚鉢の一つも置いて、蓄音機、樂隊を置き女生徒に唱歌の一つも唄はして見たり、庭には電燈でも點けて、ロハ臺を置いて、團子屋、鮨屋でもあつて、一人前五錢か八錢で茶が呑めるやうにしてあると、いつもと違つて今度は大變に面白い、又今度學校であつたならばお知らせよと親が子供に注文するやうになる、さうして目的を達する、私はさういふ風にやりたいと思ふ餘り爲になる有益の事ばかり考へると肩が凝る、それよりも同じ物を見せますするに付いても、博覧會のやうに矢張り其所には餘興もあり、娯樂もある、裝飾も施してある、背景や裝飾にも十分注意をして行く、肩の凝らぬやうにして行くといふことが必要であらうと思ふ、先刻御話をしたやうに列べる物は實物、大きな物は模型にする、模型といへば小田原に一つの博物館を造るとすれば、昔の小田原城の位置を調べ、或は古本を調べ、さうしてそれを縮尺して小田原の城廓を模型に造り、それを箱へ入れて列べ、其の周圍は油繪にでもして現はす、大きい物は小さい模型にする、小さい物は大きい模型にして見せる、斯ういつたやうに、どうしても標本、模型が必要である、モウ一つ大切なのは繪で、殊に物の出來る順序などを見せる、原料の出來る順序、それから物の出來る有樣、工場の模樣などを見せる、それを背景の繪に使つてやる、それに簡單な說明を加へ、數字を示す、或は實物、或は模型、それ〳〵適當に陳列して、寫眞を背景にするなり、繪を背景にする、それで陳列を完備して說明を加へる、常設の博物館はそれでありますが一時的の展覽會であれば買はないで濟むといふ陳列が必要だと思ひます、それに說明を加へるならば成るべく大きな文字で、ちよつと見ても直ぐ分る樣にする、其所に立留つて讀まなければ分らぬといつたやうなことであると、殆ど展覽の要はない、さういふものであると、見る氣は起らなくなる、人がザワ〳〵居る中で讀めるものではない、又展覽會に行つて大變說明を聞く方がございますが、外國の常設的博物館あたりでは、說明の文字はゴシックといふやつて印刷をする、一枚〳〵其ゴシックの太い字で印刷してあるから、目が疲れない、こいつを右筆を揮つて太い所や細い所のある字で書いてあると、見る氣は起らない、說明に書く字は太い所も細い所も無い、繪のやうな字で書いて置くのが宜い、それで太い所や細い所の無いゴシックで印刷して置けば眼が疲れない、其位に文字にさへ注意をするのであります、況んや說明の文句などは無暗にダラ〳〵書いて置くやうなことは禁物であります、隨つて同じ原則で統計表といつたやうな物も昔は隨分中に棒を引きましたり、或は線で表はしたり、色々やつて居りますが、近頃は段々統計表なども圖で表はすやうになりました、能く御覽の通り、世界に於て日本で持つて居る船舶と英吉利のと比較をして見て、日本の船舶は此の位といふやうなことを船で表はして、英吉利はそれの何倍大きさの噸數といふことを大きな艀を書いて表はすとかいふ風に、あゝいふ統計を表はしてあります、又兵力にしても日本の兵力を大砲の設備で小さく書けば、一方は大きな大砲で書く、日本は外國と較べて見るとこんなである、或はそれが段々斯ういふ風に年々進歩發達して來たといつたやうなことを繪で表はす、繪でちよつと見れば直ぐに分る、總て展覽會等で統計的、數字的のことを表はすものは、繪で表はすことが近頃歐羅巴のやり方である、此の上にもつと之が進んで、此の統計を模型とか、或は四角な木などの大きさで數量を表はします、例へば茶が是位消費されるならば、珈琲は是位消費されるといつたやうに、消費の額を物で見せる、其位にして成るべく人がそれを讀むのに立留つて讀まなければ分らぬといふやうなことでなく、直ぐに分るやうにして居る、人間が一日に吸込む酸素の量がどれだけといふことを具体的に見せるといふことが必要である、さういふやうな設備の標本、模型、それから繪、寫眞、そいつに持つて來て統計圖、或は統計の模型、それに適當の說明が附いて背景が附き、さうして裝飾が附いて始めて展覽會が完備するのであります、なかなかむづかしい、それで諸君が郡で御催しになるときには、矢張り大体は博覽會通——博覽會屋が加はつてそれに視學、役所の吏員、小學校の繪の先生、手工の先生などに加はつて貰つて、さうして經營をするといふことであつたならば、私は必ず成功するだらうと思ひます、それをやつて御いでになる内に、聽て小學校長、或は視學なんといふ人が博覽會通——博覽會屋になるだらうと思ふ、それまではどうも致方がない、尙ほ小さくても此の常設的のものを御作りになるといふことでありましたならば、常設てあるが故にどうしてもそれを保存するといふやうなことになるといふと、之はどうしても博物の先生、物理化學の先生が矢張りそれに加はるといふことが必要になつて來るだらうと思ひます、物の性質に依つて濕氣の場所を嫌ふ物があります、濕氣を嫌ふ物は棚の間に羅紗を貼るとか、其の他餘程棚の構造にも注意しなければなりませぬ、其の他尙ほ黴の來ないやうにしなければならず、又物に依つては蟲が著くからナプタリンを利用するとか、或は乾燥するとか、十分に消毒をするとかいふやうに、物を適當に保存するといふやうなことは、どうしても之は理化の先生てなければ分らぬ、今の歷史品などにしても、鎧、兜の如き歷史的遺物を保存するには、歷史の先生ばかりてはいけない、理化の先生を加へなければ、本當の保存は出來ない、鎧、兜の毛とか、絹絲を喰ひ、或は羅紗切を使つてあるから其等を喰ふ虫を防ぐやうにしなければならぬ、さういふ風に永久的に保存するには、どうしても理化の智識の有る先生を賴んて虫の害を防ぐとか、或は濕氣、或は黴の生えないやうにすると云つたやうなことは、どうしても或程度までは理化の智識がなければいけない、永久的といふことになりまするど、之が極く大事なことてあります、斯ういふやうなことになりますといふと、大分事が專門に涉りますので、愈々何かの記念事業とかいふので、寄附金が有るとかいふ風に、金の出場が出來たので新たに一つ常設館でも造つて見ようといふやうな運びになりましたならば、之はどうせ夫々調査委員が出來て、さうして常設館を經營して居る所に就いて、御研究になつた上でなければならぬかと思ひます、唯ださういふ函の構造から陳べること、色々其の保存をすること等、大分專門的の智識が要るので、一と通り研究が要る、之は誰でも歴史の先生であれば歴史的遺物の保存が出來るといふのではない、さう簡單なものではないといふ事を諸君が御承知になつて御分擔て愈御著手になるといふ時に、それ〳〵建築物といふものを新に造るとすればどうする、新らしく造る費用のない時はどういふ建物を利用する、尙それからしてそれに列べる物はどういふ方法で集めるか、さういふやうな時にはどういふ人達に依賴するか、常設的は常設的、臨時なれば臨時、それ〳〵御考へになるだらうと思ひますが、大体に於て私は眼を通し、場合に依つては……私のやつて居る博物館などでやつて居る通り理學の機械などはハンドルを廻して電氣試驗をやつて見たり、或は電流の釦を押して見て機械を動かして見たりすることが出來るやうにしたいのであります、又顯微鏡があればそれに生きた昆虫を置いてそれに說明を書いて見せるやうにするも必要です、私の所では總ては望遠鏡を据へて天の現象などを少し見せるやうにして見ようと思つて居ります、歐羅巴でも機械を使はれる博物館があるといふ事を段々聞いて居ります、さういふ譯でありますから、兎に角眼を通し手に訴へて、さうして各方面に智識を普及する、智識普及の方面に付ては先刻來色々方法等の事を御話申上げたのでありますが、私は極く大体的のお話をしたに過ぎないのでありますが、歐羅巴では圖書館や講演といふ事もあるが、それ等に比して費用の點からいへば、二倍三倍四倍の澤山の費用を眼を通す通俗教育に掛けて居る、それで今後さういふ通俗教育施設に於て完備せしむるといふには、矢張り片手落のないやうに耳にばかり入れるばかりぢやない、本を通して教育するばかりぢやない、眼を通し場合に依つては手に訴へて、色々各方面の智識を普及して、學校教育の補習をやる、それが歐羅巴では通俗教育の重要なる部分をなして居る、隨つて今後我邦に於ても唯話をする、講演をする、或は圖書館を開館するといふ事、或は青年會などが經營する事、矢張りさういふやり方は通俗教育の中の重要なる一つの要素であるといふ事を一つ諸君に御注意を願ふ事か出來たならば私の講演の目的は達せられたものと思ふのでありますす、一向順序も立ちませせぬてしたが是て………。（拍手）

大正五年（一九一六）

十七　「兒童と博物館」（『兒童研究』第二〇巻第二號）

本邦の博物館と云ふ問題は、先づ以て教育會とか、又は貴衆兩院とか府縣會などに於て、十分研究討議し我が邦相當の施設の完成を急ぐ事が寧ろ先決問題である。故に今俄かに之を本會の問題にすると云ふ事は聊か一足飛の感があつてどうであらうかと思ふが、兎に角卑見の梗概だけを述べて見る事にする。歐米に於ける博物館と我日本に於けるそれとを比較するに、其數に於て其規模や活動振りに於て到底同日の談でない。歐米では大概の小都市に至るまで、博物館の設置を見ない處はないのである。獨逸の如き伯林市のみにても三四十の各種の博物館を有してゐる。巴里、倫敦を始めその他の大都市も亦同樣である。米國では合衆國だけでも六百餘の多數を數ふるのである。我が邦では上野の帝室博物館が博物館の代名詞の樣になつて居るが歐米國の名のある博物館になると、上野のを横に五つ六つも合せ更に上へ二三階も高くした樣なものが普通である。それが鐵筋の石造煉瓦造に立派に出來て居るのである。隨つて大都市を飾る第一の觀物となつて居るのである。故に此等に比べては我邦に博物館なしと言つても可い位である。これ吾等が先づ議會杯の問題とすべき性質のもので本會の問題にすることは一足飛であると言つた所以である。其歐米の博物館發達の順序を見るに最初は學術技藝の研究發達に資する爲の專門的のものであつたが、それが通俗の教育一般の人の爲めといふ意味に變つて來たのである。それが最近に至つて一歩を進めて博物館事業の一として、學校教育、兒童教育等の方面に向つて作用を始めて來たのである。一八九九年には兒童博物館なるものが米國紐育市ブルークリンの中央博物館の一部に、始めて設置せられたのである。陳列品の撰擇陳列棚の高さ等に注意しすべて兒童に解り易いやうに陳列され、又説明を加へられてある。且其館内には、凡そ六七十人を收容し得べき室を設けてあつて小學校等より一學級の生徒の團體參觀を申込むときは、先づ此處に生徒を集め幻燈や、活動寫眞等を使用し又は實驗をして、豫め見學の目的物について説明し置き、然る後陳列場へ導き實物に就いて説明しつつ見せると云ふが如き方法を採るのである。米國ばかりでなく歐洲には兒童圖書館に對して此種の兒童博物館が段々出來る樣である。又中には巡回博物館とも目すべきものが追々出來て其處には大なる自働車を備へ小學校其他の要求に應じて内外國地理や博物商業科等教授に必要な標本掛圖其生産の順序住民の生活風景等を圖解した幻燈の映畫等を貸出す事にして居る。此等教授用具は學校備附けの貧弱なものの比でない。立派な豐富な材料を以て、之が教授を爲し得るのでその教育上の効果は、非常なものである。それから近頃又戰爭に關する寫眞繪畫や種々のものを集めて時局に對する展覽を行つて居る。斯くの如くして博物館は、學校教育兒童教育の上に少からざる貢獻を爲しつつある、大學擴張に對して「ミュージアムエキステンション」といふ語が近頃出來た位で此の如く歐米の博物館は、單に坐つて居て世間の人の觀覽を待つ事を以て滿足せず、今日では講演貸出その他の方法で進んで有らゆる教育方面に活動しつつあるのである。翻つて我日本に於ける博物館の現狀を見るに其建築は勿論內部の活動も甚だ振はず、坐ながら觀客を待つと云ふ事に止り、他に何等の活動もなく、甚だ遺憾な次第である。

私が頃日關西地方を視察した際、或縣に於て、偶〻民間の經營に係かる水族館を參觀した。相當に立派なものであつた。然るに此水族館は近頃收支が償はず、到底維持が出來ぬ所から廢館するので精算中であると云ふことであつた、幾萬圓の資本を投じて折角建設された水族館が此狀態であるので惜しい事に思つて之を縣當局者に語り何とか維持方法なきやを諮ると一向知らないで居る樣であつた。眼前に社會教育の機關が瀕死の狀態にあるのに對して一顧をも與へぬといふ有樣である。これは其縣だけの事ではない。水族館や動物園は各地にあるが、大概は興行物位に見て居て教育行政の對象として保護して居る處はない樣である。

我が國にも各地にかやうな水族館、動物園の卵子や、寶物展覽所、小陳列所等の博物館の萠芽なきに非ずである。されば教育行政の任にある人は勿論教育會なり學會なり有志者などで之が保護培養を願ひたい。

本邦では此博物館が不備である爲に我が國の兒童は博物館からの恩惠を缺いて居る。何卒一日も早く世界竝に此重要な社會教育の機關を完備し特に又兒童教育の見地からも嶄新の設備をして彼等が要求を滿たす事にしたい。

大正六年（一九一七）

十八　「社會教育施設としての講演及講習會」

（『帝國教育』第四二〇號【再興一〇二】）

近來學校以外の教育で必要の施設と認められるものが益多きを加へて來た。隨つて之れが施設に關して教育上から研究を要する問題も段々殖えて來たのである。それで今日吾々が實際上の問題として研究すべき一二のものに就いて卑見を述べて見る事にする。

公開講演

社會教育上の施設にもいろ〳〵あるが、就中講演は大體會場と講師さへあれば、何時にても實行されぬ事も無いので、近頃は到る處で盛んに行はれて來たのである。社會教育上至極結構なことであるが、尙此上の慾を云へば、今一層之を盛にしなければならぬ。殊に其のやり方に付て二三希望がないでもない。

從來行はれて居る講演の仕方であるが私の見る所では聊か着實の態度を缺いて居る樣な感がするのである。我が邦の公開講演は餘りに大仕掛けである惡く言へばお祭騷ぎに近い二三箇月目位に思ひ出したやうに、開催されて數百千の出來るだけ多數の聽講者を一堂に會して、講談や活動寫眞の餘興付きで、大々的に行はれて居る。そして其の講師は一席の講演の爲めに隨分遠方から知名な人を態々招聘して來るのが普通のやうである。かういふやり方も必ずしも惡くは無いが、私の希望としては、今少しく眞面目に着實な方法で行はれたならば經濟的であり、一層其の效果が多からうと思ふのである。

第一數百千人の聽講者を一堂に會したのでは、勢ひ講演が演說になつて仕舞ふ傾きがある。眞面目に講演を聽かせるには、二百八三百人で既に多過ぎる位である。聽講者を少くする代りに今少く頻繁に行ふことにしたい。理想を云へば每週一回宛と云つたやうに、日を定めて規則正しく開催することにしたいである。そして講演も單に一席の話に止めないで、同一講師により、一題目について二三回乃至數回で完結するやうに、繼續的に行ふ事にしたいのである。それでなければ、講演の眞の興味と云ふものは、起つて來ないのである。從つて效果も少いのである。

かういふ着實な態度で講演しようとするには、其題材の如きも戰爭話や敎訓談の一時的刺戟的のものばかりに偏しないで今少しく汎い方面から實際生活上に有益な問題を採擇する事にしたいのである。此方法で行かうとすると、勢ひ講師の選擇に關しても、從來と少しく考へを變へなければならぬ。從來は通俗講演などの講師と云へば、話上手な小數者に限られて居たやうである。私の考へではかう云ふ少數のプロフエウショナルの講師に局限しないで、今少しく廣い範圍に亙つて、大學や專門學校の教授、官廳や會社の技師、軍人、醫師辯護士と云つたやうに種々の方面から、專門家を依賴するとにしたいのである。そして必ずしも非常に話上手の人のみに限る必要はないのである。

從來の講演で素人とも見るべきかう云ふ種類の講師が概して其講演に成功しなかつたのは、講演會の組織、講演の方法等の研究が足りなかつた事に原因して居るやうである。我が國の講演は、一般に素話が多いやうである。海外では誰が講演をするにしても、素話と云ふものは、一般に尠いやうである。小展覽會のやうに澤山な標品繪畫等蒐集品を準備し、陳列して置いて、講演にそれを利用する事が普通になつて居る、或はまた海外の漫遊などで蒐集した繪葉書などを幻燈のスライドにして講演に使用する抔も普通の仕方である。或は機械藥品を使つて、實驗をして講演中に示すのも珍らしくない斯くの如く必ず話以外に聽講者の目に訴へる部分が若干あるのである。それで非常な話下手でない限りは、常に聽講者の興味を喚起し、講演に成功する事が多いのである。然るに我が國の仕方は、數百千人の各知識階級の雜多な聽衆を大講堂に集め之れに向つて、素話で長時間聽講者の注意を持續し、謹聽を博せんとするのであるから、普通の講師では中々容易なことでないのである。餘程話上手で講演の上に時々諧謔を挾んだり、聲色を使つたり技巧を弄したりすることの出來る澤山舞臺を踏んだ人でなければ、其成功は覺束ないのである。プロフエッショナルな話上手な講師でさへも尙素話で聽講者を滿足させる事が困難なものと見えて聽講者を繫ぐ爲めに、講演とは何等の聯絡もない活動寫眞や、講談抔の餘興をプログラム中に加へるやうな窮策に出でざるを得ないのである。其證據に餘興を先にして、講演を後に廻すと、講演の頃には聽講者が減じて、三分の一二分の一になつたりする事が普通である。これ私が從來の講演を以て眞面目の態度を缺いて居るといふ所以である。兎に角社會教育施設の一つとして頗る重要な公開講演も組織と方法とに關しては、尙尠からず研究の餘地あることゝ思ふ。

講習會

講習會も亦社會敎育施設の一つで、公開講演に劣らず必要な方法である。講習會は學校敎育を終へた青年少女に對して普通敎育補充の爲めや又各種職業の人に對して、其專門的の知識技能補充の爲めに行はれるものである。本邦の講習會經營法についても、私は常に飽き足らぬと思つて居る、聊か着實の態度を缺いて居りはせぬかと云ふ感を常に持つて居るのである。先づ敎員の講習會を見るに夏冬の休暇などに、遠方から名士を招いて數百人の聽講者を集めて、一週間内外に亙つて、新說を聽講することが普通のやり方になつて居るやうである。かう云ふ方法も勿論惡くは無いが、慾を云へば今少しく眞面目に着實な態度で、職業上の知識技藝の補習が行はれるやうにしたいのである。

第一一回に數百人の人を敎授するといふ事は不自然であるやうに思ふ。三四十人多くとも百人迄位を限度としたいのである。それでなければ講義が演說になつて仕舞つてあとで質問を出したり、講習生相互間に討論させたりすることも出來ず、徒に教授の效果を減殺する憾みがあるのである。殊に學科の種類によつては、實驗實習をさせたり、實物標本模型繪畫の類を使用したりして、親しく各個人に就て指導しなければならぬことも尠くないのである。

次には講習の時期である。夏冬の休暇中は教員などに取つては、最も好都合のやうでもあるが、一方また大切な休養の時を、それが爲めに失つて仕舞ふ遺憾がある。私の考へでは寧ろ平時に於て毎週なり隔週なりに一回日をきめて、十回とか十五回とか繼續的に放課後に講習することの方が效果が多いやうに思はれるのである。斯の如く放課後に少人數であれば其會場の如きも、學校の教室實驗實習室等の一つなり、官衙圖書館陳列館倶樂部抔の一室なりを直ちに利用することが出來るのである。

次は講師の資格である。かう云ふ組織にすると、勢ひ遠方から知名の人を招聘することが不可能となる。此點は遺憾のやうではあるが、併乍、必ずしも非常に知名な人でなくとも其地方に於ける種々の專門家に依賴しても講習の效果を擧げる上に甚しい不都合はないやうに思はれるのである。專門學校や中等學校の教員、府縣郡や會社の技師、官吏、醫師、辯護士等の中に求めるならば、必ず相當な講師を發見し得られる事と信ずる。事柄によつては、小學校教員或は校長中にも適任の講師を發見すること敢て不可能とはしないのである。

以上述べたやうな時期、會場、講師を以て滿足するならば全國各地到る處として、何時にても講習會の成立を見る事が出來るであらう斯くの如くして絕えず知識技能の補習に努力することにしたいのである。從來のやうに一年間に僅に一二週間位名士の高論卓說を聽かされた位では、一時の刺戟にはなるかも知れぬが、其效果は永續するかどうか甚だ疑はしい。かう云ふ風の講習會に出席する人に限つて、一年一回さへ出て置けば、それで時勢にも後れまいと安心をして、平生讀書の上の修養にも餘り努めないやうな人が我が國には尠くない樣である。これ私が我が國從來の講習會を以て聊か着實の態度を缺いて居るとして、滿足を表し能はざる所以である。

これも畢竟我が國民性の然らしめる結果かも知れない兎角我が國の人は突喊的で持久的でない。暑熱の甚しい休暇中、毎日數時間汗を流して講習を熱心に受けるかと思うと平時にあつては新刊書を一つ手にせぬと云ふ矛盾を敢てして怪しまぬのである。寧ろ休暇は十分休養して、其代り平時にあつて一年を通じて持續的に着實に自己職業上の修養につとめる事の方が何程效果が多いかも知れないのである。

講習會は勿論教員のみに止るべきものではなく各種の職業に互つて普ねく開催されなければならぬそして之に依つて絕えず其の職業上知識技能の補習に力めて日進月歩の時勢に適應して往かなければならぬ且又獨り男子のみに止らないで婦人にも及ぼさなければならぬ。此種各種職業に關する講習は從來我が邦に於ても皆無ではないが將來は各種實業團體や婦人會等の事業として今一層盛んに行なはなければならぬ。殊に婦人に對してはこの種の講習會に依りて彼等の知識技能の啓發補充と常識や徳性の涵養とに努める事の必要が一層多い様に思はれるのである。私の考では婦女の講習の爲めには將來は小兒科病院女學校の家事實習室家政學校農事試驗場等をも解放して其の設備や職員を利用して婦人に適切な實際的な講習を益盛にしなければならぬものと信ずる。

學校を出た未婚の青年少女の講習に至つては成人に對するよりは其の必要の度が更に大きいのである然るに之を歐米國に於ける盛況に比べて我が邦の施設には尙著しく遜色がある樣である。されば將來は各地の青年會なり少女會なりの事業として益〻盛に行はれる樣にしたいのである。青年少女に對する講習は成人に對するものとは聊か其の趣を異にしなければならぬ。彼等に對しては特殊職業の人としての修養よりは寧ろ廣い範圍に亙つて一般國民として公民として又は一家の主婦としての基礎的修養に成る樣な敎育を與へる事に力めなければならぬ。卽ち普通敎育の繼續補充の意味で行はれなければならぬ。隨つて國民道德に關する修養、邦人の一般に缺けて居る法制經濟衞生等に關する知識の補充などは特に必要である。理科や地理歷史に關する事項の學力補習も忘れてはならぬ。それに其地方に特に適切な一二實業に關する科目を採擇する事も亦必要である。これは勿論男女に依つて其の種類を異にしなければならぬ。此種青年男女の講習に關しては北歐の諸國に盛に行はれて居る國民高等教育の組織方法を看過する事は出來ぬ。瑞典丁抹等が近年農產製造等の點に於て英國其他の輸出品の品質を改善し其の產額を著しく增大し頓に國勢を挽回して世界の耳目を驚かした主原因が此の國民高等教育卽ち青年男女の冬夏の講習會に在るの一事は本邦將來の社會敎育に對し大に考慮し參考しなければならぬ事柄であらう。青年男女職業の人婦女等に對する講習會の組織方法卽ち其の講習人員講師の選擇會場會期等に關しては前に敎員の講習に關して述べた所を參考して貰ひたい。

大正七年（一九一八）

十九　「學校圖書館と學校博物館」（『教育時論』第一一九〇號）

學校圖書館と學校博物館

東京教育博物館長　棚橋源太郎

學校圖書館、學校博物館といふ言葉は隨分古くから教育關係者の問題にされて來て居るに係らず、今日に至る迄尙其意義が徹底しない感がある、學校設備の一としての學校圖書館なり學校博物館なりの意義が明瞭になつて居ない様であるから、從つて其任務を行ふに必要なる組織といふものが出來て居ないのである。

先づ學校圖書館に就いて言うて見ようならば、これは生徒の學習の目的に利用すべきもので、理化學の實驗室と少しも異なる所は無いのである、教材に依つては實驗室でも野外でも又教室内でも學ばしめることの出來ない性質のものがある、又出來ても十分教育上の効果を擧げることの出來ないものがある、此の種類教材の學習は生徒に自ら調査し、又自ら解決せしむべき問題を與へ、尙其問題に解答するに必要なる方法をも授けて、正課時間中之を學校圖書館に送つて生徒各自に學習させなければならないのである、地理歴史國語等の學科では隨分此の如き種類の材料が少くないのである、理科の如きにも時には其必要を感ずるのである、生徒は圖書室で敎師から指定されたる參考書なり辭書なり地圖なりを使用して、與へられた仕事を硏究調査し、その結果を筆記帳に記入するのである、勿論圖書室で學習した結果は更に普通の敎室に於て卽ち次の時間等に於て整理すべきことは理化學實驗室の作業抔に對すると少しも異ならないのである。

學校圖書館なるものは、實驗室などゝ同樣に、此の如き目的に利用すべきものであるから、その組織は此の目的に適合する如くされなければならぬのである、故に北米合衆國の如きは、文部省で中等學校の學校圖書館に備へつくべき參考圖書として、必要なものを調査し之を三通り位に、尤も適切なるもの、適當なるもの稍適當なるものと段階を付けて、之を一冊子に印刷して普ねく配付して居る、勿論學校圖書館に備へつくべき參考書は、一學級の生徒が同時に學習するに差支の無い樣に、同一のものを幾冊も備へ付けなければならぬが、然し事實上は二三種類の參考書を同時に使用させる事となるから、各種類については八冊なり十冊なり同じものを備へ付けて置きさへすれば差支を生ずる樣なことは無いのである、歐米國の中等學校では此の種の學校圖書館は、學校設備として缺くべからざるものになつて居るのである、而して敎師指導の下に、正課時間中に盛んに利用されるのである、然るに我が國の學校では、まだこの意義が徹底して居らぬ樣である、設備も利用の方法も共にまだ此點に達して居ない樣である。

次は學校博物館の問題である、これ又學校圖書館と同樣其趣旨が我が國の敎育社會に十分徹底して居らぬ樣である、歐米國に學校附設の博物館が發達したのは、學校圖書館と同樣全く學生の敎育上生徒敎授上の必要から來たのである、卽ち附近に公開博物館を有して居らぬ邊陬な土地にある大學又は專門學校などに於て、先づ以て其必要を感じて來たのである、同じ事情の下にある中等學校などでも等しく其必要を感じて來たのである、此の如き場合には校舍中の大きな特別の一室、或は一つの特別な建物、或は二三の普通敎室を以て其目的に使用して居るのである、工業學校美術學校の如きでも、附近に公開の工業博物館、美術館を有して居らぬ場合には、等しく此種の施設が學校設備の一部分として必要であるのである、此の如くして發達して來た學校博物館の中には學生の敎授上に之を利用すると同時に、每週日を定めて往々一般の人民に公開することもあるのである。

學校博物館の意義と起原とは上述の如くである、然るに我が國では高等專門の學校や、邊陬の土地にある寄宿學校などで之れが問題にならないで、反つて都會地の小學校や、中等學校、又は村落の小學校等で之が問題にされて居る樣である、此の問題に就いては、私に書面を寄せたり又は訪ねて來て、種々質問をする小學校長や視學なども少くないのである。

此の學校博物館問題に對する私の考では、大體に於て此の如き施設を各小學校は勿論、中等學校以上の學校にもする必要は無いと思ふである、寧ろ大都市に在つては、數種專門の博物館の建設に、また府縣に在ては一府縣每に二三ヶ所位の割合で、大小の地方的普通博物館を建設するに全力を用ゐ、かくして漸次に之を完成して其都市なり府縣なりの學校が共同して之を敎育上又は敎授上に利用する事にした方が適當である樣に思ふのである、歐米國の實際の有樣は左樣になつて居るのである、而して彼國最近の傾向は益々此の方針に向つて進みつゝある樣に思はれるのである。

歐米では各地の商品陳列館、市博物館、歷史博物館、工業博物館、理科博物館、美術館、敎育博物館等の如きものが、盛んに學校生徒の訪問を歡迎して居る、而して此等博物館では暗室を設け幻燈利用の下に學級の爲めに說明したり、或は陳列場の現場に案内し、實物を出して說明したりして、勉めて敎授上の要求を充たすことに努力して居るのである、又或る博物館などでは、遠隔地の學校の爲に自働車や馬車を備へて置いて、學校の注文に應じて其必要なる標品、模型、繪畫、幻燈機械、映畫の類を盛んに學校に貸し出しつゝあるものもある、將來理科、地理、歷史、家事、圖畫等の如き學科の敎授を十分にせんとするには、從來各學校に備へ付けて居る樣な貧弱な設備敎具では要をなさぬのである、敎授をして十分徹底的ならしめるには、是非とも前記の博物館に備へつけてある如き實物大の實際的な豐富な敎具に依らなければならぬのである、然るに此の如き大規模な完備した敎授上の參考品を、各學校每に設備することは到底不可能とする所である、よし又出來たとしたところが甚だ不經濟な譯である、殊に其學校に備へ付けた二室三室ばかりの貧弱な陳列品を公開し、之を一般人に見せようとする如きに至ては、無謀の甚だしきもので、公開博物館の性質を解せざる人の妄擧である、公開をするに就ては監視人を要するは勿論、公開に必要な設備陳列の方法等に深い考慮を拂はなければならぬのである、のみならずそればかりの貧弱な品物では一度見れば再び見に行く必要が無くなるのである、凡そ公開陳列館として成立つには、或る程度以上の規模と維持の能力とを必要とするのであつて、此の點は博物館が圖書館と大に其性質を異にして居る所である、聞く所によれば、我國では或る縣では一郡內に二十幾個の通俗博物館を小學校內に附設し、又或る縣では十幾個の通俗博物館を建設して公開して居る所もあるといふことであるが、これは恐らくは學校博物館の意味で設置し、主として之を其學校生徒の敎授上に利用し、同時に之を公開して居るのであらうと思ふ、然し博物館の公開といふ事は仲々容易な事ではない、之を圖書館と同樣に考へる事は旣に一種の誤解であり、又學校博物館を土地の事情をも考へずに之を各學校每に設置せんとする考へも、一種の誤解から來たものと見なければならぬ。

旣に申し述べた通り、歐米國では各學校內の敎具設備を省略して、公共的の公開博物館の建設に力を用ゐ、それを完成して一郡なり一府縣なり、都市全體なりの諸學校が共同的に利用せんとする方針に向ひつゝあるに係はらず、我が國では此の傾向を無視し世界の大勢に反して、小學校までが、一學校每に、小博物館の如きものを設置せんと努力しつゝあるのは、聊か時勢後れの感無き能はずである、最近の自學自習とか自學補導とか作業學校といふ樣な思潮に連れて、實驗室と共に學校圖書館や學校博物館の問題が漸く我が敎育社會の人の思想に出現して來て居る樣であるから、私は之に對して一言卑見を述べて參考に資したのである。

大正七年（一九一八）

二十　「家事科學展覧會の開催に就きて」（『教育時論』第一二〇五號）

文部省は、今秋家事科學展覽會をお茶水東京教育博物館で開催されることになつた。其計畫の大要は、本號時事欄に載せてある通り、被服、飮食物、住居及び家具器物、家庭衞生、育兒法、養老等に關する科學的研究、家庭に於ける迷信の批難、家事科教授上の施設等に關する參考資料を蒐集して、之を出來得るだけ通俗的に陳列し、以て一般家庭に今少しく科學の權威科學思想の必要を認めさせ、同時に女子の學校に於ける家事教育改善の參考に資せんとするに在るのである。

家庭の健全なる發達が國家富强の源泉であり、隨て國運發展の根底は之を家庭の改善、家事の刷新に求めなければならぬことは何人も周知の事實であるに係はらず、從來頗る閑却されて居た傾向がある。殊に今回の時局の影響として、產業界は勿論社會の何の方面でも盛んに科學的知識を導き入れて專らその應用に努めて來たに係はらず、獨り我が家庭に在つては依然として舊慣を墨守し、非科學的幼稚の狀態に滿足し、科學の權威といふものが殆んど認められて居ない觀がある。本邦の家庭が、物質の節約利用、作業の能力等の點に於て、遠く歐米の家庭に及ばないのも、誠に偶然では無いのである。

工場や製造場が、其の製造能力を高める爲めに、科學的知識の應用が必要であるならば、家庭に於ても亦同樣であらねばならぬ筈である。家庭殊に今日の臺所の如きは、或る意味からは一種の小製造場、小工場と見ても差支無いのである。各家庭に於ては家族の爲め、衣食住生活の必需品を製作す可く工場に於ける如く、成るべく廉價で品質の善い原料を選擇購入しなければならないではないか。之れが爲めには先づ飮食、被服及び住居等の目的を充分研究しなければならぬのである。そして其目的に向つて尤も有効適切なる品質のものを選擇し、出來るだけ廉價に之を購入しなければならぬのである。斯くの如くして購入した原料に向つて加工し、家族の生活上に之を利用することが、即ち料理、裁縫、洗濯、育兒、看護等の作業である。そしてその加工製作に際しては種々な科學の應用に成る機械用具を使用しなければならぬ。又炭火、瓦斯、電熱等をも使用しなければならないのである。斯くの如く文明の利器を利用し、原料に加工して善く其の家庭生活の目的に應じて往くには少なからざる科學的知識の素養が無くてはならないのである。世間では一概に家庭の經濟といふことをいつて居るが、此の經濟は意味深長で仲々容易な事ではない。旣に前述の如き科學的知識の應用を待つて始めて行はれ得べき性質のものである。相當科學的の知識が無ければ適當な原料の選擇鑑別も出來ず、又使用の目的に叶ふ樣な形にその原料を變化し製作することも出來ないのである。故に物質の節約も時間勢力の經濟も、要するに其の基礎を科學的知識素養の求めなければならぬのである

特に近頃の如く物價が限り無く騰貴し、生活が非常に困難な時

代に在りて、各家庭の限り有る收入を以て一家族の生計を維持し主婦としての任務を果して行くには、一層此の方面の素養が必要になつて來たのである。一家の者が十分なる勞働に堪へ、或は其成長發達に支障の無い丈の十分なる榮養物を出來るだけ廉價に買ひ求め、之を消化し易い形に、甘くして供給するにしても又一度購入した衣服や器物は適當に之を保存し、損ずれば幾回も修理して永く使用して行くにしても、悉く之れを科學的の知識、科學的の素養判斷に待たなければならぬのである。殊に其の節約し得た時間を以て家庭の副業などに向けて家庭の經濟を豊かにし、多少なりとも國家の生產業の上に貢献せしめんが爲めには、一層痛切に其必要を感ずるのである。然るに本邦の婦人には不幸にして此の科學的素養を缺いて居るのである。それに一般頭の働きに於ても能力に於ても頗る劣つて居るのである。之れが爲め我が邦の婦人の作業能率は、歐米婦人のそれに遠く及ばないのである。其の結果我が邦の家庭では今日尚頗る無駄な不經濟な生活を營み、僅か五人や六人の小家族にも女中を使ひ、それでなほせはしいせはしいで日を送り、少しも餘裕と言ふものが無いのである。歐米婦人が多く下女抔の助けを借らず、綽々として常に餘裕あるの比でない。一國の人口の半を占むる婦人の作業能率が斯くの如く低い事は、我が國力の充實發展の上に偉大の影響が無くてはならぬ。されば此の度の時局の教訓に顧みて製造所や工場に劣らず、各家庭に於ても競つて科學的知識を導き入れ、婦人の作業能率を高めて、物質の節約利用に努めることは實に今日の急務である。

前陳の如く我が國の婦人が一般に科學的思想に乏しく、作業能率に劣る處があるその遠因は、畢竟之を我が邦の文化が尚幼稚で從來の普通教育が不充分であつたことに歸せなければならぬ。普通教育の中でも特に從來の理科教授が、女子に適切な方面を閑却して居たのと、女學校や女子の學級の中心學科としなければならぬ家事科が、案外輕く見られて居たことは、その原因の主たるものであらねばならぬ。歐米諸國では、最近三十餘年來、家事科教授に對しては非常に重きを置き、女子の學校の中心學科として、之を尊重して居る。これが爲め、歐米諸國に於ける家事科教授關係者の萬國大會が、大戰前既に二度迄も開催されて居る。即ち一度はスイッツル國に、一度はベルギー國に開かれて居る。そして此の科教授に關する各國の狀況を報告し、此科教授上の諸問題に就いて互に意見を交換し、研究に努めて居る。此種の會合に於ける各國代表者の意見は、何れも家事科教授が家庭の改善、主婦の能率增進上に著大なる効果を及ぼした事は勿論、引いては嬰兒死亡率の底下、勞働問題の解決といふ如き、社會國家の改善發達上に鮮なからざる影響を與へたといふ點に於て、一致して居るのである。勞働者生活狀態の向上は畢竟彼等家庭の主婦の能率が、家事科教授で著しく增進された事に起因して居る。婦人の働きで家庭經濟の基礎を安固にし、家族の健康を增進し、家庭に淸新なる趣味を入れて居心地よくした爲めに、勞働者が自然外で浪費を慎み、不健康な放埒な生活を廢して、專ら業務に精勵する様になつたのである。之が爲めに各工場の製造能力にも頗る好影響を與へるに至つたのである。要するに歐米諸國では家事科教授は、最近三十餘年來婦女を通じて、彼の國家庭の改善、社會問題の解決國力の充實等に向つて鮮なからざる貢献を爲した事は、看過す可らざる事實である。歐米國の爲政家が特に此の點に着目し家事科を以て女子の學校、女子の學級の中心學科として尊重するに至つたのは至極尤もな事である。

獨逸のプロシヤ國の如きは、高等小學の最上級に於て家事科に一週四時間を配當し、其四分の三は之を實習に費し、英國の小學校の如きも亦滿十一歳から、家事科に毎週三三時間を課し、其三分の二は實習に當てゝ居る。而して其の實習は名の如く實習で、實驗室的の作業とは全く別物である。家事に必要な科學的知識を實驗的に學習させて、家事的作業即ち實習の素地を作ることは、即ち理科の任務である。着物の仕舞方、土用干の仕方は家事で授けるが、衣服を喰ふ昆蟲の發生、驅除、豫防は理科で授けるのである。人の生活に必要な營養分の割合食料品の成分、性質、酸や熱や消化液に對する反應は、之を實驗的に理科で授けるが、其の調理の仕方は家事で實習さするのである。歐米國では此の家事的作業の根抵を爲す處の理科の教授に少なからぬ時間を配當されて居る。そして女子に適切な理科材料の選擇に特に重きを置き、且つ之が教授に依つて家事的作業の說明になり、基礎に成る知識を授け、判斷を練り所謂科學的訓練に力めて居るのである。されば我が國に於ても、將來一層家庭に科學的知識を導き入れ、婦人の作業能率を高めて家庭の改善を圖つて行くには、順序として先づ家事科に一層の重きを置き其教授方法を改善することに力を用ゐなければならぬ。そして之と同時に家事科に對して、十分なる科學的基礎を提供し得る樣に女學校の理科教授に一大改善を決行しなければならぬ。前陳の理由で今回の文部省の家事科學展覽會は勿論一般婦人に對する通俗教育社會教育が其主目的であり、隨つて各家庭に今少しく科學的思想を導き入れんとすることが、本計畫の主眼點ではあるが、それと同時に幾分女學校並に女子の學級の家事科教授や理科教授の改善上にも、何等か貢献する處あらん事を期して居る次第である。

大正八年（一九一九）

二十一 「本邦社會教育の不振」

（『教育時論』第一二二四號）

本邦社會教育の不振

東京高等師範學校教授
東京教育博物館長　棚橋源太郎

我が國では敎育といへば即ち學校敎育の事で、學校以外には敎育上施設すべきものが殆と無い樣に考へられて居る。事實また我が國には實際學校以外にはこれといふ敎育の施設機關が無いのである。此の如きは實に偏頗な不健全な發達といはねばならぬ。

歐米諸國では、學校敎育以外に各種の社會的敎育の施設があり機關が備つて居る。即ち博物館、圖書館、動物園、水族館、社會敎育を目的とする各種の展覧會、公開講演、講習會、音樂會、民間體育會、青年團、少女倶樂部、少年義勇團、不良兒薄弱兒の救濟保護、感化、寄る邊なき兒童孤兒の敎養、青少年讀み物の調査改良といつた樣なものが其重なるものである。然るに我が國では是れ等社會敎育の施設が全く無いではないが、如何にも幼稚で、之を學校敎育に較べると殆んど同日の論では無い。此の如きは我が國敎育施設全體の上から見て頗る變體的の發達といはねばならぬ。

圖書館事業の如きは、近年長足の進歩を遂げたといはれて居るが、之を歐米のそれに較べると殆んど成つて居ないのである。大正七年度の文部省の調査によると、全國の公私立公開圖書館の總數は一千二百五十四の多數に達して居る。併しながら其の實町村立若しくは私立の年經費二三十圓乃至二三百圓迄位のものが大多數を占めて居て相當規模のもの例ば府縣立圖書館の如きは甚だ僅少である。即ち全國中府縣立圖書館を有して居るのは二府十九縣に過ぎないのである。其他の三十餘府縣には府縣立の圖書館が無いのである。而して郡立の圖書館に至つては一層甚だしく、全國五百七十餘郡の中、郡立の圖書館を有して居るものが、僅かに二十九郡に過ぎないのである。

是れ等の本邦圖書館の內容が果して如何なるものであるかといへば、頗る不備小規模なもので、これを學校敎育の施設に較べると殆んど言ふに足らぬ貧弱な狀態にあるのである。此の如く設備に於て不完全なばかりで無く、其實際の活動に於ても亦同樣である。現に本邦には圖書館活動の源泉たる從業員養成の機關さへ出來て居ないのである、これ迄日本圖書館協會で一二回短期の講習會が開かれたのと、最近和田敎授が東京帝國大學で圖書館學に關する講演を開始されたといふ事であるか、それ以外には我が國には、圖書館學校は勿論、圖書館員養成の施設といふものは、まだ見られないのである。

然らば博物館の方は如何であるかといへば、昨今國立美術館が漸く朝野の問題となつて來た位で、まだ國立の博物館といふものも無いのである。僅かに帝室の御經營に係る帝室博物館が東京にまた奈良京都に其の分館を有し本邦の博物館を代表して居るといふ如き憐れな狀態にあるのである。これを海外の盛況に較べると我が國に博物館無しといふても敢て過言で無い位である。海外であつてみれば東京、大阪、京都位の處には、是非數個の國立中央博物館が無ければならぬのである。それも帝室博物館の如き綜合的のもので無く、美術、歷史、科學、產業等に關するそれぞれ特殊の博物館が無ければならぬ。今日は科學の博物館の如きも從來の樣な綜合的のもでなく、段々と分科し、古生物學、博物學、地質鑛物學、動物學、植物學、工藝、農業、海洋學の博物館といふが如き特殊の博物館に發達しつゝあるのである。海外では我が東京市位の人口を有して居る大都會、例へば伯林、巴里、倫敦の如きでは普通東京の帝室博物館に數倍せる大規模のものから、大小十數個乃至二十數個の官公私立の博物館を有して居る。獨り大都市に止まらず、地方の小都市にしても一二個乃至數個の公私立のしかも相當の規模の地方博物館を有して居るのである。然るに我が國では地方は勿論中央にも殆と此種の施設を缺いて居るのである、少しは無いでもないが帝室博物館を除いては、殆んど皆小さいものばかりで、博物館の萠芽位のものばかりである。而して其の活動振りに至つても、亦極つて幼稚なもので歐米國で見るが如き、活き〳〵した作用をして居るものは殆ど皆無といつてもよい位である。それも其筈で、我が國には博物館從業員の養成機關が無いのである。從つて博物館の眞の任務を解し新らしい經營法を知つて居る專門家が無い、海外では近年博物館擴張運動（ミュージャム・エキステンション）と稱して盛んに社會民衆の啓發や學校生徒の敎育上に積極的活動を致して居る。博物館講演來觀學級に對する幻燈使用の說明、案內、機械の運轉試用、自働車應用館外貸し出し等、種々なる方法によつて、進んで社會民衆を敎育すべく努力して居る。かくて彼の國博物館は社會の敎育、即ち社會民衆の智識趣味の高上啓發、產業の進步等に對して有力な敎育機關として作用しつゝあるのである。從つて一國人民の敎育上學校圖書館等と共に必須缺くべからざる機關となつ來たのである。然るに我が國に於ては、此の如き重要な敎育施設を殆んど缺いて居るのである。

動植物園、水族館の如きに至つても亦同樣である。其の規模や經營の方法普及の度合等共に歐米の比でない、其他の各種社會教育の施設にしても、亦圖書館博物館等と同樣で極めて幼稚の域にあつて殆んど言ふに足るものが無いのである。要するに本邦には社會教育の機關、施設無しいつても差支無い程の程度に在るので此の點は我が國教育上の一大缺陷といはねばならぬ。

過般來、臨時教育會議に於て通俗教育、社會教育といふことが文部省から諮問され問題になつて居る樣であるが、これは至極結構なことで、從來諮問された種々の問題の何れに比べても決して輕るからぬ重大問題である。特に戰後の教育施設經營全體の上から見て、尤も緊急の大問題としなければならぬ。蓋し國家教育の事たる、單に學校の教育のみに依頼すべきものでは無い、更らに學校外の各種社會教育機關をも含んだ全教育系統の協力に待たなければならないのである。これまでの樣に單に學校の教育だけが何程努力しても各種社會教育の施設にして之に伴はなければ十分の效果は望まれない、隨つて到底歐米の先進國と相拮抗し競爭して行く譯には參らぬのである。故に私の考へでは、我邦戰後の教育經營は、先づ其第一着手として從來殆んど等閑に附せられて來たこの社會教育上の諸施設、諸機關の完成に全力を擧る事であるしかして全教育系統、教育機關全體の充實を圖り全體の協力によつて戰後教育の實を擧げることに努力するの外ないのである。

社會教育振興の第一着手は、文部省に於て社會教育、通俗教育に關する調査を速に設置するにある。即ち先年廢止された通俗教育調査委員會の如きものを再興することを尤も急務と考へるのである。これと同時に文部省と府縣の學務課とに、社會教育擔當の當事者、專門家を置く事にしたい。そして學校以外の各種社會教育施設の指導監督、奬勵に任せしめることに致したいのである。

同時に必要な事は社會教育に任する人物の養成である、凡そ教育上のことは有形上の設備も大切であるが、設備よりも實は人物である、事業成績の擧がると否とは、其從業員の手腕や人物如何によつて決するのである。故に時々講習會を開催するなり、或は學校の附屬とするなり、又は獨立のものとするなり何れでもよいが其の養成所學校を設けて、一日も早く圖書館員、博物館員、感化保護教育の從業員、社會教育の監督指導者等の養成に努めなければならぬ、此の人物の養成、從業員の教育といふ事は、我が國社會教育の建設發達上第一の急務である。この從業員の養成を怠つて居たのでは、何程法令を作つたり、有形上の設備を奬勵したりしても、實際上の成績を擧げ健全なる發達を期することは到底不可能といはねばならぬ。社會教育施設に關して述へたい事も多々あるが今回は單に其の不振不備なる事の一端を擧げて特に識者の一大考慮を請ふ事に止めてをく。

大正八年（一九一九）

二十二　「社會教育上の諸問題」（『教育論叢』第一巻第三號）

一

近時社會教育の問題が朝野有識者の注意を喚起して來たことは誠に喜ぶべき現象である。先般來臨時教育調査會では特別委員を設けて本邦通俗教育の施設全般に關して愼重に研究討議されていたのであるが、彌々、總會の議に附する迄になり、舊臘可決、總理大臣に提出せられた決議事項が新聞紙上に發表された。それを見るに何れも機宜に適したもの許りで、悉く贊成を表しなければならぬ。是れ等の註文事項が悉く認容されて、着々實行を見るに至つたならば從來萎微として振はなかつた本邦の社會教育事業も必ずや面目を一新することゝ今から想像されるのである。

社會教育行政當局者の中心とも見做すべき文部省に於いては必ずや斯の決議に顧み事の輕重と緩急とを見計つて段々施設して行かれることと思ふのであるが、私が特に關係して居る博物館、圖書館、公開講演等の方面から二、三の問題について少しく卑見を述べて見やうと思ふ。

二

其の第一は博物館の問題である。博物館の施設に關しては遺憾ながら我が國には未だ一定の方針が立つて居ないのである。圖書館に對しては、簡單ながら、圖書館令もあり、其の施設上に關する注意、標準となるべき事項が訓令で發表されて居るのである。然るに性質上圖書館よりも施設經營の複雜なる博物館に對しては未だ斯の種類のものがないのである。從つて、國立としては果して如何なる種類の博物館を建設すべきか、中央の博物館に對して、地方に施設すべき地方博物館の性質は如何なるべきか、中央、地方に建設すべきものは、大體、如何なる種類のものでなければならぬかと云ふやうなことすら、教育當事者にも、亦世人にもよく理解されて居ないのである。

現に我が國の教育社會でさへ、博物館の一種類である所の教育博物館なるものゝ任務に關して甚しい誤解が行はれて居るのである。故に我國では名稱は、教育博物館であつても、其の內容は所謂教育博物館でなく名稱に相當して居ないものがあり、實に種々雜多になつて居る。又、各府縣で經營して居る物產館、商品陳列館等も其の性質が甚だ不徹底で、海外に於て見る所の商業博物館でもなければ、又、工業博物館でもなく、單に、其の府縣の物產を陳列して、お土產を販賣する一種の府縣費勸工場たるに過ぎないものも尠くないやうである。

教授上の必要から學校內に施設する所謂學校博物館等に對しても亦同樣で、種々なる誤解が行はれ、其の眞の任務を理解して設備して居る處は極めて尠ないやうである。博物館に緣の近い、動物園、植物園、水族館等の如きに至つても亦同樣であつて、或る市の如きは、社會教育の機關として吾々が重要視して居る處の動物園や植物園を、市役所の公園課や道路課で經營して居る處さへあるのである。斯くの如き幼稚な狀態であるから常設的なる陳列館、博物館、動物園、植物園、水族館等に對しては、一日も早く博物館令を制定し、之れが施設上の標準を訓示し、主任吏員を設けて教育行政の對象物として監督指導督勵すると云ふやうにいたしたいものである。

三

次は、圖書館の問題である。圖書館は博物館程には、幼稚であるとは思はないが、併しながら我國の現狀を以て之を海外のそれに比較すれば、實に、不備、不振で固より同日の論ではないのである。圖書館に對する私の希望としては、種々あるけれども、其の一端を言ふならば、先づ、府縣數の半數にも達して居ない今日の府縣立圖書館をば、必ず、各府縣に尠くとも一つ以上建設させることにいたしたいのである。そして、其の府縣立圖書館をば、其の府縣内圖書館の中心機關として、全管内圖書館の施設を發達せしめることにいたしたいのである。

郡市町村立の圖書館、私立の圖書館の建設から巡廻文庫の施設の如きも、だん〳〵に完成していきたいと思ふのである。それには、どうしても、府縣立圖書館長には小學校に對する今日の師範學校長以上の任務を負はせて其の管内圖書館の視察なり、圖書館長を招集して打合會を開かせるなり、從業員のために講習會を開くなりして、其の府縣の理事者と協力して、充分に圖書館の機能を發揮せしむることにいたさなければならぬ。今日は、教育關係者に圖書館の任務、其の作用等に關して充分の理解がないので、或る府縣等では巡廻の文庫を設けて郡市町村に廻してやつた處が、郡視學や學校長等其の地方社會教育の中樞となるべき人に此の文庫を如何に利用すべきかと云ふ智識がないので、折角の巡廻文庫も殆んど用をなさないやうな處も尠くないと云ふ有樣である。故に、今日の急務としては、府縣立圖書館の建設と其の管內の關係者へ圖書館思想を普及する事とに努めなければならぬ。

四

次は、今日盛に研究されて居る思想統一の問題にも觸れるし、又、圖書館とも密接の關係ある事柄であるが、我が邦の今日には、恁う云ふ意味の事業は未だ着手して居ないのである。それには、卽ち政府に於て新著目錄を編纂して配布することである。普通の考へから云へは、唯、新著目錄を作製して配布したからと云ふても、左程國民思想の問題にも影響しないかのやうにも思はれるけれども、其の實決してさうではないのである。若しも新著目錄に載せる圖書を採擇するに當り特に其の思想內容の點に注意して可成健全優良なるものゝみを撰定して、目錄を作り、少くも毎月一回位發刊し出來るだけ速に圖書館や學校其の他の團體等へ紹介することにしたならば其の効果は測り知る可からざるものがあるであらう之が爲めには文部省に相當な機關を設けて全國に現はれたる新著書は一冊も殘さずに蒐集して其の思想內容の上から、行文、印刷、製本、定價のやうな細な點迄も仔細に調查して、最も推奬に價するもの、優良なるもの、稍可なるものと云ふやうに段階を附けて毎月一回新刊選定の目錄として出す事にしたい。そして特に優良なる圖書に對しては、其の內容に關して簡潔に解說を加へて其の圖書の性質を容易く知らしめ得るやうにいたしたいと思ふのである。恁うすれば優勝劣敗の自然の結果で俗惡なる讀物や危險思想の幾分にても含まれて居ると思ふやうな圖書は追々社會に現はれなくなるであらう。今日內務省で行つて居る圖書の檢查は單に取締といふ頗る消極的なもので健全優良な圖書を推奬し保護すると云ふ積極的の効果は頗る少い樣に思はれるのである。

五

次は、社會教育從業員養成の問題である。社會教育施設は要するに有形上の設備よりも之れを、運用する人にあるのである。昔は圖書館の如きも書物の保存場で館員は之が番人に過ぎなかつたのであつた。博物館の如きも亦同樣で珍奇なものを、しまつて置く倉庫で、館員は座して之れを守り、物好きな來觀者を待つと云ふに過ぎなかつた時代もあつたのである。

處が今日は圖書館も博物館も學校に劣らず、其の地方に於ける敎化の中心機關として盛んに積極的活動をしなければならぬことになつて來たのである。卽ち盛んに館外へ貸し出しもすれば、學校の生徒や社會の人々を引きつけるためには廣告もしなければならず。或は、來館の學級や團體に對して幻燈を使用して說明をしたり、案內をしたり、實地について、實物を示したり、器械を動かして說明をすると云つたやうに盛んな敎育上の活動をしなければならぬのである。何處の圖書館にも、博物館にも、幻燈の設備のある講演室が設けられ、餘分な陳列室があつて、時々特別展覽會を開き、講演會や活動寫眞の會も開き、時宜にかなつた適切な問題について社會民衆を敎育することを努めることになつて來たのである。故に、之が經營に當る人には、相當の素養が必要になつて來たのである。博物館、圖書館等の事業に止らず通俗講演、青少年の指導民間體育の如きに對しても亦同樣である。

故に今日の急務は、全國に社會敎育の有形上の設備をすると同時に之れが經營の任に當る人を養成する事である。府縣廳、市役所にあつて、斯の方面の行政事務に當る人の頭を作ること、圖書館員、陳列館從業員、通俗講演の講師、青少年團や民間體育の指導者の敎育は勿論、出來るならば活動寫眞の辯士や講談師の養成をもいたしたいのである。是れ等の人に社會教育の意義を充分に會得させ、その施設方法等について最新の智識技能を修得せしむることは目下の急務である。

圖書館學校や圖書館學及び博物館學に關する講座の新設、通俗教育從業員養成所、或は社會教育關係吏員及び從業員に對する講習之れ等は實に將來本邦に施設すべき社會教育をして健全なる發達を遂げしめる上に、最も急務な、根本的な事業として速に着手しなければならない事柄である。

次は、社會教育諸施設に對する小學教員諸君の理解である。前に申述べた通り今日の圖書館や博物館は、進んで學校の生徒を迎へ、或は學校へ貸し出しをして便宜を計り、學校教育の補充機關として盛に積極的活動をして居るのである。故に學校教育に從事するものは此等補充機關を充分に利用しなければならぬ。之が爲めには先づ以て其の附近にある社會教育機關のすべてが如何なる目的や希望を以つて、經營して居るかを充分に理解しなければならぬ。尙望むらくば其の周圍には社會教育施設で從來捨てゝ顧られなかつたものも、全國到る處に多數見出されるのであるから之れ等は、諸君の力で其の眠りを醒し、活動させて教育上有要なものに改善することに努めてもらいたいのである。目と鼻の先きに貨物や歷史上の參考品や製造工業上の好參考資料が多數保存陳列されて居たり、有益な圖書が空しく本棚の中に押し込められてあるやうなことが決して尠くないのである。是れ等は前數項に於いて述べた趣意に基いて之れを社會教育や學校教育の上に有益に設立せしめるやうに刺激して國家經濟、地方經濟の上に出來るだけ無駄のないやうにいたしたいのである。社會教育の見地から學校教員諸君に對する私の希望は斯の點にあるのである。

大正九年（一九二〇）

二十三「社會教化から學校教育へ」（『教育論叢』第三巻第五號）

一

私は近來職務上の都合で專ら社會敎化の方に力を用ゐて居りまする關係から、學校敎育の方の研究は暫く手をぬいて居るやうな次第でありますが、私は此數年間展覽會や講演會、實演會、活動寫眞、種々な宣傳運動等で社會民衆の知識道德の普及發達、趣味の向上に努めて見たのであります。斯う云ふ機會に於いて、社會の實際に觸れ、歐米國の模樣とも較べて考へて見たのでありますが、何時も我が國の不進步に驚き如何にも幼稚な狀態に呆れざるを得ないのであります、斯くの如く我が文化の低級にあるのは、畢竟從來の普通敎育が充分に其效果を擧げて居ないために外ならぬ。今日の民衆の大多數は何れも明治の敎育をうけて來たのである。併しながら彼れ等の實生活に立ち入り其の實際的の能力、知識、趣味、道德に觸れて見ると普通敎育の不徹底を嘆せざるを得ないのである。故に私は其の都度普通敎育の必要、一般的に民衆の頭腦を陶冶し、修養を與へることの一層急務なることを痛切に感せざるを得なかつたのである。如何にも其の働きのないのはを見て到底之を頭腦の敎育の不充分に歸するの外はないのであります。

私は右樣の次第で一般的の陶冶、頭腦の修練に特に重きを置きたいのでありますが、併しながら其れが眞に有要な力となつて働くには何うしても亦家庭、社會の實際と結びつけることの注意が必要であることを痛切に感ずるのであります。さりながら又之れも必要、あれも大切と妄りに澤山な材料を詰め込む主義ではないのであります。材料の分量よりも寧ろ質の吟味に重きを置きたいのであります。社會の實生活の方面から見て、卽ち從來の普通敎育の結果から見て、今日の學校敎育の效果を今少し徹底的ならしめるには、敎授材料の質に注意しなければならぬことを感ずるのであります。勿論敎授の實際に當つて居らるゝ方々は家庭社會の實際上の應用には、相當注意は拂つて居らるゝには違いないが、併しながら私の立場から見る時にはまだ其の硏究が甚だ不充分の樣に見られるのであります。

二

修身科の敎授等に對しても、繁劇な都會生活をして居る私から見て從來の敎授は甚だ不徹底のやうに思はれます。高尙な道德は敎へられて居ても他人の迷惑にならぬやうな卑近な日常道德が生徒に理解されて居ないやうである。訪問の如きは其の適例である。玄關先きの立ち話で濟む用事を座敷に通つて雜談をして主人を困らしたり、先方の時間の都合も考慮しないで突然に來訪して長居をしたり、一週一度の休養日に訪問して家庭的の娯樂休養を妨げたりして殆んど恬として顧みない狀態である。如何にも他人の惑迷に關して思ひやり同情に缺けて居る氣がきかないと思ふことが多いのである。之れと云ふのも一通りの道德作法は敎へてあつても、今日の我が國の社會狀態の實際に觸れるやうな徹底した敎育が閑却されて居たためである。公衆道德にしても生活上理想の改善向上にしても今日の實際に觸れしめなくては駄目である。歐米各國の實際を考へて見て今少しく時代の要求に適ふやうな道德作法の敎育が出來ないものであらうか、之れ等の點に關して私は從來の修身敎授に慊らず感じて居る一人であります。

三

理科家事等の敎授にしても同樣で世間の實際を見る時は何時もながら其不徹底に氣付かざるを得ないのであります。一通りの原理原則は勿論授けてある筈でありますが、其れが眞に力となり、判斷となつて實生活の上に働いて居る樣子が少しも見へないのであります。例令、日日の食事の献立の如き、人間が生きて行く上に必要な營養分の何ものであらねばならぬか其の割合等に就いても必らず敎へられて居るに拘らず實際問題としては何等敎育のないものと擇ぶ處がないのであります。

米の飯の副食物として醬油で煮た甘藷を用ゐて怪まないやうなのが普通であります。米も甘藷も大體同一成分で副食物としての目的に叶はぬのであります。それに醬油の如きも大分部分水で僅かな食鹽分糖分等が含まれて居るので營養物としての價値は甚だ尠ないのであります。故に寧ろ鹽で煮た方が經濟であるのであります。斯樣な獻立で充分活動に堪へるだけの分量を取るには非常な大食をしなければならないのであります。其の結果胃腸を害し腎臟の負擔を大ならしめる位のものであります。實際日本人は食物の事にあまりに無頓着でありますから必要以上のものを浪費し健康を害して居ることが、何れ程か知れません。米麥や芋類ばかりから必要な脂肪、蛋白質を取ることは甚だ愚なことで、一寸近くの乾物屋に行けば廉價で營養價値に富んだ、鰊、鰯、鱈、鮭、等がいくらもあります。鰊は年に一千貳百萬貫程も漁れますが、食用に供せられますのは僅にその一割で他は悉く肥料になつて居るのであります。鰯の如きも同樣で一千一百萬貫の內食用になるのは矢張り一割位に過ぎないのであります。之れ等の魚類は海外では非常に尊重され價も甚だ安くないのであります。我が國の人は斯う云ふ天惠物を利用して、高價な米麥を節約することを知らないのであります。小學校の家事科の如きは、斯う云ふ廉價で營養に富んだ豐富な食料品を適當に料理して、旨しく食はせることを第一に教授しなければならない筈であります。然るに其れが日常生活の上に充分徹底するやうに、參つて居らぬのであります。

衣服、住宅、家具等の問題にしましても同樣であります。就中衣類の如きは海外に比して非常な餘計な物を備へ、重い負擔をいたして居ります。婦人の如きは既に結婚の仕度の際から必要以上のものを澤山に持參します。其の結果嫁入仕度の費用の如き世界で富裕を誇つて居る英國が年收の八分、佛米獨が一割乃至二割迄位であるのに對して我が邦の平均は二十割の多きに達して居るのであります。實に驚かざるを得ないではありませんか。住宅の如きも同樣で、科學思想の無い時代に出來た儘で非衛生不便利不經濟の點が尠くありませぬ。之が爲め國民の健康を害し、能率を減殺して居る事何程か知れませぬ。

要するに今日は世界の大勢を考へ國内の情勢に顧みて、國民擧つて大に覺醒しなければならぬ秋であります。從つて將來の國民の養成に當らるゝ學校敎員諸君に於きましても、亦此の點に着眼して一層頭腦の敎育一般的陶冶に努められると同時にまた敎材の質の改善を圖り、其の敎育敎授をして今少しく現今の家庭社會の實情に適ふやうにいたさなければなりません。社會敎育數年間の經驗から私が今後の學校敎育に對する希望の一端は以上申べたやうな點であります。（完）

大正九年（一九二〇）

二十四　「教育的博物館展覧事業」（『社會教育講演集』）

私は色々な題目に付て御話を申上げることに相成つて居りますが、今日は展覧會の方の見學が午後におありになるのでありますから、展覧會の事を中心にして御話を致さうと思ふのであります。

一口に展覧會と申しますけれども、展覧會の趣旨を十分徹底いたすにはそれに關聯して色々な附帶的の仕事を致さなければならぬことになりますから、展覧會にはどうしても講演會が結付かなければなりませぬ。そして其の講演を致すには活動寫眞も使はなければならぬことになる、或は又單に講演だけでは面白くないので、事柄に依つては實演をして見せると云つたやうなことにもなりませう、或は見たゞけではいけない、食物などになりますと試食をさせて見なければならぬと云ふことになるのでございまして、展覧會に試食會と云ふやうなことが結付くことにもならうと思ひます、又展覧會の趣旨をよく徹底させるには、一度其處で見たゞけではいかぬから、更に印刷物にして與へる、さうして其效果を一層永續的ならしめる、尚此階下にも澤山陳列してありますが普通の一枚摺印刷物の外にポスター、廣告ビラと云つたやうな印刷物の力に訴へなければならぬ、のみならず展覧會の趣旨を本當によく徹底させ、社會民衆を訓練し、徹底的の效果を擧げやうと云ふには、若干其主義を實行させて見ることが必要である、從つて其展覧會に何等かの宣傳的の運動を結付ける、例へば時展覧會には時の記念日を擧行して之に時間厲行の運動を結付ける、或は災害豫防の展覧會には安全週間の宣傳運動を結付けると云ふやうなことも必要になつて來るのであります、而してそれを廣く全國的の運動に致すには、新聞の利用が必要であります、新聞の利用は社會教育の上に於て極めて大事なことであります、それから前に一寸申しました通り此階下に貼出してあるやうなビラの利用を忘れてはなりませぬ、歐米諸國の社會教育では、教育上にポスターを利用することが餘ほど盛んになつて參つたのでありますから、今後本邦の社會教育に於ても宣傳ビラの應用と云ふことは餘ほど大事なことだらうと思ひます、それで一口に展覧會と申しますけれども自然社會教育として吾々がしなくてはならぬ種々な施設廣い範圍の仕事に亘ることに相成るのでありますから、自然私は展覧會を中心にして、今後吾々が執るべき主なる社會教育方法の概略を御話することに相成るだらうと思ふのであります。

そこで展覧會でありますが、此展覧會にも色々の種類があるのであります、其開催を致す目的に依つて色色々な種類があるのであります、私の此處で申上げるのは、言ふ迄もなく社會民衆を教育する意味で開催する展覧會の事を申上げれば宜い筈でありますが、併ながら展覧會、博覧會には一體どんなやり方があるかと云ふやうなこともちよつと申上げて置かないと混雜を致すのであります、先づ私共の關係致して居る博物館で時々開催致すやうな展覧會は、皆社會民衆を啓發し、教育する意味で開催して居るのであります、地方でも衞生の展覧會であるとか、或は時局資料の展覧會とか或はそれに類似した種々な展覧會を催しますが此等は大概社會教育の意味で御開催になつて居ると思ふのであります、然るにさうでないものも尠くないのであります、此事は社會教育關係者としては第一に問題に致さなければならぬことであるのであります、何ぜと申せば社會教育外の他の目的で開催される展覽會と雖も、吾々社會教育に關係のある者がそれに關係をして多少の注意を拂ふ事に致すと云ふと、教育以外の特殊の目的で開催されるものでも同時に、社會民衆を教育する上に隨分效果を擧げることが出來やうかと思ふからであります、て少數專門家の參考にする爲に展覽會が時々催される、例へばお醫者さんが大會を開きまして、其機會に於て醫科器械を列べて見せる、又教育會を開かれた時分に、其教育會を機會に學校を使つて理化學の器械であるとか、標本であるとか云ふやうな教育品を集めて見せる、是は社會教育、通俗教育を目的としたものではない、特殊の、專門の人の參考に資する爲めの展覽會であるのです、又或同業者仲間が大會を開くと云ふやうな機會に、其業務に携はつて居る人の參考に供する爲に特殊の展覽會が行はれることがあるのであります、或は又同好の人が何か持ち寄つて、書畫とか骨董とかを持ち寄つて展覽會を開くことがありますが、是等は皆社會教育の意味ではないので、少數專門家の參考に供する爲に開く展覽會であります。

それ等と極く近いのでありますが文部省が、文部省と言つても帝國美術院と云つても宜いが、每年秋季に一度展覽會を開いて作品を列べて見せる、斯う云つたやうな類の展覽會も、社會教育でもなければ通俗教育でもない、總て斯ういふ展覽會は或種の技藝、產業等の獎勵、發達を促す爲に致すのでありまして、出品を審査して等級を附けて選擇し、其技藝なり產業なりの進步發達を促すと云ふ意味であるのでありまして社會民衆の爲め美術教育、藝術教育をすると云ふ意味ではないのであります。

年々の院展などには猫も杓子もぞろ／＼行つて見るのでありますけれども恐らく何も解るまいと思ひます、吾々も其行つて見る仲間の一人でありますが、何時行つても解つたことはありませぬ、眞に鑑識眼あり、作出する能力ある繪の事に付ての專門家でなければ見たつて解りもしなければ面白くもない、作者の努力、あの作家は本來斯う云ふ畫風であつたが、近來大變に腕を上げて來たとか、餘ほど新し味が加はつて來たとか、斯う云ふ新しい色彩を用ゐ出して來たとか云ふ樣なことを批評的に見るのが面白いので、其方面の專門家でなければ作者の努力、進歩の跡を見て樂しむとか、批評するとか云ふことは出來はせぬ、素人が新聞の批評ぐらゐを見て行つたのでは解りませぬ、唯何かなしに一度見て置かぬと話にならぬからと云つた樣な譯でどやどや行くのでありますから、あれは社會教育ではないのであります。が、社會教育の意味で美術品を集めて民衆に見せると云ふことはあつても宜いことです。

常設の美術博物館などは一つは社會教育の意味で列べて居るのであります、ちやんと時代別にし或は作者で分類し、之に說明を附け、案內者があつて說明をする、說明なしで見るだけでも藝術の發達、色々な派の特色が分るのであります、況やそれに說明が附けば餘ほどそれで興味も起り、藝術品に付ての鑑賞力が養はれるのであります、さう云ふ意味で代表的作物を集めて順序を附け、說明を附けて陳列して置くと云ふことならば、一般に社會民衆の藝術的趣味を高めると云ふことに於て社會教育に相成ると思ふ、同時に娛樂にもなららうと思ひます、之に反して彼の專門家が腕を硏いて競爭的に作品を出した共進會を見たつてそれが社會教育になると云ふ譯はない、斯ういふ展覽會をも社會教育であると考へるのは間違つて居るのでありまして、あれは特殊技藝の發達進歩を促す爲の一種の共進會である、斯う見て宜い、それには馬の品評會があつたり、米の品評會があつたり、繭、家禽家畜の品評會などもある、いつか山形縣の共進會で馬の品評會を見たのでありますが、此馬の價は一萬圓である、是は五千圓である、是は三千圓であると云ふのが、出品されて居たがどうしてこれが一萬圓の價値があるのか、三千圓の價値しかないのか吾々には解らない、しかしそれを專門家が見ると面白い、專門家は其馬の足や、首の工合、其他色々な點を見て是はよく出來て居ると云つて面白もあり參考にもなるのであるが、私共はさう云ふ點になると明き盲、見ても解らない、是は社會教育ではない、展覽會は皆社會教育であると云ふ譯には參らぬのであります。

この外に尙勸業博覽會と云ふやうなものもあるのでありますが、是亦或種の工業品、農產品抔を出品させて、審査をし等級を附けて、選奬をする、さうして賞を取つた者はそれを廣告に利用し會社や店の信用を高める、斯う云ふやうな產業の發達と云ふ意味で、名から勸業であるのであります、それに對しては或種の專門家がこれを見て、あゝ云ふ良い製品が出來出したと云ふので、自然販路の擴張と云ふことにも相成るのでありまして、產業の進步發達を圖る意味で展覽が開かれるのであります、又もつと廣い意味で、是はまだ日本にはないのでありますが、世界的博覽會と云つたやうなものが世界各地で開かれるのでありますが、是は又意味が違ふのでありまして、大戰爭後の、平和克復の記念であるとか、共和政治になつた幾年目の記念であるとか、亞米利加大陸の發見された幾年目の記念であるとか、其國の文明の進步發達を世界に紹介する、無論商品の販路を擴張すると云ふやうなこともあるのでありますが、其國の發展文化を紹介すると云ふ意味で開かれる世界的博覽會と云ふものがあるのであります、卽ち國交上、國際上の關係からさう云ふ博覽會が開かれて、其機會に於て世界の專門家が集つて互に意見を交換するやうな事も行はれる、斯ういふ意味で世界的博覽會が開かれるのでありますから其目的が大きいのであります、從つて其博覽會の中には社會教育になる點が多いのであります。

尙ほ勸業博覽會其他特殊的目的を以て開かれる、即ち社會教育を直接の目的としないで開かれる展覽會、博覽會でも、先刻御話したやうに社會教育關係者が一人二人加はつて少しく形を變へると、隨分社會民衆の教育をするものとも相成るだらうと思ひます。即ち繭なら繭、米なら米を唯見せて置いたゞけではそれは養蠶家、農夫及之が取扱者に分るだけでありますけれども、少し說明を附けるとか、參考品を列べて其處で製造工程生產する順序を見せるとか、社會教育の意味で參考部を造るとか、卑近な講演をやるとか活動寫眞で說明するとかすれば、縱令社會教育を目的としないでも社會教育に利用が出來るだらうと思ひます。故に社會教育以外の展覽會が澤山あるから、それを出來るだけ民衆教育の上に利用するやうな方法を講ずると云ふのが吾々の立場ではあるまいかと思ふ、縣廳でも各部各課で色々共進會をやり展覽會をやる、又他の方面でも色々展覽會をするでせうが、社會教育の立場からお互は其の委員の一人に加はり、多少の註文を附け、專門的方面の發達を促すと同時に之に對する一般民衆の知識、趣味を高めると云ふ爲に吾々としては努力しなければならぬのでありますから、吾々の關する所は單り社會教育を目的とした展覽會ばかりでなく、其以外の展覽會にも成るたけ加はつて、さうしてそれを民衆の啓發に利用すると云ふことがお互として極めて必要ではあるまいかと思ふのであります、それで少しく橫途に這入りましたが色々な種類の展覽會があると云ふことを申上げた譯であります。

私は博物館に從事し展展覽會を致して居る關係上、每年春と秋になると地方から御出になつて、今度教育品展覽會を開かうと思ふ、就ては何か借りる物はないだらうか、東京では何處へ行つたら參考品があるだらうかと云ふ御相談を受ける、其都度私は申上げる、それはどう云ふ機會にお開きになりますかと問うと、丁度其頭縣教育會の總會で教員が集つて來る、それを機會に教育品展覽會を開きたいのだと云ふ樣な事が多い、それでは主として狙ひ所は學校敎員或は敎育行政に關係する者の參考にして其縣敎育の進步發達を圖ると云ふ意味の、專門家の參考に供する爲めの展覽會でありますか、或は敎育の進步發達と云ふやうなことを一般に社會民衆に知らせる。通俗敎育と云ふ意味の展覽會でありますか、と切り込で斯う問ひ返へずと大抵はお考へになる、まだ其處が決つて居らぬらしい、中には兩方の目的でやるといふ方もある、一囘の展覽會に千圓なり二千圓なり大金をかけてやると云ふには、其費す金に對して、相應の效果を擧げると云ふ決心があり目指す所があつて計畫しなければならぬ筈であります、其事が先づ解決せられて、敎員に十分徹底するやうに見せるとか、或は一般社會の人に見せて敎育の進步を知らせて父兄の熱心を促すとか何とか、はつきり目的が定まらなくてはいくまいと思ふ。

まだ社會教育と云ふ仕事が甚だ研究されて居らぬ結果、社會敎育上大切な一つである展覽會に付てもよく研究されて居らぬ爲に、素人考へに敎員にも見せ世間の人にも見せると云ふ、極ぼんやりした意味で開催されて居るのではあるまいかと思ふ、敎員の爲めの展覽會は一般の人には面白くない、理化學の兒童用實驗器械とか計數器とか云ふやうな物を見せた所が一般の人には面白くない、敎育に關係のある者には面白いかも知れないけれども、一般の人には何の社會敎育にもなりませぬ、社會敎育にはもつと狙ひ所があるのでありますす、そこらの事が甚だはつきりして居らぬ故に、折角澤山金をかけても、效果が尠い。

一般に從來學校で催される展覽會は子供に引張られて見に行つたが、一向面白くない展覽會であつた、此次には眞ッ平御免だと云ふやうに、折角父兄に見せても時間潰しになつて仕舞ふと云ふやうなことが普通である、それは先刻御話を致す通り、教育用品の展覧會は特殊專門家がお集りになつて、今日は兒童實驗と云ふものを奬勵しなければならぬから、彼方此方から兒童實驗用の理化學器械を集めて、そして斯道の專門家が審査をし、等級を附け、理科教授關係者がそれを見て刺戟を受け、教育事業の進歩發達を促すと云ふ一種の共進會であるのでありますから、さう云ふ特殊專門の共進會を一般の人が見ても、面白くない筈です、恰も吾々教育關係者が馬の展覽會、繭の共進會を見ても分らぬのと同じことである、でありますから其處はよく考へなければなるまいと思ふ。

よく生徒の成績品展覽會と云ふものが行はれますが、生徒成績品展覽會ぐらゐ面白くないものはない、親達は子供に、私の成績が列んで居るから是非見て呉れと云ふやうなことで、子供に引ッ張られて行つて見る、可愛い子供が書いたのでありますから、學校に父兄を幾らか接近せしめると云ふやうな効果はあるかも知れませぬが、展覽會其物は誠に面白くないものである、生徒の成績品展覽會が計畫されると云ふ時にはいつも私は質問する、成績品展覽會は教授の進歩發達を圖る目的で教育關係者の爲に御開きになるのか、或は澤山父兄を集め、何か他の目的の爲におやりになるのか、何れでありますかと教員の參考に資すると云ふことであるならば成績品の列べ方がある、例へば圖畫に就いて申すなら或學校の研究の結果、初年級では斯う云ふやり方で初めは記憶畫から描かせます、寫生畫圖案のやり方は斯く〳〵である、或は校外に行つて生徒に寫生をさせて居る狀況を寫眞に撮つて見せる、其他生徒の使ふ紙、繪具、鉛筆、さう云ふ物をも參考に列べる、斯の如き方法に依つて作り得た生徒の成績は是である、と成績品を列べる、そして是は記憶から描いてある、斯う云ふ方法で畫かれてある、是は圖案をさせたのである、斯う云ふ方法でやつたのであると云ふやうに、其生徒の成績物を通して特に其學校で工夫研究された教授法を紹介すると云ふ樣な仕組で生徒成績品展覽會が開かれるならば、それを敎員が見て、成るほど之れは進んだ敎授方法である、之に依つて生徒に與へた教育的効果は定めて非常なものであらう、今までの方法は非常に間違つたやり方であつたと云ふやうな風に諒解する、故に生徒成績品の展覽會をお開きになるにも特に敎員の參考にすると云ふならば其やり方があると思ふ。

生徒成績品の展覽會をどう云ふ意味でお開きになるのか分らない、裁縫で子供の拵へた絹や縮緬の立派な物を無暗に列べたり、圖畫をべた〳〵貼り付けたりして、さうして子供が親を引ッ張つて來てお祭騷ぎをする、それは何かの政策の一であり或目的があつてお開きになるならばそれまでゞありますけれども、幼稚なやり方である、歐羅巴でも學校の教育關係者が成績品展覽會を開きます、低能兒學校の關係者の全國の大會があつた時に行つて見ますと、其處でも展覽會を開いて居る、併し其展覽會は世間の人は一人も見ない、集つて來た人だけが見る成績品展覽會である、それで初めて價値があるのであります、一般民衆を教育する爲に開くと云ふならば、其意味で展覽會が開かれなければならぬ筈である、是は分り切つた話である、分り切つて居りますが我國では甚だ解つて居ない、何の目的でやるのかはつきりしないで、盲ら滅法に盲動すると云ふやうな恥しい程度に於て總ての事が施設されて居るのであります、展覽會ばかりでない日本の總ての施設は、學校教育でも何でも極めて幼稚であると云ふことを私は言ひたいのであります。

それなら社會教育を目的とする教育の展覽會が無いかと言へばさうではない、教育者が集つて、社會民衆を教育する意味で教育に關する展覽會をやつて見やうではないか、教育と云ふ仕事は學校教育ばかりでない、學校教育の中にも各種の教育がある、實業、専門、普通、色々の教育がある、それに家庭教育がある、社會教育がある、さうして色々なことが今日行はれて居る、て世間の人をしてもそつと教育の重大なること、國家の發展は教育が根柢であると云ふやうな事又今日教育の爲め各國が如何に努力しつゝあるか、其施設を見ても歐羅巴、亞米利加に比較して我國は如何にも幼稚である、それ故に家庭教育學校教育の刷新を圖り社會教育などに付てももつと世間の人が興味を有つて呉れるやうに、社會民衆を教育して見やうぢやないかと云ふので、教育會等の事業として、社會教育を目的とする教育の展覽會を御開きになると云ふことはあつても宜いと思ふ、明治初年からの教科書を集めて其進歩を見せたり、今日色々な新らしい施設をやつて居る其の寫眞を見せたり、幻燈や活動寫眞で之を見せたり、色々な參考品を持つて來て見せ、統計を見せ、教育と云ふ題目の下に、社會教育を目的とした展覽會をお開きになると云ふことはあつても宜いと思ふ、其代りそれは社會民衆の教育を目的にしたのでありますから御互教育の專門家から見れば何でもないことである、何でもないことであるけれども門外漢たる一般民衆から見ると非常に珍らしい、教育は學校だけの教育と思つて居つたら間違てある、學校以外家庭教育、社會教育がある、陳列所の半分以上は家庭教育、社會教育に費される、斯樣な譯で世間の人がそれを知るだけでも爲めになるのであるから、教育と云ふ方面から社會教育を目的とする展覽會を開くと云ふことも必要だらうと思ふ、凡そ事はさう云ふ風にちやんと狙ひ所があつて施設しなければならぬのでありまして、譯もなく盲ら滅法にやると云ふことは不經濟にもなり又下らぬことだと思ふのであります。

そこで吾々としては、社會教育を目的とした展覽會と云ふものは、社會教育の方法の一つとして大切なものでありますから出來るだけ頻繁にやる、歐維巴では是が餘ほど盛んに行はれて居るのでありまして、之に依つて社會民衆を啓發することは非常なものであります、それは社會教育の當事者に依つて經營されるばかりでない、色々な方面で經營をして居る、歐羅巴ではどう云ふ人が經營をして居るかと申しますと、個人がやるばかりでない、新聞社と云ふやうな、會社もやれば、或は博覽會會社と云ふやうなものが出來て居て、博覽會を會社で經營することもあります、學校が主催者になる、博物館が經營すると云ふやうなことが盛んに行はれて居る、本日午後に御覽になる時展覽會は文部省が主催して居る、其他圖書館で主催すると云ふことがあつて宜いと思ふ、慶應義塾圖書館などでは頻繁に特別展覽會を開かれて、いつも其狙ひ所が宜いのに感服致すのであります、で圖書館は唯書物を見せるばかりでない、幾らか物を列べて見せると云ふ所にならなければならぬのであります、歐羅巴の有名なる圖書館を見ますと、例へば巴里の國立圖書館などへ行つて見ますと、相當な入場料を拂つて入つて本を見るばかりでなく、吾々旅行者が圖書館へ入るのは物を見る爲に入る、無論書物にも珍本古書がありますからさう云ふ物を見る、其以外にも偉人名士の筆跡なども列んで居れば或は碑石でありますとかメダルのやうなもの、色々な印判、印刷した繪畫、日本で言へば錦繪と云ふやうなものなどが、順序正しく分類して面白く列んで居るのでありますから、何れも圖書館として關係のある物ばかりでありませうが、或意味から言ふと博物館と云つたやうな形になつて居るのであります、それで圖書館として展覽會を開くならば、珍らしい古書であるとか、錦繪であるとか、今御話したやうな偉人の筆跡であるとか、さう云ふ物を集めて、特殊の題目で展覽會を開いて見せると云ふことは、世人をして圖書館に近接せしめるのみならず行つて見ると面白い、興味が起る、趣味、知識の向上を圖ると云ふ社會教育に相成るのでありますから、圖書館が主催して展覽會を開くと云ふことは頻繁にやつて良いことだらうと思ひます、又子供に見せてならない俗惡な、有害なる圖書を集めて父兄達に見せ、同時に講演會を開いて、お前達の子供は斯う云ふ豆本、忍術本と云ふやうな俗惡な物を見て居る、御注意なさいと言つてやることは社會教育上必要なことである、其處まで圖書館がやるが適當である、諸君の御關係になつて居る所にも縣立圖書館があり、色々な圖書館がおありになるのでありますから、社會教育と云ふ意味から圖書館主催の展覽會を御考への中に入れて置かれることが必要であらうと思ひます、或は又色々な學會がある、さう云ふやうなものを諸君が促して展覽會を開かせる、さうして學會が展覽會を開かうと云ふことであれば、諸君が其中の一人に加はつて色々便宜を圖り指導してやると云ふことが必要であらうと思ふ、其他何協會と云ふやうなものもあり又實業の團體もある、それ等には展覽會の必要を知らないで居るのが幾らもあるのでありますから、それ等を刺戟して社會教育に貢獻するやうに指導すると云ふことが、社會教育上大切な仕事だらうと思ふのであります。

今御話したのは展覽會の主催者にどう云ふ種類のものがあるかと云ふことを御話したのでありますが、ちよつと休んで、次に展覽會に使ふ場所、會場に付て御話をして見やうと思ひます。

展覽會の會場でありますが、是は餘ほど大切な問題でありまして、東京などでは眞に會場に困つて居るのであります、で市と云ふやうな名の附く都市であれば、いつも展覽會に使へるやうな常設の館があることが私は必要だと思ひます、商品陳列館などでは時々展覽會を開催しなければならぬのでありますから、商品陳列館などを少し增築して、其處を一つの常設會場にすることが必要だらうと思ひます、さうでないと云ふと、教育會などで御催しになる展覽會を見ますのに、多くは學校を使ふものでありますから、二千圓三千圓と云ふやうな金を使つて、氣候の好い時に僅か四日か五日位ほか會場が使へない、そんな短い期間の展覽會に二三千圓も使ふと云ふことが彼方此方に行はれるやうでありますが、是は社會教育の方から言ふて甚だ惜しい、考へものである、どうしても十日以上半月、少し有益な展覽會ならば一ヶ月位繼續させてしんみりと見せることが必要だらうと思ひます、從つてそれを見に來るのも其町の人ばかりではない、近郡或は近縣などからも人を呼ぶことが出來るのでありますから、どうせ開催させる以上は、會場にはゆつくり長く使へる所を撰ぶことが必要であらうと思ふのであります、でさう云ふやうな場所があれば宜いですが、若し無ければ寧ろ學校よりは狹くても議事堂であるとか、町の公會堂であるとか、寺であるとか、半月なり二週間なり長く使へる所をお撰びになつた方が宜いと思ひます、さうして十分骨を折つて拵へて、どん〳〵人を入れて教育すると云ふことにした方が宜いと思ふのであります、尚ほ縣廳所在地あたりて二三ヶ月位の開期の大規模のものをおやりになる場合には、歐羅巴などの例に依りますと公園地などを塞ぐことは感心しない、東京あたりでも大きな博覽會、展覽會をやる場合には上野公園を使ふやうでありますけれども、あれには大分反對が多いのであります、市民の生活に必要な公園を塞いで這入れぬやうにし、跡片附にも非常な金をかけなければならぬ、さうして又樹は一本も動かすことが出來ないのでありますから非常に不自由を感ずる、歐羅巴などでは通例あゝ云ふ所ではやらない、往々三四ヶ月半年間も開會して居るものがありますが、さう云ふ時には大概市街の發達を見越して、神戸なら神戸はずつと西の方へ發達すると見れば、其發達する先きを見越して廣い場所を撰んで、其處へ道路も附け、電燈、瓦斯も引ッ張り、水道も引く、さうして展覽會が濟んでバラックを壊しても跡に道路も殘り、水道も殘り、瓦斯も殘り、電燈も殘る、從つて家が段々殖えると云ふやうになつて新開地が出來ると云ふことになるのでありますから、少し縣が大なる金を投じても後に殘るやうに大規模にやる事が却つて利益であります、狹い所で樹を移したり何か無理をしないでゆつくりした場所を取り、場合に依つては其處まで電車を延長するぐらゐのことはあつても宜いと思ふ、歐羅巴では少し大きい展覽會、博覽會を開きます時には、必ず先きを見越して無駄にならぬやうにして居るのであります、其展覽會の副產物として新らしい市街が出來、さうして展覽會の一部を永久的の建物にして置けば、其陳列館を其後も絕えずさう云ふ事に使へるやうになるのでありますから、展覽會の場所に付ては永遠のことを考へる必要があるだらうと思ひます、是はどうしても都市計畫に觸れなくてはいかぬ、都市計畫は各都市にあるのでありませうが、其都市計畫を無視して色々な事をやるのは甚だ不經濟であります。

そこで會場の問題の解決が着いたならば、今度は展覽會を經營する大方針と云つたやうなものでありますが、經營方法と云ふやうなことに段々話を進めて行きたいと思ふのであります、吾々の論ぜんとする所は民衆敎育を目的とする展覽會でありますから目的は眞に明瞭である、專門外の一般の民衆が見てよく分る、非常に深い感動を與へるやうなやり方に致せばそれで宜しいのであります、二時間なり三時間なりの極短い時間で手ッ取り早く該博な、若しも之を書物で見れば厚い本を五冊なり十冊なり非常な時をかけて讀破しなければ容易に得られないやうな知識を、百聞一見に若かずで短時間に何の抵抗もなく、臆劫でなく見て大に趣味を高め知識を廣める、斯う云ふ所が民衆敎育の展覽會の狙ひ所でありますから、其目的に合ふやうに展覽會をやさしく、分り易く、面白く拵へることが必要であらうと思ふのであります、所がよく展覽會を致すに付て直轄學校や色々な所へ御出品を願ふのでありますが、其場合に或學校からは九尺のケースを取つて置いて與れと云ふことで、さうしてお持ちになつたのを見ますと小さい風呂敷に包んだ僅かばかりの品物にあとは其說明を細かく書いた紙を貼るのであります、殆ど說明ばかりであります、それを讀むに凡そ何時間かゝりますか承りますとちよつと一時間かゝります、少なくも半時間はかゝりませうと云ふ、常識で考へても展覽會全體で一時間か一時間半で見て行かうと云ふのに、一つのケースに書いてある說明が、一時間半時間もかゝらなければ讀めないやうな物を列べて何になさるかと云つてお斷りした例があるのであります、それは極端な例でありますけれども、展覽會は一時間か一時間半に見て、分り易く有益で、愉快に見て人を歸すのであります、それへ持つて行つて非常な時間かゝらなければ讀めないやうなものを列べたのでは圖書館と違ひませぬ、辨當を持つて通はなければ終ひまで分らないのであります、一體展覽會はどう云ふ意味で人を呼んで何の爲に經營するものであるかと云ふやうなことが分らないからさう云ふ突飛な、其人は突飛でないと考へて居つたかも知れませぬが私共から言へば突飛なことである、突飛な考を持つて來たのである故にもう少し分り易く展覽會を造ると云ふことが大方針であると思ふのであります。

それでありますから同じ統計を見せるにしても棒ばかり引ッ張らないで、繪圖に描くとか、形で比較して見せるとか、分り易く致すことが必要であらうと思ひます、併ながら私は今度時展覽會を拵へて見て驚いた、是は大概時計を持つて居る知識階級以上の人に見せるのであるから少しはむづかしくても宜からうと云ふので、統計表なども一々書き直さないで出して見た、從つて極めて面白くない展覽會が出來た、今度は知識階級の人を教育すると云ふ考へで拵へた、所が豈圖らんや世間は豫期以上のものでありまして、非常な景氣で昨日などは二萬二三千人も入つた、平日でも六七千人も入る日がある、近頃五千人平均で毎日入つて居る、非常に評判が宜い、さうして中の樣子を見ると知識階級の人は無論でありますが、さうでない人も統計の前に立つて雜記帳を出して寫して居る、私共考へて居つたよりは世間は餘ほど進んで來た、人の死ぬ原因、人は年齡に依つて死ぬ原因が違ふ、子供の死ぬ原因と中年の者の死ぬ原因と大人の死ぬ原因とは違ふ、それが統計に出て居る、其數字的のものに着目して、雜記帳を出して寫し取つて居る、さう云ふ物の前には一般の人が皆立つて居る、それを見て私は、今まで民衆を低く見て居りましたけれども、近年餘ほど知識階級が殖えて來たからして、今後はあゝ云ふ物を造るにしても、面白く花々しくやると云ふことも必要であるけれども、同時にまた或度まで數字的、統計的の根據のあるものでなければ一般民衆は滿足しない、大ざつぱな概論的の時代ではない、必ず的確なる事實を捉へなければ一般民衆は滿足しないと云ふだけに知識階級が殖えて參つたのでありますから、今後展覽會を經營するには餘ほど考へなければならぬと云ふことを發見した、此前生活改善展覽會を開いた時に、吳服屋から奇麗な人形などを出させて見ましたけれども、其喝采を博しなければならぬ筈の陳列物の前に一向人が立たぬ、却つて數字的統計的のやうな物の前に人が餘計立つたので、是は變だなと云ふことにちよつと氣付いて居つたのでありましたが、それ程には感じなかつた、然るに今度最も面白くない展覽會を拵へて見て、非常に世間の好評を博し、來る人の態度を始終注意して見て居ると、民衆の變化に實は一驚を喫したのであります、社會は時々刻々變つて行くのでありますから、展覽會の經營方法も土地の狀況に應じた經營方法をしなければならぬ、東京がさうであるから地方でもさうでなければならぬと云ふことはないのであります、唯好評を博し好成績を擧げるのも、失敗に終るのもきわどい所、僅かの加減であると云ふことに私は驚いたのであります、で學校の先生に參考になる物を見せたり、お醫者さんに醫療器械を見せたりする展覽會は、どう云ふ列べ方でも一向構はぬのでありますけれども、一般民衆を相手にするものは餘ほど樣子を違へなければならぬ、殊に共進會、品評會などに比べますと、民衆教育の目的のものは大分樣子を變へなければなるまいかと思ひます。

それで展覽會を開くに付て一番に考へなければならぬことは經費の問題であるのであります、其經費のことに付て少し御話を致します、私はいつも展覽會の御相談を受ける時には、經費は幾らあるかと云ふことを聽くのであります、殊に私は數回展覽會を拵へて見たのでありますが、文部省には展覽會に使ふ經費が少いのでありまして、四五百圓位で開いたこともありますが先づ二千圓位に止まつて居ります、今度の時の展覽會なども國庫の支出する金は約一千圓に限られて居ります、それで各方面の援助であれだけの展覽會を開く事が出來ました、今度は開會中二十五六萬人は入るでありませう、一千圓で二十五六萬人の教育が出來るのでありります、展覽會ほど經濟的な社會教育方法は他にないと私は思ふ、斯んな少額の經費で展覽會を開いて居るのでありますから展覽會の經費に付ては絶えず苦勞して居るのでありますす故に、御開きになるには經費は幾らおかけになりますかと云ふことを一番に問うのであります、さうして第二に、其經費を何うお使ひになりますかと伺つて　經費の割振に付て御參考になる愚見をいつも申上げて居るのでありますが、何處の展覽會でも經費の使ひ方が要領を得て居らぬ、先づ一番忘れられて居るのは裝飾費であります、會場の入口なり、一つの室の入口なり裝飾が要る、又室内に物を列べるに付ては多少布も要るだらうしリボンや羅紗紙抔も要るのである、其裝飾費と云ふものは殆ど無いのであります、物を心持よく見せるには、背景に使ふ布とか、色紙とか、さう云ふ物の裝飾費が無かつたならば其展覽會は殆ど興味を引かない、此室の壁などは奇麗てありますけれども板張りの壁の會場では其板張りには奇麗な紙を張るとか布を張るかしなければ不快な感が起ります、どうしても裝飾費に餘ほどの金をかけなければならぬ、先づ一千圓使ふものならば裝飾や陳列の費用に半分位はかけて仕舞はなければなるまいと思ふ、リボンを買ふとか經木で出來たモール、經木を染めて種々の色のモールが出來て居る、あれは實に廉いものです、一尺何厘と云ふものであります、それて繪畫寫眞抔の輪廓を取るとか、種々の事に用ゐる、それから畫鋲などをよく使ひますが、畫鋲は金光りに光つていけませぬ、却つて目觸りになる、それて私の所では使ひませぬ、それよりは細六と云ふ釘が宜しい、それを菱形の厚紙を押へにして淺く打つて置けば拔く時も雜作ないし目觸りにもならぬ、それから紙、紙も光る紙はいけない、裝飾には羅紗紙が一番良いのでありますが價が高い、一枚十錢も致しませう、羅紗紙でなくても艶のない色紙、さう云つたやうな材料を餘ほど買はなくてはならぬ、さう云ふ物で展覽が活きて來る、陳列品の集つて來たものを活かす苦心が今日御見學になる展覽會にも相應致してあります、眞に廉い材料を使つて、さうして見た時に大變立派な物が列んて居るやうに見える、それは何かと言へば一千圓の大部分は裝飾費にかけてあると云ふことを御諒解を願ひたいのであります、所が地方の展覽會では裝飾費が取つてない、却つて陳列する標本、模型其他の物を買つたり製作したりする費用が多く取つてある、二千圓三千圓の金を以て展覽會をやるのに、陳列する模型や標本の購入などに多くの金を使つたら其展覽會は必ず失敗てある、寧ろさう云ふ物は他から借りるなり、出品させるなり、借入れるなりして、節約した金を裝飾に向けなければいかぬ、

次に旅費、辨當代、手當てありますが、畫の先生、手工の先生はどうしても使はなければならぬ、さう云

ふ人の辨當代、手當、それから出品を促したり物を借りに行く人の旅費、運搬費、斯う云ふやうなものに經費の約半分を使へば宜いのであります、其他印刷費、通信費も要りますが、大體さう云ふ豫算の割振で展覽會が出來るのである、事柄に依つては畫を描かせなくてはならぬのでありますが、文字を上手に書く習字の先生の力も借りなければならぬ、文字が中々大切でありまして餘り雄筆を揮はれると見にくい、展覽會の文字は活字のゴヂック、隸書見たいな、太い所と細い所との無いやうな文字であると一目して分り易い、太い所と細い所とのあるやうな達筆を揮はれると、上手であつても見るに時間がかゝる、展覽會に使ふ文字はちよつと見て直ぐ讀める抵抗の少い字形で書かなければならぬ、それ故に畫の先生を使ふやうに習字の先生をも使ふことが必要である、それで經費を幾らお使ひになるか、其經費をどう云ふ割振りてお使ひになるかと云ふ、其金の使途で其展覽會が成功か失敗かと云ふことが大凡分るのであります。

一千圓の金で一つの展覽會をやつて二十萬人を入れ、社會教育として相當の效果を世間に與へ得られるに拘らず地方では、二千圓三千圓を展覽會にかけて、師範學校とか中學校とかの校舍を使つて、ほんの數日の會期で、僅か五萬か七萬の人を入れて居る、是は實に不經濟であり惜しいことである、それだけの金をおかけになるならば二度も三度も展覽會が出來るのであります、さうして二週間とか半月とか續けるやうな方法を講じたいのである、段々地方も知識慾が進んで來ますから、一年中絶えず何か見る物のある樣にしたい、殊に人口十數萬と云ふやうな中以上の都會であれば絶えず何かあつても宜い、日本ほど民衆的娯樂機關、社會的教育機關の少い所はない、歐羅巴へ行つて見ると絶えず何かやつて居る、常設の動物園があり、陳列館があり、美術館があり、臨時の催もあり何かしらあるのであるが我國にはそれが少いのでありますから、金のかゝらない展覧會を一ヶ月二ヶ月位、一年に數度開いて見せてやると云ふことは、娯樂と云ふことからも必要であると同時に、之に依つて知識、趣味の發達向上には、費す所少なくして得る所が餘ほど多からうと云ふことを私は深く信じて居るのであります、其證據に一度お試しなさい見物人は仕様がない程入つて來るのです。て時々おやりになることは極必要だらうと思ひます。

經費が極つたら其次に展覧會の蒐集物であります、是は題目から極めてかゝらなければならぬ、通俗教育、社會教育としてはどうしても民衆の實生活に觸れる題目を選ばなければならぬ、時なんと云ふことは人間の實生活に直ぐ觸れる問題であります、或は食物、衣服、住宅、家事、さう云ふやうな消費の經濟なり衛生上なり、社交上なり現實の生活に觸れるやうな題材を選ぶと云ふことが一番必要であらうと思ふのであります、さう云ふ問題さへお捉へになれば、必ず其展覧會は成功であるのであります。勿論知識ばかりでない趣味の方面もあつて宜いと思ふ、社會教育と云ふものは知識教育ばかりでない、趣味教育もしなければならぬ、體育もやらなければならぬ、兎に角さう云ふ人間の實生活に觸れる題目を選んで其趣旨に合ふ樣な品物を集める、それを集める爲には準備の期間が要ります、それも一年も一年半も前から考へると云ふやうなことではいかぬ、何故なれば實生活に觸れるのでありますから、例へば生活改善を一つ叫んで見やうとか、時間尊重を宣傳して見やうとか云つても、其れを一年も一年半も前から考へると云ふことは出來るものでない、一年後にどう景氣が變るかと云ふやうなことは分らない、それで準備の期間としては、大博覧會のやうなものは別として、吾々の手でやれる展覧會では先づ半年の準備期間があつたら宜い、半年前に題目を極めたら宜いだらうと思ふ、今度の時展覧會は四ヶ月前に考へて造つたのでありますが餘ほど忙しかつた、無理な點が多うかつたのであります、無理の無い所を言へば半年の餘裕が要るだらうと思ひます。

其の半年の中一ヶ月は何に費すかと云ふと、題目が極つてから一ヶ月は印刷物を造つて出品を依賴する、それが爲には何處へ行くとどんな物があると云ふことも調べなければならぬ、其題目に付てどうしても無くてはならぬ物はどんな物であるか、其方面の專門家の意見を聽くことが必要である、時の展覽會であれば天文臺へ行つて聽くとか、建築のであれば建築學會へ行つて聽く、工科大學の先生に相談する、食物のならば醫師に相談する、災害豫防のならば警視廳へ行つて相談する、或は內務省の警保局に行くとか、鐵道省に行つて相談するとか、電車の掛りに行つて相談するとか、工場監督官に行つて意見を徵するとか、それ〳〵の專門家がありますから其專門家の意見を聽いて、蒐集すべき品目を定め之を系統的に分類して、印刷した上で依賴狀を出す、此研究調査にどうしても一ヶ月を費さなければいくまいと思ふ、この一ヶ月間で大體の輪廓が出來るのでありますが、無論註文した通りに物が集つて來はせぬ、豫期した物が無くて外れることもありますけれども、一ヶ月間練つたならば大體に於て宜からうと思ふ、あと五ヶ月間で依賴狀を出して物を蒐集する、其陳列を致すには、五百坪六百坪の面積であれば、半ヶ月あれば大抵陳列が出來る、さうすると中の四ヶ月半で極力物を集める、足らぬ部分は製作する、どうしても無い物は畫で描かせる、統計表は數字だけではむづかしいから書き直すと云ふやうなことを四ヶ月半でやつてのけて仕舞ふ、四ヶ月半で斯う云ふ物が集つて仕舞へば、半ヶ月で陳列すると云ふこととて大抵間に合ふだらうと思ひます。

出品の大部分は他に賴む外ない、それを一々製作すると云ふことが出來れば一番理想的には行きますが莫大な經費が要る、民間で半ば營利的に展覽會、博覽會を經營致すのがありますが、さう云ふのが斯う云ふ出品をして呉れぬかと頼めば、商人は廣告的に商品を出して呉れるかも知れませぬけれども社會教育上有益な物は出して呉れぬ、民間で營利的に展覽會を經營しやうと云ふことであるならば、先刻私の申上げた豫算の割振りではいかない、一萬圓かけるものならば其半分は油繪なり、パノラマなり、人形杯を使つて直營的に自分で博覽會の中心になる部分を造らなければならぬ、併しながら、諸君が御關係になつて居る官廳なり、學校なり、協會なりで經營する場合には先刻御話したやうな割振りで宜いのでありますが、民間で營利的に博覽會を經營しやうと云ふ御考へであるならば、すつかり豫算を變へなくてはいくまいと思ひます、役所なり公益團體なりが經營をする場合には大部分は、殆ど全體は世間の出品に待つと云ふことでなければやり切れない、ですから其依賴する先きです、無論一部分商人から出させることも必要だらうと思ひます、商品の廣告です、大きな會社でありますと廣告ばかりでない、公益の爲にする豫算を有つて居ります、出品費を有つて居る、それを吾々が利用するのです、廣告費なり公益の事に使ふ豫算をちやんと有つて居るのでありますから、それに此方が註文を付け專門家が指導をして、社會教育になる形で出品させる、それが會社の廣告になると同時に吾々の註文通りの物を出して呉れるのでありますから一向差支ない、且つ諸官省なり研究調査所なりは、到る所夫れ夫れ自分達のやつて居る事業を世間に普く紹介をしたい、鐵道省であれば人民に鐵道敎育がしたい、民衆に鐵道の知識がない爲に、鐵道を經營する上に非常な損失を被る、怪我人が多く出たり、荷造りが惡かつた爲めに、色々な手數をかけて能率を妨げられる、故に鐵道省としては人民に向つてレールウエーエヂユケーシヨンがやりたいと云ふ希望もある、遞信省ならば民衆に貯金をさせたい、簡易保險の思想を普及したいと云ふ要望がある、何處へ行つてもそれ〳〵活動寫眞を使ひ、ビラを使ひ、宣傳をし、人民を教育して見たいと云ふ希望があるのでありますから、而してそれに使ふ金を持つて居るのでありますからそれを利用する一會社官省で數百千圓もかけて出して呉れますから、文部省として國庫から出して居る金は一千圓、一千五百圓であつても、實際は二萬圓、三萬圓、展覽會に費されて出來て居るのであります、それでなければ迚も出來ない、又三萬圓かゝつても四萬圓かゝつても、何もかも自分で拵へて博覽會を造ると云つても時間が間に合ひませぬ、多くの從業員があつてやれば出來ますけれども、少數の者がやるのでは間に合ひませぬ、各方面の專門家が競爭的に意匠を凝して有益な物を出して呉れるからやれるのであります、それ故に出品を依賴する先きの研究と云ふことが大事である、其研究が出來なければ迚も四ヶ月半位で展覽會を造り上げると云ふことは思ひも寄らぬことであります、民間でやる勸業の展覽會抔は大概商人ばかりを相手にして居る、商人は商品の廣告、賤廉の廣告に出すのであります、一小間良い所は五十圓、惡い所は三十圓、二十五圓の小間料を展覽會に拂ふ、詰り廣告料です、小間料とか入場料とか官廳の補助金とかゞ財源です、それで博覽會を經營して損が立つた、得になつたと申す事になる、所が社會教育の展覽會では小間料を取る譯にはいかぬ、取らぬ代りに、此方の註文通りの物を出させるそして陳列の場所を無料で提供する、陳列の箱でも何でも無料で提供して居るから向ふでも、廣告費の全部を油繪なり、模型なり、色々な物にかけて持つて來る、ですから總て意義のある物が出て來ると云ふことになるのであります、其處が一番苦心し努力しなければならぬ點であります、文部省が支出する一千圓は大抵印刷物來賓の接待費、それから裝飾を加へなければなりませぬから其裝飾に使ふ材料等に費されて仕舞ふのであります、故に大部分の費用は出品者が負擔をして呉れて居る、實際は何萬圓とかゝつて居るのでありますが、其の一少部分が政府の負擔に屬すると云ふことになつて居るのであります、今日も其意味で展覽會を御覽を願ひたいと思ひます。

さう云ふ風にして出品の依賴先を極めるのでありますが、出品目錄の印刷物に展覽會をやる趣旨の徹底するやうに、是は社會教育上の必要である、斯う云ふ趣旨で開催致すのであると云ふことを明瞭にし、さうして其趣旨に合ふやうに、左に揭げた物の中適當な物を出して呉れと云ふことにして依賴狀を出すことが必要である、尙ほ御出品下さるならば其の見込を御通知下さい、模型か標本か圖表か、どう云ふ物を御出しになるか、それの陳列に要する面積はどの位、平面はどの位、壁面はどの位、ケースが要るか露出で宜いか、近くであれば直接に話を聽いても分りますが、遠方から送つて呉れる場合にはそれだけの事を書いて貰ふことが必要であります、地方の展覽會などを見ますとさう云ふ打合せが無いものでありますから、自分の方の陳列品は壁面はどれだけ要るか、平面はどれだけ要るかと云ふやうな豫告もなしに勝手な物を出して來る、受取る方でもどんな物が來るか分らない、集つて來たのを見ると、是では迚も列べ切れないと云ふので雜然と無理な陳列をし滅茶なことをやつて居る、ちよつと勸工場へでも行つたやうな感じがする、それではいかぬ、豫め壁面が幾ら、平面が幾らと云ふやうなことを極め、光線の足りない所には電燈を點ずると云ふやうにちやんと準備をして置いて、其處へ當嵌めると云ふことでなければいかない、其處まで硏究しないで出品を依賴する、出す方も構はずにやるから展覽會が滅茶苦茶になつて仕舞ふ、そこで大約一ヶ月前位になりますと大概集つて來る物が分る、一ヶ月乃至三週間程前になると集つて來る物の內容が分るのであります、そこで今度は標品模型のやうな物が少なくて繪畫寫眞圖表が多いとか或は何うとか云ふやうなことの見當が付くのです、それに依つてケースがどれだけ要る、衝立がどれだけ要ると云ふことが分りますが、陳列場を考慮の中に入れて、どう云ふ分類に依つて列べると云ふ計畫が初めて極る、其計畫が極つて仕舞へばあとは機械的に陳列されて行くのであります、貴重な物はケースの中に入れる、圖表は壁面に貼ると云ふやうに順序が立つて居るから、送つて來た物は機械的に直ぐに列べることが出來る、そこ迄になるのがむづかしいのであります。

尙ほ御話申上げることがあるかも知れませぬが、大體これだけを御話をして置いて、あとは今日實地を御覽願ひたいと思ふのであります。

二、博物館の任務

學藝の研究と社會敎育

今日は博物館の經營と云ふ方の御話を致すことになつて居るのでありますが、一寸順序を轉倒致しまして、博物館の任務と云ふ方から、御話を致した方が宜いと思ひます。

段々各府縣にも、商品陳列館とか、物產館とか、或は簡易なる博物館などが出來るやうに相成つて參つたのでありますが、社會敎育の機關として、海外の諸國では、此等博物館は非常に有力なる働きを致して居るのでありまして、莫大の費用を投じて、經營を致して居る、博物館は、其の歷史を云つて見ると、王侯の應接間とか云ふやうな所に發達をしたもので、其處に珍品を集めて、お客さんに示し、貴族の豪奢を誇るとか、或は又學者、專門家、物好きが種々な珍らしい、資料を集めて、其道の者が見て樂しむ爲めに設けられたもので參考資料、研究材料を蓄へて置く、保存して置く倉庫であつたのであります、所がそれが、段々進んで參つて、非常に系統立つたものに發達し學藝研究の必要なる場所になつて來たのであります。

斯くて王侯或は貴族、富豪が獨占して居つた繪畫は之を持ち出して一般の民衆に見せるやうにし之が美術館と云ふやうなものになり、又其の少數者が道樂にやつて居つた參考資料の倉庫を公開して一般の人民に示して、學藝、藝術研究の用に供するやうになつたのであります、それがもう一歩進んで、今日では社會大學と云つたやうな形になり、獨り少數の學者、專門家、物好きが出入りをし、珍らしいものを、古臭いものを並べて置くと云ふ場所だけにして置かないで、所謂民衆敎育、社會敎育の機關になつて來たのであります、之れが爲め陳列の模樣をすつかり變へて來たのであります、單り陳列の樣子を變へるばかりでなく、更にそれに案內者を附けて、說明を行ひ、或は時々講演會を開き其他種々の方法を講じて、一般の人民の知識趣味の啓發社會敎化に、博物館が盛に利用されるやうになつて參つたのであります、それ故博物館と云ふものゝ任務が汎くなつて來て、從つて其の意義が餘程擴張されて參つて來たのであります、故にさう云ふ意味に於て、今後は博物館と云ふものを取扱はなければならぬのであります、從來は博物館と云へば、珍らしいもの、古いものを並べて置いて、それを番をさして、人が見に來るのに委せて置く、座つて居て來觀者を待つと云ふ、狀態であつたのでありますが、今日の新しい博物館の經營法はさうでない、進んで廣告もする、時々特別展覽會もする、活動寫眞も使ひ、幻燈も使ふ、そこに專門家の、敎育に經驗のある案內者、說明者も置き、又盛んに館外貸出しもする、見學團體を組織して方々へ引張り廻すといふ樣に總て新しい知識、趣味の普及向上を計る中心機關になつて居るのでありまして、博物館は決して呑氣な場所ではなくなつて來たのでありま す、さう云ふ意味に於て博物館は社會敎育上、今日はなくてならない必要機關であります、又學藝の研究の上から見ても、今日は缺く可らざるものであります、歐羅巴に留學した人は大學へ行かないで、博物館に始終出入りして博物館で勉强して歸つて來たと云ふ人もある、向ふでは大學に行けないやうな事情のある人は、博物館に行つて研究して、さうして立派な一と廉の學者になることが出來るのであります、でありますから、繁激なる職務に從事して居りながら志ある人て休暇を利用して、始終研究して居ることを博物館に行つて確め、さうして立派なる論文を書き、學者になつたと云ふやうな人が幾らもあるのであります、學術硏究と云ふ意味から云つても、博物館は歐羅巴では頗る必要な機關になつて居る、殊に今日は民衆敎化と云ふ意味に於て、藝術の敎育にした所が、知識の敎育にした所が、博物館はどうしてもなければならぬ必要な機關に相成つて居るのであります。

それが我國では未だ博物館らしいものが一つもないのであります、一つもさう云ふやうな新しい意味で經營されて居る博物館は遺憾ながら日本には一つもないのであります、でありますから我國の人の博物館に對する考へと云ふものは非常に誤つて居る、誤つて居る譯だ、本當の博物館らしい博物館と云ふものを內地に居つては見ることが出來ないからであります。

博物館と云ふもの丶種類を一つ擧げて見ると云ふと、學校博物館と、公共博物館との二種類あります、圖書館にも學校圖書館と、公共圖書館がある如く、博物館にも二種類あります、それから中央博物館と地方博物館との二つに分れます、帝室であるとか、中央政府であるとかゞ經營する全國を目的とし、或は世界を對照にして世界の文化に貢獻する爲め內外國に於ける學藝の發達進步を示す爲めの參考品を一堂に網羅し集めて居る中央博物館と云ふやうなものもあれば、又道廳、或は府縣と云つたやうな一地方の產業なり、其地方の歷史なり、の參考品を、陳列して見せて地方人民の啓發に資して居る地方博物館があります、地方博物館と雖も無論歴史などにありましては、一地方だけに限つたものでない、矢張り全國と關係を有つて居りますから、全然一地方だけのものと云ふ譯には參らぬが、地方的色彩を濃厚にする點が特色であります、この意味の地方博物館と云ふものが、又なければならぬのでありまして、是は海外でも皆、左樣なものを經營致して居る、地方的色彩の最も濃厚な强いものは、例へばアルプスの麓に高山博物館がある、伊太利のネープルスにはベスビヤスの噴火て埋められたポンペイの市、二千年前の文明をそつくり地から掘り出して、陳列してある博物館があります、これはポンペイの遺跡と共に離すことの出來ない地方的博物館であります、我國でも地方的色彩の最も强いものは、例へば福岡の東公園にある、元寇記念館であります、陳列品の中には元寇と關係のないやうなものもありますが、大體に於て國運を賭して戰つた、國家の大事變を思ひ出すに必要な參考品を集めて居る、鹿兒島の南州の墓地に建てある教育參考館も其適例である、何れも地方的色彩の最も濃厚なるもので、其當時の種々の遺つて居るものを一堂に陳列して見せると云ふことは人をして大いに感興を催さしめ、又新しい知識を得て滿足せしめる事が出來るのであります、さう云ふやうな、地方的色彩の濃厚なるものが到る所にあつて宜いと思ふのであります、それは極く濃厚なる例でありますが、併しながら各府縣で今後經營する府縣立の博物館と云ふものを、皆さういふ風のものにせよと云ふ意味ではない、其の地方の天產產業及び歴史參考品、其の地方から出た偉人に關係あるもの、其の地方から出た大藝術家の作品と云ふやうな各方面の參考品を蒐集陳列して成る可く地方的色彩を濃厚にしたものがローカルミウジアムの特色でなければならぬ、之に反して中央博物館は中央政府の經營、或は帝室の御經營に係かる全國を目的としたものである、從つて全國から集つて來て居る陳列品ばかりである、隨て物品が非常に多いのでありますから勢ひ分科的專門的の博物館に區分する必要がある、所が地方で、府縣で經營するやうな博物館であると、大都市の樣に專門の博物館を、五つも六つも造る譯に參りませぬから、自然一つ所に何も彼も集める、美術も歴史も、自然科學産業に關するものも皆集める、そして綜合的の普通博物館にするのである、大都市の中央博物館が自然專門の特殊博物館にならなければならぬ理由は前に述べた通りであります、であるから先づ東京、大阪、京都の如き大きな都市中心地には、此の中央博物館と云ふものを作らなければならぬ、そして其他の府縣には地方的の博物館が出來ねばならぬ、そして出來るだけ地方的色彩を濃厚にして特に其の府縣の產業なり、教育なりに資する樣にしなければならぬと思ふのであります。

以上は理想論であるのでありますが、今日の實際問題として考へると、我國には果して斯う云つたやうな施設があるかどうか、殊に先刻御話をする通り、博物館の任務と云ふものを本當に自覺して經營されて居る博物館があるかどうか、博物館に從事して居るものが學藝の研究に對し、社會教育に對し斯く斯くの職能を果さねばならぬと云ふことを、自覺して經營して居る博物館と云ふものは、遺憾ながらまだ日本には一つもないのである、而已ならず、さう云ふ設備が出來て居るにした所が適當な從業員が果してあるかと云へば、是もない、故に將來、金を掛けて適當な從業員を養成して之を配付して、鞭撻を加へ發達を計らなければならぬ。

右申す通り完成した博物館はないが相當培養すれば段々物にならうと云ふ素地、芽生と云つたやうなものは、必ずしもないのではない、東京に於きましては、各省が大概一つづゝ博物館の芽生みたやうなものを經營して居る、農商務省に行けば鑛物の陳列館がある、商品陳列館がある、前者の如きは少し手を掛けると相當の博物館になる、帝室では歷史美術の博物館を御經營になつて居る、そこには天產部もあります、各方面と綜合してある故に前の分類に據りますと一種の普通博物館である、今日は此の中央で經營する博物館と云ふものが段々普通博物館ではなくなつて來て居る、動植礦の天產物ばかりを一所に集め之をナチユラルヒストリーの博物館、或は歷史博物館、美術博物館と云ふやうな風に、特殊博物館にならねばならぬのであります、兎に角宮內省の經營にはさう云ふものが御有りになる、陸軍省には遊就館がある、海軍省に築地に海軍參考館がある、是は海事の博物館である、此の海事の博物館なども、伯林にある海洋學博物館に相當しますが伯林のは頗る完備したもので、此處へは大學の學生なども行つて始終研究して居るのでありますが、さう云ふものに較べるとまるで芽生に過ぎないのであります、それから鐵道省の交通博物館は極く最近一と月か半月前に出來たと云ふ案內を受けたのでありますが、是はまだ見ませぬが、鐵道院に於て交通の參考品が若干あつたので、それを公開するやうになつたのであります、遞信省に於ても遞信博物館即ち交通の博物館がある、是はなか〳〵よく集つて居りますけれども、併しながらまだ規模が小さく交通博物館と云ふまでは可なり距離があるのであります、內務省には衞生參考館と云ふものがある、衞生試驗所の內にあります、一週間に一日公開して居りますが、貸出しを主にして居る博物館で、地方の衞生展覽會等に、參考品を貸出して居ます、是も衞生博物館の芽生であるのであります、文部省には御覽の如く、貧弱なバラツク同樣の敎育博物館があります、之れは科學博物館の芽生があるのでありまして、是等も博物館と云ふ程のものではないのであります。

それから各府縣はどうなつて居るかと云ふと、各府縣では、一番金を掛けて居るのは物產館、商品陳列所であるのであります、是が建築だけは地方博物館として、可成りの形態も備へて居て經費も相當かけて居る、併しながら博物館としての働きをして居るものは少い、大阪、名古屋を始め其他數縣のものを除いては其土地の物産の委託販賣位をして居りまして、御土産を買つて歸る所になつて居ります、尙福岡、大阪、岡山、石川、名古屋等の物産陳列所は、産業の奬勵以外更に廣い意味の社會教育を可なり盛にやつて居てよく使はれて居る、絶へず特別展覽會などをやつて、博物館として活動をして居る、けれども、大體に於きまして、各府縣の商品陳列所は少なからぬ經費をかけて居る割合に博物館らしい仕事をして居らぬ、本來商品陳列館即ちコンマアシャルミウジアムと云ふものは、歐羅巴では我が邦の樣にあんなに各府縣毎に一つ宛ない、大抵海外貿易の盛んな大海港都市とか貿易品の製造の盛んな里昂の樣な織物の中心市場と云つた樣な大工業都市に限つてある、故に我國でも神戸であるとか、橫濱であるとか、海外貿易の盛んな所は、實際外國人も、來て住つて居る、それから大勢調査や取引の爲めに外人がやつて來る、又貿易品を盛んに製造して居る都市に於きましても製造家が競爭して新しいサンプルを集めたり種々研究を致して居りますから、さう云ふ所に商品陳列館の存在する事が必要である、尙ほ商品陳列館は進んで海外の販路擴張の爲め調査をし、或は關税運送荷造り、及び商品の包裝等種々貿易上必要な事の調査研究の依頼に應じ、商人なり、製造家なりの便宜を圖り、其の地方竝に全國の、産業の發展に資すると云ふことは當然のことである、故に前申した樣な土地には是非なければならぬ、併しながらあの縣で物産陳列館を造つたから事情の如何に拘らず、此の縣でも造る、隣縣で商品陳列館を設けたから此縣でも是非造らなければならぬと云つたやうな風に無暗に造る性質のものでない、或縣の如きは、海外へ出る物産が殆どない、而して物産陳列所がある、どう云ふ理由かと云ふと其縣の物産を竝べて他の縣の人に之を紹介し委託販賣をもする爲めだといふのである、其の位のことなら勸工場へ行つても解る、何も縣が澤山の金をかけて立派なものを造り之を經營するにも當らぬ、他に必要な緊急な施設が幾らもある。

要するに博物館の經營はどんな種類内容のものをやるのが必要であるかと云つたやうなことを研究した人が府縣にはないのである、中央政府にも確な方針が無かつたらしい、其結果一定の計畫もなく妄りに施設して、各府縣に一つ宛物産館なり、商品陳列館なりがあると云つたやうな變態的の發達を致したものであると思ふ、農商務省の當局者でも、今日の各府縣の物産陳列所の經營方利用法に就ては餘程考へて居られる樣で、毎年一度づゝ陳列館長を農商務省へ召集して打合會があるのでありますが、先頃の會にも物産陳列上を適當に利用する方法如何と云ふ樣な意味の諮問案が出て居りまして、之に對して所長が種々説を述べられ其れが新聞にも出て居ましたが、産業の奬勵發達の爲めに出來たものではあるが、更に廣く社會教育に之を利用する事が適當でないかと云つたやうな答申も出て居つたかと思ひます、さうなると勸業課だけの仕事でない、學務課の仕事になるのでありますが、少くとも物産陳列所の經營を學務課員に兼務參與させ或は委員の一人に、學事關係の人を加へるなりして社會教育の爲めの展覽會を經營するとか、或は學校其他へ貸出しを盛んにやるとかしてもつと有效に利用する樣にすべきである、社會教育、學校教育に經驗あり、考へのある人が陳列所の經營に御加はりになると云ふことが最も適切だらうと思ひます。

故に私は各府縣に出張して府縣の當局の方に面會する機會のある毎に貴方の縣には斯う云ふ風な立派な陳列館があるけれども、さつぱり役立つて居らぬ、この儘にして置けば無用の長物視される樣になる、もつと有益に使つたらどうか、百五十坪か二百坪も建て増しをして絶えず何か展覽會を開催するか教育の參考物を澤山集めて、各郡市等で展覽會をする場合等に貸出すとか、何かもつと地方相應の中央機關として社會教育、學校教育に、もつと利用したらどうかと云ふことを始終御勸めを致して居るのであります、和歌山縣では卒先して物產陳列館の改造に着手せられました、前申す通り商品陳列館と云ふやうなものは海外でも普通の都市には餘りない、到る處の都市に大概在るのは、商工博物館でありまして、商品のサンプルばかりでなく其出來る順序やずつと古代から發達して來た模樣例へば陶器ならば、其の古い時代に行はれた工場の模型各時代製作品の見本或はそれを割つて、斷面を見せ、結晶の工合を示した標品抔も陳列して科學的系統的に竝べて居る、それから、海外の參考品抔をも集めて、當業者研究に從事して居るもの丶參考に供して居る、殊に其地方が織物地方であり、或は金屬工業の地方であり、或は農業、林業、水產の地方であるに從つて其地方の產業に最も關係のあるやうな參考品を竝べてある、さう云ふ商工博館と云ふものが、大概の都市、人口五六萬以上位の都會では必ず經營して居る、斯う云ふものならば存在の必要を認める地方博物館として、一つあつて宜いと思ふ、和歌山縣の商工博物館は恐らく此の意味のものでありませう、同縣では在來の物產館を壞して、其跡に四百坪程の二階建の商工博物館を造られ、さうして其の近くに在來の物產館がある、其の物產館の側には別に即賣館と云ふものがある、此の商工博物は同縣の商工業の發達に資する爲めのもので從來の商品陳列所よりは更に職能の廣いものであります、これが府縣商品陳列所改造の一つの實例であります、私は各府縣でも、物產館、商品陳列所は、海外貿易や輸出品工業等の關係から特設して置く程の必要ない府縣では寧ろ改造して斯う云ふものに致したいと思つて居ります。

尙ほ府縣立博物館で、特色を有つて居るのは、山口縣立博物館であります、私はまだ見ませぬが、見た人の話や陳列品の目錄を見た所では、府縣立地方博物館としての內容を、段々充實致しつ丶あることを認めます、唯此の名稱が如何かと思ひます、教育博物館と云ふ名前は冠されて居るのでありますが、內容は教育博物館ではない、教育博物館と云ふものは、どう云ふものであるかと云へば、專ら教育に從事して居る者に必要なる參考品を竝べて置く所であります、地球儀とか、教授用掛圖とか、物理器械とか、云ふ樣な學校で使ふ參考品を竝べて置く所であります、恰度先日御話した、教員が教育會を開いて集まつて來た時に、其の教員の參考になるやうに教授用品其他の參考品を竝べて見せる教育品展覽會、教授用品展覽會を常設的にしたものである、始終新しい地球儀其他の器械標品新しく考案された掛圖抔を竝べて置く所が教育博物館でありまして、それは世界の各國でも、中央政府の在るやうな處に大概一つはある、和蘭はアムステルダムに教育博物館がある、佛蘭西の巴里にもある、獨逸には各聯邦に教育博物館の、小さいのが澤山ある、伯林にあるのは、小學校の二階を二三室位使つて居る、ニユルンベルグにあるのは百二三十坪位の大きい一室から成つて居る、ミユンヘンにも可なり大きいのがある但し一室である、さう云ふ風に各聯邦に大概一つ二つ位ある、そして其の名前の通り內容もさう云ふものでありますから獨逸では教育博物館のことを學校博物館《シユールムゼウム》と云つて居る、學校で使ふ參考品を竝べて置く所、それを教育博物館と飜譯致して居るのであります、我國でも文部省に東京教育博物館があるのでありますが、社會教育の必要、通俗教育の必要からして先年來教育博物館を改造して性質內容が變つて來ました教育博物館は從前は所謂教育博物館として經營致して居つたのでありますが、今では御覽になつた通り寧ろ自然科學の博物館に成つて居る教育博物館としての陳列品の大部分は今は物置に仕舞つてある、併しながら本來の意味に於ける教育博物館と云ふものも矢張り中央政府が一つは經營して宜いと思ふ、大きなものでなくて宜いから地方にもまた府縣で例へば大阪に一つ、仙臺に一つ、福國に一つと云つたやうに建設し全國に四つ五つの教育博物館がなければならぬのであります、其處に行くか或は陳列品の目錄を取り寄せれば地球儀地圖掛圖實驗機械標本等總て最新のものを知る事が出來る、出張した序に寄つて見れば最新のものを見る事が出來る、これが教育博物館であります、山口縣の縣立教育博物館はさう云ふものではないのである、故に其の內容と一致する名稱に改められた方がよいと思ひます、山口縣立教育博物館ばかりでなく其他のものも斯う云ふ風に名實一致する樣にした方が適當である、文部省の教育博物館も今恰度擴張の途中にあるのであり、過渡期でありますから、其の名と實とが伴はない、追ては改むべきものと思ひます然るに是が爲めに假令一縣でも命名を誤らしめるに至つたとあつては甚だ恐縮に堪へない譯であります、どうぞ今後はさう云ふ誤りのないやうに諸君て御監督を願ひたいと思ひます。

歐米の大都會例へば伯林あたりでは博物館と云ふものは大概大學が利用して居る、大學の器械標本室參考品を公開したやうな形になつて居る、田舍に專門學校を造つた場合には公開の博物館がないから其學校限りの相當なスクールミウジアムが要る中等學校にも必要教授用品を陳列して置く教具室が必要である、小學校も亦同樣である、併しながら亞米利加あたりの最近の傾向では各學校に教授用品を一揃づゝを買ひ備へることは甚だ不經濟であると云ふのでセントルイスであるとか、フイラデルフイヤなどでは其の土地の教育博物館なり商品陳列館の教育部なりに幾組もの地理教授、歷史教授、理科教授等の參考品を蒐めて置いてさうして各學校が必要に應じて電話なり端書なりで一寸知らせると自働車で持つて來る事になつて居る、例へば日本の地理を敎へるから日本に關する參考品が借りたい、明日の何時から何時迄其の授業がありますと電話で云ふてやると自働車で日本に關するすべての參考品を幻燈映畫までも持つて行く、學校ではそれを受取つて日本の風俗習慣を説明する用に供する、日本人の着物は是であると實物で説明する。さう云ふやうに本當の地理教授を致して居る、幻燈を使ふなり本當の實際的の標本を使ふなりしなければ徹底した教授が出來るものでない、斯様な教授用品を各學校で皆蒐めて持つて居ると云ふことは到底不可能であります、それでありますから教育博物館に於てさう云ふものを幾通りも貯へて置いて盛に貸出しをして居る、貸出すばかりでなく近くの學校からは一學級を連れて來て館員から幻燈を使つて説明を聽き實物を見せられる、例へば今日は綿の工業に關して生徒に教へたいと云へば直に幻燈室へ生徒を連れて居つて室を暗くして幻燈を使つて綿の事を十分か二十分話してさうして更に陳列の現場に引卒し今見せた綿は是である、是は綿から取つた絲である、是は實である是は實から取つた油であるといふ樣に教へる此のやうな風に博物館は教育上によく利用されて居る、各學校に斯様な設備をし學校博物館を造ると云ふことは容易なことでない、故に博物館を教具のセンターとし市全體の學校が之を共有し共通に使ふと云ふやうなことが最近の傾向であります。

私の處へ地方から來訪され學校博物館を造つて生徒に見せ同時に之を公開して見たいと云ふやうなことを相談になるが或縣などは一郡に二十幾つかの博物館を各學校に設けたと云ふやうな報告が文部省に參つて居る、英吉利は世界中で博物館の最も普及して居る國であるが、それでも尚博物館を公費で建設公開するには人口一萬以下の所では相成らぬ事に規定されて居る、世界中で博物館の一番多い英吉利ですら此の通りでありますから町村などで公開博物館を經營する人口二千か五千の小さな町でするのは以つての外である、どうしても府縣費で經營するやうな所は一府縣に一ケ所或は二ケ所位だらうと思ひます、それから郡部で何か陳列館樣のものを造らうと云ふことなら郡役所所在地位の所で學校の一室か役所の二階にでも之を陳列し、さうして郡内の子供を引張つて行つて時々見學させる事にしたい例へば昔の鎧、兜、火繩鐵砲の類を各學校に備へ附けて生徒に見せると云ふことは困難なことてあるから、郡役所の所在地に來て見せる樣にしたい今日各學校毎に一箇づゝのスクールミユウジアムを造ると云ふやうなことは聊か時勢遲れの感がします、時勢の要求と相反した施設である、是等も學校を監督する人達が學校設備の研究が不充分な爲めに起る事でありませう、今後の教育上の施設は出來るだけ無駄の無い樣にして往かなければなりませぬ、斯う云ふ方面の監督をする人が今少ししつかりしなければならぬと云ふことを私は常に感じて居る次第であります。

三、建築及設備

次は建築及設備と云ふ事に就て御話致さうと思ひます、能く博物館を公園の中などに拵らへるものがありますが之れは聊か古い考へてありまして、出來得るならば今少し民衆の近寄り易い接近し易い所、即ち市の中央に近い所に造らなければならぬ勿論近くを電車ががた／＼云つたり汽車の線路の近くなどは感心しませぬが出來得るだけ市の中心、少くとも市が漸次發達して往く方面に設けたい、成るべく多くの人が集り易い所に場所を選定すると云ふことが必要である、一寸通りがけに寄つて見るに億劫でないと云ふことが必要であります、學校などは郊外てあつても宜いが、公共的の博物館と云ふことになるとどうしても人家稠密なる市の中央部、少くとも其の方面に向つて市が段々發達して行く所に位置を占めることが必要である、さうして煉瓦造なり石造なり鐵筋コンクリイトでも宜しいから不燃性のものが必要である、貴重な品物再び得難いものも集まつて來ますし、人からの委託品も多いのでありますから、それにたとへ出品でないにした所が蒐集品は成るべくなくしたくないのでありますから是非不燃性のものにすると云ふことが必要條件であります、文部省の教育博物館なども木造のバラック見たいなものでありますから早く不燃性のものにしたいと努めて居られる、不燃性のものであると云ふことが必要條件である。

博物館を新に造る場合には矢張り學校の建設と同じことに幾らかまだ時勢の必要に應じて擴張しなければならぬ事を見越す必要がある、上に延びると云ふことも宜いが、或度迄以上には、上へ延びられぬから是非横に延びると云ふことを豫想して少しは地面の餘裕を殘して置くと云ふことが必要なことであります。時勢が進歩して來ると各府縣でも今の物産陳列館では足らぬ、もう少し特別展覽會をやる場所を百坪二百坪欲しいと云ふ様な問題が起つて來る、或は誰かゝら非常な澤山な貴重な物の寄贈を受けたが入れる場所がない、小さな博物館を彼方此方に幾つも造る譯にもいかぬ、勢ひ在來のを擴張し增築すると云ふ事の必要が起つて來るものであります、故に初めから若干の餘地を取つて置くと云ふことが原則になつて居る、故に擴張の出來ない様な敷地は初めから撰ばぬと云ふことが必要であります。

次は陳列用ケースの問題である各府縣で始めて陳列館を造る場合によく御相談に應じますが、何時でも看過されて居りますのは陳列用ケースの豫算であります、今日は木造の博物館などでありますと建築費と中に据付けるケースとの新調費とで何方が餘計金が掛かるか分らぬ位であります、御覽に入れました教育博物館などでも建物は十萬圓かそこらかけたら出來るだらう、が中の陳列用のケースも亦矢張り其の位かゝるのであります、四六の硝子即ち横が四尺、縦が六尺、厚さが三分か三分五厘、そして面が磨いてある、普通の硝子であると凸凹が澤山あるから人の顔が種々に妙な形に見える、それで磨いてあるから面が平らで見ると云ふと本當に物が見える、陳列用の硝子と云ふものは磨きでなければならぬ、三分か三分五厘であれば泥棒の心配もないのであります、故に普通は四六の磨きの三分を使用して居ります、併し已むを得ない場合にはもつと薄い五三と稱する板でも宜い、兎に角磨きを使はなければならぬ、あそこに使つて居る四六は今で一枚百圓位します、先達中米騷動で硝子窓を壞された時分には百三十圓から百四十圓して居りました、主として亞米利加と白耳義から來るのでありますが、白耳義で造つたのは今でも百圓程致して居ります、百圓下では買へませぬ戰爭前には四十圓か四十五圓で一枚買へたのであります、又陳列館に入つた突當りの正面陳列には大きな箱が要る之れには五十《とを》の硝子卽ち五尺に十尺のを使用します、五十の硝子は大商店の陳列窓に使つて居ります仲々安くない何百圓とします、勿論經費の都合では五三の硝子、旭硝子株式會社あたりで出來る、五三でも差支ない、五三にしましてさうして硝子の欄間を付け細い棧にさへすれば必ずしも惡くないのでありますけれども先づ陳列館用としては少くとも四六を使ふと云ふことが原則になつて居る、四六の硝子で楢材か何か使へば、どうしても一と小間小間と云ふのは硝子一枚振り卽ち四尺でありますが、一と小間二三百圓掛る、一と小間二三百圓かゝりますから之を延長すると陳列館のケース全體は何百尺と云ふ延長がありますから結局建築費位かゝつてしまう、今日迄陳列館の設計に就いて御相談を受けて見ましたが中に陳列するもを買ふ費用は大分取つてあるが、陳列用のケースの費用は頗る僅かしか取つてない、それでは陳列用のケースが一本か二本しか出來ぬ位の少額に過ぎぬ事が多い、さうして中に竝べる物品を買ふ費用が大變取つてありますが是は非常に間違つて居る、中に竝べるものは借りて來てでも竝べられる、併しながら容れ物がなければ何とも致し方がない故に、標本を買つたり機械を買つたりする費用をケースに向ける樣にもして居ります。

さうして陳列館の構造設備上一番困ることは採光の不十分な點であります、此の陳列館と云ふ所は内にケースを置くから一番困難である、勿論學校の教室などの採光も必要でありますが、是は大概分つて居る何尺の窓にしたならば何處迄光りが行くとか開口の面積と床の面積との割合抔は大抵建築上の原則があるが、陳列館はさう云ふ譯に行かぬ、中のケースの關係から光りの工合が違ふ、窓と陳列用ケースとの位置の關係が面倒てある、それに飛んでもない處に柱があつたりすると一層困難になる、又強い光線をケースの硝子板へ眞正面に受けると硝子に人の顔が寫つてしまつて鏡になる、中に竝んで居る物がよく見えない、さう云ふやうな鏡にならぬやうに適當な方向にケースを竝べる必要がある、外來の光よりもケースの内から反射して來る光の方が弱いと必ず鏡になる内に電燈でも點けなければ硝子の面から反射して困る故に陳列館の窓はどんな高さにしてどの位の面積にすべきかと云ふやうなことは陳列に當つて居る博物館の專門家でなければ分らぬ、普通の建築の技師などに分ることではない、どうしても陳列館に從事して居る人、又は陳列館專門の建築家に設計をして貰つて天井の高さ窓の工合ケースの配置と云ふやうなものを極めなければならぬ、一旦建築が出來てしまつてからさアケースを造れ、ケースの竝べ工合を考へよと云はれた處が既に遲い、どうしても中に竝べる物品やケースの形狀大小等の計畫が立つてから窓や天井が極まる、中にどんなものを入れるか中の物の研究をしないで家だけ造つてさア渡しますと云ふやうなやり方では成つて居らぬ、商品陳列館、物産館を造るにも博物館を造るにも相當の經驗のある者に相談し中に備へ附けるケースの研究をしケースを竝べる方向位置などを極め此處に柱があつても邪魔になるまいとか、或は此處に柱があるからそれをケースの中に入れてしまうとか、通路に柱がある爲めに茫然見とれて居る人が柱で頭を打つと云ふやうなことがあるから柱を殺す工夫が要る、さう云ふやうなことは圖書館でも博物館でも特殊の建築物であるから特別の設計をしなければならぬ、普通學校杯を造る考へては不可ぬ、或縣から陳列館を造ると云ふので二十萬圓許りの設計圖を持参された處がそれには廊下があつたり間取りからして一見學校の教場と同じやうに出來て居て陳列館の建築ではない、普通の建築家では斯ういふ事は解らない、殊に歐羅巴に行つたことのない建築家では解るものでない、日本の建築家にはまだ圖書館、博物館の樣な特殊の建築の専門家と云ふものはないのでありますから、吾々のやうな素人でも博物館の經營に少しばかり覺えのあるものが建築家と相談して案を立てると云ふやうなことになるのであります、ケースには今御話した陳列用ケースには種々の型があります、センターショウケースとかテイブルケースとか種々あります、センターショウケースは四方硝子で屋根も硝子板になつて居る、今日は底の低い床から餘り離れないのが行はれて居る、私の方の陳列館で使つて居るのは英國出來で農商務省が日英博覧會に使つたものを無償で貰ひ受けたものである、一時的の博覧會に使つたケースだから木製の不完全なものである今日は成るべく輪廓の細いのが流行る、輪廓を成る可く細くする、出來得るならば鐵で拵らへる、上野の帝室博物館に御出でになると大分鐵骨の形式のが來て居ります、鐵でなく木の骨にした所が成る可く細く造るさうしないと中に陳列してあるものが邪魔される、太さばかりでなく色合の如きも餘り濃厚なものを使はないで淡い色を使ふ、さうしないと矢張中の物が邪魔され死んでしまう、陳列館はケースばかりでなく天井や壁の色なども斯う云ふ淡色が可い殊に間色の夏冬通ずるものが宜い、ケースなども恰度栖の木地位の所が宜い、一寸白過ぎるか知らぬが、あれに少し赤味を持たした位がよい、それでありますからケース一つ造るにしても硝子はどれを使ふか骨の色はどうなければならぬかを研究しなければならぬ、又錠前の吟味が一番必要である、博物館は常に泥棒と火事と塵埃と戰つて居るのでありますから、ケースの錠前は上下二ヶ所か三ヶ所掛けられる樣にし、それも悉く違つた錠前がよい、それから次は鍵でありますが博物館中共通の錠前が必要である所謂マスターキーであります、一つの錠前ですべて開ける事の出來るやうにしなければならぬ、鍵錠前は普通の出來合品は不可ぬ特に注文して造らせる、それも其土地は避けて遠方の土地へ注文する、例へばロンドンならばマンチエスターに註文するそして可成複雜な錠前の構造にする、錠前の研究だけでも非常なものであります、況んやケース一つ造ると云ふことになると仲々專門の知識が要る、さうして尙ほダストプルーフ或はエヤープルーフの構造にしてケースの内へ外氣の出入しないやうにしなければならぬ、構造が惡いと外で埃が起つと皆内へ入つて終う、埃が入ると品物を傷めてしまう、斯の如く博物館は常に泥棒と埃と火事と戰かはなければならぬ。

斯う云ふ譯でありますから博物館と云ふものは專門的知識が入る素人でも誰でも造れると云ふ譯に行きませぬ、特殊の學識經驗ある者でなければならぬ誰でも出來ると云ふやうな考は幼稚な時代のことであります、次はケースの内に陳列する物品であります、内に竝べる物品は餘り錢を出して買はないでも宜い、教育博物館を御覽なさいましたか知らぬが、買つたものは殆どない、建物もケースもさうであります、内に入れてある、物は大正博覽會頃から今日まで種々の博覽會展覽會の殘品を貰つて竝べてあるのであります、近く北海道て開道五十年紀念の博覽會があり同地産の材木及製工標本一通を貰つた、明治神宮へ阿里山檜の珍木が來たと云へば其の切端を貰ふ、何でも貰つた物ばかり竝んで居る、買つた物は殆どないのであります、博覽會展覽會などの殘品は實は出品者も跡の始末に困る、持つて歸つても置き場に迷惑する、會社などでは博物館の様な有益な公共的なことに利用されゝば喜んで品物を寄贈して呉れる、朝鮮總督府、南滿鐵道、臺灣總督府、を始め大小の會社から何の博覽會へても出品をして居る、さう云ふものゝ中必要なものを選んで貰ふのであります、故に中に入れる物は府縣でも同樣であらうと思ひます、中に陳列するものは他へ出品を賴むか貰ふかで澤山です、大體買ふなんと云ふ考へはいらぬ、故に建物やケースに十分金をかけたならば中に入れる物などは獨りでに集つて來る、豫算の割振りは大體此の位の考へて宜いかと思ひます。

それからミユジアムエキステンションと申しませうか、博物館の作用を積極的に外部に及ぼす事であります、ユニパーシチーエキステンション、大學擴張運動と云ふものがある如く、ミユジアムエキステンショシと云ふものがあらねばなりませぬ、今後の博物館はぢつと坐つてお客さんの番をして居る樣な消極的經營てはいかぬ進んで世間に廣告し或は屢特別展覽會を開いて客を呼んだり或は品物を盛に貸し出す、或は出張つて行つて說明する、斯う云つたやうに積極的に博物館の効果を學校や地方の展覽會其他種々な處に及ぼさなければならぬ此の如く博物館の作用を外部に擴張することがミユジアムエキステンションであります、社會教育として進んで博物館の効果を社會民衆の上に及ぼすには是非積極的に經營すると云ふことが今日の新しい經營法であります、吾々の關係して居る博物館でも稍ゝ斯う云ふやうな方針で力を入れて居るのであります、博物館を世間に廣告する意味で種々の事をする兎に角盛に館へ人を吸集する事が必要です、今度の展覽會でも十九萬人程入つて居るのであります、一ケ月になるかならぬに既に十九萬人に達しました、七月三日の閉會迄には二十四五萬を超へるだらうと思つて居ります、それは何かと云へば廣告の宜しきを得て居るからであります、第一に新聞て盛に紹介して貰ふ、辻々に立札を立てる、時の記念日に撒くビラには時の展覽會が日下御茶の水に開催されて居ると云ふことを書いて置くと云ふ風でありまず、斯の如く種々とミユジアムエキステンションをやつて居る、尚ほこの展覧會が濟んだら殘品が關西に行くことになつて居ります、これも博物館の作用のエキステンションの一つてある。

ミユジアムエキステンションをやるにはどうしても活辯の代りの出來る來觀者の案内の出來る説明の出來る教育上の經驗のある人が要る、教育博物館の建物は貧弱であるが館務に從事して居る人には適任な人が多い。陳列用の繪を描くとか或は物を陳列するとか、或は活動寫眞を映すとか或は活辯の代りをやるとか、或は來觀者を案内して説明するとか夫れ夫れ極めて適任な人が揃つて居るのでありますから博物館の貧弱な割には博物館として活動して居る、ミユジアムエキステンションの主義に依り積極的の態度を取つて居るからであります、印刷物で説明案内をする以外に相當な人があつて説明案内をする事が必要である歐羅巴の博物館に行くと美術館抔にしても田舎から青年團とか普通旅行團體とかが來ると直に案内者が出て來て美術の專門家が出て來て大きな聲をして團體に向つて説明して聞かせると云ふやうになつて居る、それで學校生徒の團體は半學級又は一學級本位てなければならぬ一學校の生徒全體が一團になつて博物館に出掛けると云ふことは最も遲れたことである、日々の授業の進行上或題目に付て博物館に行かなければならぬ事が起こる、例へば本邦の建築の沿革に就いて今恰度歷史で教はつて居ると云ふやうな場合であると自然歷史の博物館に行かなければならぬことに成る博物館に往つて注文の題目を云ふと館員は宜しい、それじや陳列品を見せる前に先づ以て建築の沿革を一と通り十分か十五分間幻燈を使つて話をしやうと云つて、スライドを使つて話をして聞かしてくれる、それから陳列の現場に案内して見せて呉れる、それてなければ博物館を眞に生かして働かすことは出來ませぬ、それから又博物館は屢々其の陳列品に關係のある講演會を開く、例へば時の展覧會が開かれてあれば時に關する講演會をやる、是はミュジアムエキステンションの一つである、館外貸出は最も重要な活動の一つである、學校に貸出す或は府縣立博物館に貸出す、敎育會へ貸出す等である、吾々の博物館でも今に擴張をして大きな物置きが出來るならば貸出品を幾通りも備附けて置いてあそこの府縣の展覧會へ一ケ月此處の府縣立の博物館に二月とか三月とか云ふ樣に參考品を二室三室に陳列する位づゝ貸出す、織物の盛な地方には織物の參考品の新しい物を集めて貸出す、そしてそれが轉々方々へ廻ると引き續いて又新しい物を貸出すと云ふ風にしたい、各地の府縣立圖書館はさう云ふ活動を致して居るのでありますがそれと同じやうに博物館が館外貸出しを盛にやらなければならぬそれがまたミュジアムエキステンションの一つであるのであります。

それから世間には種々な敎育機關がある、圖書館があり青年團があり、婦人倶樂部があり、種々な學校がある、博物館は此等と連絡を取らねばならぬ故に、博物館に從事して居る者は今日學校では何を要求して居るかと云ふことを能く知つて居なければならぬ、學校では地理敎授を實際的にやりたいが遺憾ながら經費がない、隨て適當な參考品が買へない、或は幻燈を使つて歷史地理敎授をしたいが幻燈の機械がない、スライドがないと云ふ事情を知らねばならぬ、今日青年團や處女會婦人會は何を要求して居るか、合宿所では何んな缺乏を愬へて居るかと云ふ事を知らねばならぬ、有ゆる社會敎育の機關、學校は今日何を要望して居るかと云ふことを理解して居なければならぬ、そして其等の要求に應ずる工夫をしなければならぬ、これと同時に博物館は世間に向つて一體博物館といふ所はどう云ふことに努めて居るか、どう云ふ便宜を世間に與へてくれるかと云ふことを十分知らせなければならぬ、故に學校長抔の集つた場所或は敎育會の總會等へ行つて博物館は斯う云ふ作用をする便宜を與へるといふ事を話さなければならぬ、或は婦人會か青年團へ博物館員が行つて博物館には斯う云ふ便利がある、博物館の仕事、職能を十分言つて聞かせなければならぬ、社會敎育、學校敎育の効果を十分擧げるには種々の事業に從事して居るものが相互に諒解を得て置くと云ふことでなければなりませぬ、青年團は青年團以外の事に何も知らない、そんなことでは駄目である、例へば海事協會と云ふものがある、海員の志願者が近年減る、故に今少し海事思想を普及しなければならぬ海事に關係した宣傳をしたい、と云ふので海事のフヰルムを集めて貸出す、海事に關する講演なれば幾らでも講師を派遣すると云ふやうなことをやつて居る、先達も陸奥の進水式がありまして直ぐそれを活動寫眞に撮つて海軍省から海事協會にくれた、それなども何時でも希望者には誰にでも貸出すことに成つて居る、斯う云つたやうに種々な協會其他の機關があつて自分の方の宣傳をして居る、國勢調査局の方では國勢調査の宣傳用の活動寫眞フヰルムを作るに相違ない、衛生局では虎列刺が流行れば虎列刺豫防の宣傳用フヰルムを造る、鐵道省では鐵道敎育用のフヰルムを持つて居る、農商務省の特許局では發明奬勵のフヰルム十數卷を持つて居る、是等は何時でも貸してくれる斯う云ふやうに到る處にフヰルムも貸出せば物品も貸出す講師も派遣すれば出て行つて世話もする、互に國家社會の爲めに盡したいと云ふ要望を有つて居る、故に之れをよく諒解して居て互に利用しなければならぬ、斯う云ふことは一番必要と思ひます、唯孤立して居つてはいかぬ。

尙從業員が自分の從事して居る博物館の任務と云ふものを十分諒解して居て此の任務を發揮することに熱心であらねばならぬ、即ち熱心で適任な從業員が必要である、故に博物館經營に付ては物件費と云ふものは餘り多く金を掛けないで殆ど人事費に掛ける必要がある適才を網羅する事が肝要である、米國の進歩した或る博物館は經費の九割を人事費に掛けて居る、今日は物よりも人である、設備も或度迄必要であるが、大概のものは無償でくれる、寄附を仰ぐことが出來る、故に十分其の職能を發揮するにはどうしても人才である、其道に經驗のある素養のある適任の人を得ると云ふことが大切である大分年を取つたからあの男は校長を廢めさせて圖書館か博物館かで一つ使つてくれまいかと云ふやうな相談を私は屢受けます、併しながら段々申す通り、博物館はさう云ふ古手は必要が無いのである、若い人で專門教育さへ受けて居れば是から教育して使つて役立つ樣にする事が出來る故に教員や役人の古手は博物館には要らない。私の本日の講演は是だけにして置きます。

四、學校設備の利用

今日の問題は學校設備の利用と云ふことであります、どう云ふ方面の利用かと云ふと、言ふ迄もなく社會教育の方面への學校設備の利用であります、この問題に付て少し御話をして見やうと思ひます。

從來と雖も夏期講習會とか通俗講演會とか、父兄會とかに使用されて居る歐羅巴では父兄會と云ふものがあつて、家庭と學校との聯絡を附けることと以外に、學校に父兄を集めて教育をすることになつて居る、父兄を教育し同時に娯樂を與へる事にして居る、卽ち音樂會をやるとか、お伽芝居をさして見せる等であります、慰安、休養になる樣な意味でやつて居ます、それですから伯林では、父兄會をやるのは大抵晩でございます、晝は勞働に參りますから晩父兄を學校へ招く樣にして居ります、今日は我國の父兄會に於ても社會教育が加味されて、學校との聯絡を圖り同時に父兄に對して通俗敎育をすると云ふやうになつて來た、それから尙青年團、處女會等の集會にも必ず學校が利用され、又學校の圖書室を解放して放課後から夜分にかけて公開する、或は巡回文庫のステーションにする、巡回文庫の停留場に學校を使ふと云ふやうなことが餘ほど普及し廣く行はれて來たやうであります、故に我國と雖も學校設備の利用は相當にして居るやうであります、けれども、尙ほ社會敎育に對する學校設備の利用と云ふことは、今少し考へる餘地がありはしないかと云ふことが今日の問題であります。

學校設備の利用が一番盛んに行はれて居るのは亞米利加だらうと思ひます、獨逸にしても英吉利にしても相當に利用されて居るのでありますけれども、學校設備が學校敎育以外の社會敎育其他に利用されて居ることは亞米利加が最も盛んかと思ふのでございます、運動場、それから屋內體操場は無論利用されて居ります、それから倘浴室の開放であります、近頃の小學校では、シャワーバッスと云つて生徒の爲めの共同撒浴場がある、寒い時は普通湯でありますが、螺旋を捻ると湯が雨の樣に落ちて、身體を奇麗に洗ふ事が出來て非常に心持が好い、新しい學校では大抵さう云ふ浴場が附いて居ります、さうして女の學級の時には女の小使が行つて世話をしてやり、男の生徒の時には男の小使が行つて世話をしてやつて、一週に一遍位は必ず學校でお風呂に入れると云ふことになつて居りますこの浴室を學校へ來て運動する青年男女其の他に利用させる卽ち學校兒童以外のものの社會にも解放する。

それに講堂、音樂の敎室、家事の實習室、手工敎場、又普通敎室なども大都市では每晩の如く社會敎育事業社交團體等の爲めに殆ど占領されて居ると云ふやうな譯であります、此の如く學校の設備が夏期休暇、冬期休暇は勿論平生も毎晩絶間なく利用されると云ふやうに相成つて居るのでありまして、どう云ふ譯で亞米利加其他の國では學校の設備の利用が斯樣に盛んになつたか、其理由を少し御話して見たいと思ひます。

近頃種々な社會事業、殊に社會教育の仕事が漸く殖えて來た、十四五歲以上の青年男女、嫁入前或は日本で言へば徵兵前の青年男女を工場商店等から歸つたなり打捨て置かないで、適當に之を保護し教育してわき道に反らさぬやうにして彼等が能率を高める必要が增して來た、又結婚をした、ものにしても色々な必要からしてもそつとよく教育をしなければならぬ、普通選擧で市民は選擧權を有つて居るのでありますから、市民としての義務を果たす上にもそつと教育をしなければ共和政治は持ち切れない、勞働者も移民も教育をして亞米利加の國是を徹底させる必要がある、それには時々集める必要がある、それから亞米利加では色々な倶樂部がある、黨派關係や色々な關係で、男の倶樂部、婦人倶樂部、青年男女の倶樂部抔色々な倶樂部がある、さう云ふ者が時々集つて有益な話を聽く、或は政治上の問題は二つに分れて討論會をやる、或は體操をやるとか、舞踏をやるとか色々な必要が殖えて來た、斯の如くして社會教育を行ひ、或は慰安、休養、娛樂を與へると云ふやうな必要が非常に增して來た、斯の如く人が集まる必要が起れば從つてそれに對する集會の場所が要るのでありますが、それに一々料理屋を借りるとか、ホテルを借りるとかして居つたのでは迚もやり切れないのであります、偶の集會ならば宜いけれども、頻繁に集めることになつては、有料の場所でやつて居つてはやり切れない、如何に經濟上裕かな亞米利加でもやり切れない、そこで會場不足と云ふことが起つて來て、自然市町村が非常な金をかけて造つて居る建物に眼を著けることになつて來たのである。

亞米利加は御承知の通り土曜日が休みで日曜日には寺院に行くのであります、一週間に五日の授業でありますから金曜日の放課後から土曜日、日曜日、月曜日の授業の始まる迄の長い間は學校は空いて居る譯てあります、さうして平均の放課時間は先づ午後の三時半、伯林あたりは大抵一時て小學校が休みになるのであります、夏冬を通じてさうてある、斯の如く一時に學校が退けるとあとは空いて居るのでありまず、亞米利加ては夏休が長いので、校舍が學校教育に使はれるのは一年間に百八十日、一日に使はれて居るのが七時間平均位てありますから、非常に金をかけた立派な設備の學校が、市町村の造營物としては甚だ不經濟に利用されて居る譯である、それ故に一方種々の集會が料理屋や其他で開かれて居つたけれども、其の公共的建物なる學校を斯ら云ふ社會教育なり社會事業なりの目的の爲に利用した方が宜いぢやないかと云ふことになつて來たのてある、所謂學校設備のヴイダーユース即ち利用範圍の擴張と云ふことが必要になつて來たのてあります、其の必要は村落、都市を論んせぬけれども、大都會に於ては一層其の必要が殖えて來たのであります、それは言ふ迄もなく近世經濟上の大變動てあります、大規模の工事が行はれ、分業が盛んになつて來たと云ふことが其原因てあるのてあります、經濟上の大變動と云ふことが然らしめたのてあります、從來山間の傾斜地で水車利用の工場が都會に集つて來て大工業が都會で盛に經營される事に成り且つ非常に分業的になつて來た、從つて在來のやうな親方が丁稚小僧を置いて家て教育する徒弟制度の破壞となり、補習教育の必要と云ふことが起つて來たのてあります、即ち丁稚小僧に實業補習教育を與へなければ迚も今日の分業的な勞働に從事させることが出來ぬ、商賣ても工業ても出來なくなつて來たのてありますから、それて十四歳て小學校を出た青年男女を再び學校に收容して、每晩手工教場を使ふなり色々な教室を使つて補習教育を與へると云ふ必要が一つ殖えて來たのてあります。

それから今一つは、大工業の組織になり、非常に大規模に生產が行はれるやうになつて來たものでありますから、資本家と勞働家とに社會が横斷されることになつた結果貧民が殖えた、少數の富豪、大多數の貧民が出來た、昔の小規模の產業時代の如くではなくなつた、富の程度が甚だしく懸隔して來た結果、富豪は別莊を有つたり、大邸宅を構へたりする樣になつた、然るに大多數の人民は狹い所に住ひ、それから夫婦共稼ぎて工場に行く、甚しきになると子供も工場にやらなければならぬ樣になつた、隨て母親が家に居つて嫁入前の娘を教育すると云ふことは出來なくなつた、是が爲めに家庭に一大缺陷を生じて來たのであります、一國の建全なる分子が怪しくなつて來たのであります、此の經濟上社會上の大變動は獨り米國ばかりでなく歐羅巴各國の等しく受けた一大影響でありまして、此儘て置いたならば、一家の健實なる慈母たり能率ある主婦たるべき資格を娘達に與へる事は出來ない、さう云ふやうなことから小學校で家事科に重きを置く樣になつて來たけれどもそれだけではいけない。

今迄のやうに母親の膝下に置いて教育した機會は無くなり、亭主は勿論工場に行く、細君も赤ン坊を托兒所に預けて置いて勞働に往く、子供も小學校を卒業すれば工場へ稼ぎに行つて居ると云ふ風でありますから家は留守勝になるのであります、それで細君なり老人なりが終日家に居つて、娘を膝下に置いて教育した時代に比べると、家事教育の機會が甚だ少い、家に居つて實際的指導する時間がない、それでありますからどうしても學校の教室を解放して若い娘達を集めて、料理の仕方、赤坊の行水の仕方、乳の飲ませ方、牛乳の扱ひ方、其の他色々の事を母親に代つて教育しなければならぬやうになつて來た、是が嫁入前の娘や若い細君等を一緒に屢々學校に集めて晩や休日に教育しなければならぬ必要の起つて來た理由の一つであります。

殊に貧乏人の殖えて來た結果住宅が密集し且つ一軒の家に幾家族も住む事になつて來た、二階三階四階五階と云ふやうな家で、其各階が澤山の室に仕切つてあつて、それぞれ身分に應じて必要なだけの室を借りる貧乏人は地下室の暗い所や屋根裏の安い室を借りて住む、そして收入の多い人は二階或は三階などの見晴らしの好い所を七室も八室も借りて居ると云つたやうに一軒の家が多數の家族に依つて占領される、そして好い室に住つて居る人は澤山の廣い部屋があり居心地が良い或は晝の中は店に居つて、夜は郊外の住宅に行つて、別莊のやうな庭園の廣い所で良い空氣を吸ひ幸福な生活を送つて居る、けれども大多數の人民はさう參らない、甚だ狹い所にごちやごちや非衞生的な密集生活をして居る、從つて國民の健康の上にも大に影響する。

現に東京あたりでもさうです、東京の下町を歩いて見ると大概の家は二階を人に貸して居る、夫婦者や獨身者に貸して居る、甚だしいのは六疊一間で三夫婦寢ると云ふやうなのがある、どうして寢るか知りませぬが、さうでなくても十八九の娘を頭に五六人の家族が一つ部屋に寢ると云つたやうなことが工業地區へ行くと珍らしく無いのである、さうして異分子が二階や障子一重の隣室に住つて居ると、自然それが家庭に風波を起し風俗を破壞する原因に成る故に大都會では今日住宅問題で非常に惱まされて居る、此の儘に打ち捨て置いたならば風致なり衞生なりの上に非常な影響を與へる、幾ら學校教育で努めても一方で惡感化を受けざるを得ない、我國も歐羅巴に於けると同樣今日はさう云ふ狀勢に迫まられつゝあるのでありますから、住宅問題は大都會に於ては大に研究しなければならぬことになつて來た、今日地方から東京へ轉任などして來ると一番に困るのは住宅である、借りたくも借家がありはしない、借家の不足は非常なものである、今申したやうな情けない生活をして居つて尙且不足であります、要するに是は家が足らない、團體の事業か或は株式組織か何かでもつと廉い住宅を澤山造る、郊外の空氣の良い所へ家賃の廉い、地代の廉い、暮し易いやうな家を澤山に造つて供給する必要がある、そしてそれへ電車も延長する、水道瓦斯も供給する樣にしたい、歐羅巴の例を申上げますと勤め人は大概郊外に住んで日々市中へ通勤をして居る、歐羅巴では此の郊外住宅とか田園都市とか云ふ施設に既に數十年前から手を着けて居る、我國でも歐洲大戰以來急に大規模の工業が發達し都市が膨脹して來た爲に、何處でも工業的都市では住宅問題に惱まされて居るのであります、さう云ふやうな結果どうしても工場で疲れて歸つて來る勞働者或は勤め人に廣い空氣の良い所で活潑な運動をさせたり十分の休養を取らせたりする場所が必要になつて來た、商店は勿論工場も決して體育にはならぬ所であります、すべて工業は身體の局部、例へば眼とか、指先とかだけ非常に多く使用する、身體全體平均に調和的に動かすと云ふことは甚だ少い、一般に工場生活ほど不養生のものはないのであります、故に商店なり會社なり工場なりて晝の中に働いて來た人達殊に青年の男女を場所の廣い、空氣の良い運動場などに收容して盛んに運動をさせて元氣を恢復させる、慰安娯樂を與へる、休養をさせると云ふ必要が非常に殖えて來た、衞生の上から見てもさうであるが、夜分の如きも彼等を好い所へ收容してやらぬと自然良くない所へ出掛けるやうになる、小學校の運動場雨中體操場利用の必要が一層殖えて來たのである。

殊に今日の樣に狹い所に勞働者がごた／＼住つたり、妄りに貧民ばかり殖えて來た結果は、社會に非常に惡徳が增して來た、色々な弊害や犯罪が增して來た、殊に少年犯罪が殖えて來た、病人が殖えて來た、救貧、防貧、犯罪の防止、青年の保護救濟等の必要が益急を告げて來た、それ等を豫防し改善するが爲の社會的教育、市民の道徳、知識の程度を高くする爲めの施設が益必要になつて來た、歐羅巴、亞米利加を通じ大都市では夫れが痛切になつて來た、我國に於ても大都會に於ては丁度亞米利加、歐羅巴の都會の如き狀態に今日ありつゝあるのであります、て此事は國として大に考へなければならぬのでありますから、近來府縣市或は各省に社會局課、社會教育課と云ふやうなものが出來、或は社會事業に從事する者の講習會或は常設の養成所を造る事になつて來たのであります、一方社會事業の中の一つてある社會教育に於ても亦、同じ理由に依つて其の必要を一層痛切に感じて來たのでありまして、社會教育の必要と云ふことは開會式の時なり其他の機會に於て普通局長其他の方から話をされたことゝ思ふのでありますが、斯う云ふ狀況になつて來たのでありますから、其の結果今日の不幸の狀態を改善救濟し且つ今後の惡化を豫防して行く爲に、小學校を出て更に高い教育を受ける事の出來ない青年男女や丁稚小僧に特殊の教育を與へなければならなくなつて來た、即ち社會教育の一つとして補習的の教育が青年男女に盛んに與へられることになつて來ました、實業補習學校が目下の接迫した問題になつて居りますけれども、我國の補習教育は大概普通科の補習教育でありまして、歐米國の樣な實業補習教育は甚だ普及して居らぬ、徒弟制度が廢たり職業が非常に殖えて夫れ夫れ分業的になつて來た爲に特殊の補習教育をしなければならぬと云ふ意味の所謂實業補習教育は、歐米諸國の樣ではない、彼國ては之れに非常に力を入れて居りますが、我國の補習教育はまだ其處まではいかぬ、歐米國では經濟上の大變動に促されてさう云ふやうになつたのでありますが、我が國今日の實業補習教育は一向微々として振はない、東京大阪に二つ三つ宛、神戸其他に一つ二つ出來たとか云ふやうな憐れな狀態にあるのでありますから、我國では殆ど未著手の狀態にあると言つて宜い、今日のやうな補習教育は義務教育の延長に近いのである。

　歐羅巴の小學校は手工が金工と木工とに分れて、金工教室と木工教室とあつて、木工では手細工の外糙轆細工をもやる、金工ではダライバンがあつて鐵を削つたり穴を開けたりする、單にハンダ附ばかりではない、それで斯んな設備があるから十四歳以上の者には學校を解放して或程度の職工教育が出來る、女子に對しても同様である、もと娘さんの職業は何かと云ふと、人の妻になつて家政をやると云ふことであります、料理、洗濯、育兒と云ふやうなことが女子の職業教育でありますから、學校の家事科の實習室を解放して嫁入前の娘達を集めて職業教育をすると云ふことになつて來たのであります、それに一般市民全體の知識趣味を向上し思想を高尚にする爲め、殊に市民としての權利義務を完全に果たさす様にする爲め、即ちシチズンとしての教育を與へる爲めに學校で公開講演を行ふ、亞米利加では公開講演には特に金をかけて非常にこれに努めて居る、私の極く親しい友人である一亞米利加人は、曾て高等師範學校の御雇教師として日本に來て居つた人でありますが、今ニユージャルジー市の一中學校、テクニカルハイスクールの教頭をして居ります、此人は教職の餘暇を以て諸方の公開講演に頼まれて居る、日本に長く居つたと云ふ爲に日本人の生活狀態、日本の國情に明るいと云ふ處から、日本の事に付て一席の話を聽く爲めにひつ切りなしに彼方からも此方からも招かれる、幻燈を使つて日本の事情を話して居られる、これが爲に私の所へ始終手紙を寄越して新らしい幻燈のスライドを送つて呉れと言ふて來ますから、新たらしいスライドが見附かると二十枚三十枚づゝ供給して居ります、さう云ふ風に公開講演が盛んに行はれて居る、從つて其の集合する場所も今迄の倶樂部とか何とか云ふものだけでは足りないと云ふことになつて來たのであります、隨て學校の設備を利用する必要が生じて來たのである。

其の他夜分に社交的の種々な集會が盛に行はれる、此等頻繁に行はれる社交團の集會に學校が利用される、即ち社會の各階級の人、富豪も集まる、貧乏人も集まる、此等の人が集つて來て舞踏をしたり、或は飮食を共にしたりする、社會が經濟上の變動の爲に橫斷されたのでありますから、上下意思の疏通、和親を圖ると云ふことの爲め社交的の會合が益必要になつて來たのであります、農村では地主と小作が一緒になると云ふ機會を造らなければならぬ、此機會に互に意思の疏通を圖ると云ふやうなことが必要になつて來たのでありますす、地主が小作人、傭人などに對して相當同情を持ち、又勞働者が資本家に對して相當な諒解を得ると云ふやうなことが必要になつて來たのであります、危險な思想を緩和し其の惡化を防止する點からさう云ふ施設に力を入れなければならぬ樣になつて來た、斯樣な譯で學校の設備を以上の如く種々の目的に利用すると云ふ事の必要が非常に增して來たと云ふことを御諒解を願ひたいのであります。

それでどう云ふ風に學校の設備が利用されるかと云ふ各論に入つて見たいと思ふのであります、其の第一は運動場の利用であります、運動場と云ふのは普通謂ふ運動場の意味でなく校地內の一部分である所の運動場であります、村落の學校になりますと、校舍以外の所はすべて運動場と云ふやうなことになつて居ります けれども、校地の內に學校園もあればスクールヤードと云ふ幾らか裝飾をした庭園もあります、而して其の外に專ら生徒の運動に使ふ運動場があるのであります、其の運動場は本當に運動に適するやうに地盤が出來て居る、それて氣候の好い時には外で運動をする、雨や雪の降つた時には屋內で運動するのは當然のことでありますす、屋內の體操場の設備がよく出來て居る、大抵向ふでは體操をやる時には着物を着換へる、故に更衣室チエンジングルームと云ふのがある、此處で着物を着換へ靴を穿き換へて元氣よく體操をやる、汗を出してづぶ濡れになる、其れを其の儘にして置くと感冒肺炎、肋膜炎杯の原因になると云ふので、運動した後には黒い幕の下つた内に洗面所の様な設備のある所へ入つて眞つ裸體になつて身體を洗ひ、着物を着換へて教場へ行くなり家へ歸るなりする、日本の學校ではまださう云ふ設備は行はれて居らぬ、近來我邦の青年男女の疾病死亡の率が歐羅巴、亞米利加に比べて多くなつて來たのは或は學校の衛生設備なり、青年男女の衛生思想の缺乏と云ふ樣なことが其の原因の一部を成して居るのではないかと思ふのであります、向ふの學校の先生は教授法の研究もやるけれども一體に常識があり科學思想が進んで居て殊に衛生の思想が上下とも發達して居ります、從つて汗でづぶ濡れになつた生徒の身體の跡始末まで研究して居てさう云ふやうな設備をして居るのであります、我國の如きも段々體操服に着換へる、それから體操した後ではどうさせると云ふやうなことも考へなければならぬ。

兎に角歐米の學校にはさう云ふ設備がありますから、毎日午後になつて工場から歸つて來た娘なども學校に集つてローンテニスやバスケットボール杯をやつたり、其他色々激烈な運動を盛にやる、さうして發汗すると學校の浴室、之れは所に依つては無料、又は僅かな料金を取るのでありますが、其のシャワバスに行つて身體をすつかり洗ひ拭つて、着物を着換へてせい〳〵して家に歸つて晩食の食卓に着くと云ふやうにうまく行つて居るのであります、運動場に風呂場は附き物であります、それで近頃亞米利加の都會の小學校では晝夜二回に學校運動場を使はせる、晝の組は午後三時半に學校が退けると六時か七時の晩食までの間、體操の先生を一人附けて置く、それも市内のどの小學校も皆と云ふ譯にはいきませぬから東區に一人西區に一人とか、或は京橋區に一人日本橋區に一人と云ふやうに體操の先生を女の組には女の先生、男の組には男の先生を附けて本式にやらせる、さう云ふやうに社會教育なり體育なりの指導者を置く事に、市なり區なりで相當の金をかけて居るのであります、又晩になると運動場にアーク燈をつけて、眞晝の如くに照して、其處で運動もやる、室内の體操場では舞踏もやる、ピアノを彈く人をも雇つて置く、すべてそれ等の指導者は皆有給でやらせて居るのであります。

　それから尚ほ小學校の運動場が運動に利用される以外、更に校庭が遊歩休養の場所に用ひられる、都會では小公園の必要が多いのでありますが、追々空地が少くなつて來た故に近頃新設される小學校は垣根を撤廢して仕舞つて、さうして日本銀行の前庭のやうな風に、道路との界には花崗岩の小さい柱を立つて鎖ぐらゐを附けて居る、そして校庭は芝生にし草花などを栽ゑて奇麗に造つてある、出來るだけ奇麗に裝飾してある、我邦て見る樣に黒板塀で圍つて仕舞つて中には草一本も生へて居ないと云ふやうな殺風景なことではいけない、門を撤し黒板塀を撤し、道路との界は鎖ぐらゐて跨いでも入れるやうにする、さうすると午後になると夫婦者や何かゞ乳母車に子供を載せて遊びに來る、學校を小公園扱にして社會と學校とが接觸をし、學校へ入つて其處で運動を見るなり或はロハ臺に腰を掛けて休むなり、尚又學校の前庭には泉水があり噴水がある、往々動物も飼つてある、子供を樂しませるやうなことに學校が使はれる、慰安、休養、娛樂の場所に使はれる、今日は學校なり、博物館なり、圖書館なりすべて公共的の建物を黒板塀で取圍むと云ふ樣なことは行はれぬ、左樣な事は古い考へになつた、隨つて大都會に於て富豪が廣い庭園を圍つて之れを獨占して獨りで樂んで居ると云ふやうなことも時勢遲れてある、歐羅巴では富豪の庭園は、妄りに人が入らぬやうに鐵の垣で取卷いてはあるが外から透し見の出來るやうになつて居つて、決して日本のやうな墻壁は無いのであります、それ故に街路と私人の庭園と連絡して居て道路を散歩して居つても眞に心持が宜い、さう云ふ風に向ふては一般の人の考へが社會的民衆的になつて來た、出來るだけ開放して公衆と樂を共にすると云ふやうな開けた考へになつて來て居るのであります、自分さへ好ければ他人は何うでも宜いと云ふやうな考へはない、さう云ふ主義で住宅が出來て居る、日本では住宅も改良しなければならぬが住宅よりも先づ學校の方を變へなければいかぬ、幸ひに小學校などは大體歐羅巴風の建築に出來て居るから實行がし易い、小學校にそれが實行出來れば圖書館、博物館も同時に實行が出來るのであります、さう云ふ風に成る可く解放的に學校の設備が出來て居り運動場にはアーク燈が點いて居れば晩に行くことも出來るし、社會と學校が自然接近して來て、自分達の公共的の建設物と云ふ考が增し社會の人がよく利用する樣になる、其の代り學校にはそれ相應の設備が要る、即ち放課後外から人が集つて來て體操をやるには體操の主任者が居り、女の子供に舞踏を敎へるには女の指導者が居る、それに確な小使が居つて其小使が鍵を握つて取締を嚴にして居る、又相當な有給の人が居つて學校の建物を管理すると云ふやうに秩序が立つて居る、東京でも嘗て小學校の運動場の解放をやつたことがありますけれども、體操敎師もなければ管理者も居ないので子供が寄つてたかつて學校の設備を壞して仕舞ふ、それで運動場の解放は駄目だと云ふことになつて終つた、故に解放するには相當準備が必要である。

英吉利のロンドンでは夏季小學校の運動場を解放して、天幕張りの家を造つてやる、附近の者が子供を車に乘せて遊びに來れば、その中に入れて面白く遊ばせる、即ち小學校が保育所に利用されて居るのである、さうすると市役所からは其處へ育兒婦を派出して其機會を利用して母親達を敎育する、子供を一々診てやつて此子供は醫者に診せなければいかぬとか、一體どうして乳をやつて居りますかとか、色々育兒に付ての指導をする、母親を敎育して赤ン坊の死亡率を減らす事に努めて居る、幼兒の死亡率を減ずると云ふことは各國の大問題でありますから斯んな所にまで努力が行き渡り、有ゆる機會がよく利用されて居る。

學校の運動場は亞米利加では十四歳以上の男女には無論使はせるのでありますが、紐育州のローチエスター市では、五十人以上の團體で平均毎日三十五人出席するものには無料で體操場の使用を許し、市から體操の教師を出張させる事にして居る、けれども二ヶ月續いて出席が二十人に達しない場合は其の許可を取消す事に規定して居る、而してさう云ふ條件に該當する團體でさへあれば晩でも晝でも體操の教師を出してやつて便利を與へて居る、英吉利のロンドン市其の他では一つの學校を指定して晩に其處へ子供が集つて來る樣になつて居る、所謂イブニングセンターでありまして、毎晩其の學校へ子供を集めて遊ばせると云ふ組織が出來て居る、各學校交替で一週間に二回ぐらゐづゝ番が來て其處の教師が預つて面白く遊ばせて與れる、但し成人の家に居らぬ家庭か、又は晩に親が仕事に出て家に居らぬ家庭の子供は特に毎晩來ても宜しい、運動場へ出席しても差支ないと云ふ特權を與へてある、之れは勞働者の子供などが兩親の不在中に惡い風に感染しないやうに注意をして居るのであります、東京市にも社會局などが出來たのでありますから、段々さう云ふ樣な兒童保護の施設に力を入れなければなるまいかと思ひます。

體操場に次いでよく使はれるのは講堂であります、是は我國のやうに講演會や父兄會位ではないのであります、彼地には澤山の社交倶樂部がありまして、さう云ふ倶樂部の集會は小學校で催され講堂が其の中心になる、夏は餘り使ひませぬが、冬秋の夜の長い時になりますと、丁度ソシアルシーズンになりますから、さう云ふ團體が盛んに講堂を使ふ、講堂に集つて音樂會をやるとか、講演を聽くとか、舞踏會をやるとか、活動寫眞を見るとか、素人劇をやるとか、種々な娛樂社交修養の目的に使はれる、勿論さう云ふ場合に要する總すの設備は市が補助してやる、電燈もつけなければなりますまい。ストーヴも焚かなければなりますまい。それ等は皆市や區の費用でやつて居る、そしてまた一週間に一度位は毎晩學校に集る連中が食事を共にする、食事も外の料理店抔でするど大變高くなる、それが學校で婦人の倶樂部員が家事教室で料理をして學校の道具を使つてやるのであるから費用が頗る少して濟む、亞米利加には一滴の酒もないのでありますから、酒抜のあつさりした晩餐會、懇親會が學校で催される、學校の校舍がさういふ樣な目的に活きて働くと云ふことに相成つて居るのであります、さう云ふ意味で近頃出來る小學校は講堂の構造なども大に變つて來た。講堂のことを從來レクチユアホールと云ふことになつて居つたのでありますが、近來はレクチユアセアターと云ふやうになつて來たのであります、勿論講演もするのでありますが、近來は講壇が舞臺になつて居つて活動寫眞、幻燈の設備が屹度ある、さうして舞臺の後ろに背景幕がある、其の幕を引くとそれが色々な景色になる所謂書割になつて居るのである、甚しきになると脚下から光りを採るフートライトの設備さへある、舞臺で踊つたり演劇をやつたりするのがフートライトで照らされる、尙ほ場合に依つては色の光線を使ふ、青い光り赤い光りで舞臺の人を照らして種々に變化させる、さうして其舞臺の後ろは樂屋になつて居る、講堂の兩側には棧敷がある、階下には固定してない動かす事の出來る椅子が置いてある、舞踏などをする時には、其の椅子を取り去つて廣く舞踏場に使へる樣になつて居る、さう云ふやうに學校の講堂が、兒童を敎育するのみならず廣く社會敎育、社交、娛樂と云ふやうな目的に利用する意味で近頃改造されつゝあるのであります、日本でも今後は折角新しい學校を造るならば、さう云ふ廣い意味で設備する方が時勢の要求に合ふと思ふのであります。

次は教室の利用であります、之れには普通教室と特別教室とありますが、普通教室は色々な社交倶樂部なり青年團處女會、其の他色々なものに依つて毎晩使用される、之れには毎晩平均幾人以上出席するものに限り無料で使はせると云ふ規定が出來て居るのでありまして、或組は誰かの文學の講義を聽く、セクスピアの脚本の講義を聽く、或組は法制上の事に付て討論會をやる、と云ふ樣に色々な事に利用される、普通教室には皆電燈の設備が出來て居りまして、倶樂部員が細かく分れて色々な事に使用します、特別教室になりますと、女の組は家事教室に於てお料理の實習を授けられ、或は或期間ずつと續けて料理の講習をやると云ふやうな風に使はれる、若い細君、嫁入前の娘抔を集めて、親に代つて料理の仕方、パンの作り方其他色々な事を實習させると云ふことに家事教室が利用される、彼地では家事教室がある、學校食事場即ちスクールランチオンがあるのでありますから、小學校を參觀して居つても茶時になるとお茶を持つて來る、子供が何處からかお茶と菓子を運んで來て面くらつたことが度々ある、授業を參觀して居つて紅茶を飲み、菓子を御馳走になるのであります、又明日は受持の先生の御誕生日であると云ふやうなことがあると、家事室で菓子を前に拵へて置いて、子供がお茶を拵へて、教場で先生と一緒にお茶を飲むのである、其の時には先生の卓子を草花で裝飾し、學級教室は色紙で裝飾する抔、總て子供が發動的にやる、極く社交的に出來て居る、日本の在來の風とは大に異ふ、そこらは今後の學校の公民教育として考へなければならぬことゝ思ふ。

自治團體が一つの學校を建設して居るのだ、其の學校を火災抔の危險が無い限り、學校で相當の取締を付けて、社會民衆の使用に供し自治體住民の生活狀態を改善向上する爲め社會教育、民衆の娯樂、慰安、修養の爲に利用する事は頗る當を得たものである故に今後は段々さう云ふ機運に向けて行かなければなるまいと思ふのてありますが、是は先刻御話をした通り、向ふの手工教室の設備は本邦の比てない、故に學校の手工教場を使つて之れに相當の教師さへ附ければ立派な實業補習教育になる、さうなると小學校の設備に金をかけても意味が出來る、子供に一週間に二度や三度使はして居つたのでは甚だ不經濟になるのであります、故に良い先生を置いて晩も晝も盛んに利用される樣にしたい、是が一國工業の發達の基礎になるやうな意味で盛んに利用されたならば、思ひ切つた設備をしても生産的である、不經濟でない、日本の高等小學校は一週六時間の手工があるのであります、尋常小學でやつた事の復習をやつて居ても仕方がないのでありますから、今少し程度を進めて機械を使つて鐵を削り穴を開ける位はやらなければならぬ、さうならなければ、農業科と對立して今日六時間も手工を課して居る意味は沒却されるのであります、農業科の如きは農學校出の相當しつかりした人がやつて居りますけれども、手工科の方は一週六時間も教へる教師としては餘りに貧弱である、恐らく良い設備をしても其の設備が果して十分に使へるでせうか、工業科は農業科に對抗する位にしなければならぬのでありますから、學校の設備を良くすると同時に良い教師を置く事にし同時に社會教育にも之を利用する樣にしたい、段々今後の學校設備と云ふものはさう云ふことを考への中に置いて、思ひ切つた設備をしてかゝらなければなるまいかと思ひます、さうならなければ今日の高等小學校の手工科などは自滅であると思ひます。

もう一つはスクールライブラリーの利用であります、學校圖書館の利用であります、是も米國抔では校外の民衆に利用出來る樣夫れ夫れ規定を設けて居るのであります、例へば毎日其處で本を讀む人が二十五人を下らぬとか、貸出冊數が二十冊を下らぬとか云ふやうなものに對しては、學校の書庫を解放して、圖書係を出勤させて本の出し入れの世話をさせる事にして居る、書庫を解放する以上は圖書係を出勤させせなければならぬ、從つて手當を與へなければならぬ、一定の出席者があつて一定の册數の出入りがなければうつかり開放する譯にいかぬ、これ等も規定を設けて居る、さうして市民の利益を圖ると云ふやうなことになつて居るのであります。

要するに斯の如く學校の特別普通の教室なり總ての設備を社會に利用せしむると云ふことになれば、それだけの消耗品費も要る、設備もせんければならぬと云ふことは當然であります、又其指導なり管理なりに有給の人が要る、さう云ふことに向つて學校の教師抔を無手當で使ふと云ふことは絕對にないのであります、日本では視學とか校長さんとかは色々な公共的の仕事に時間の制限もなく使はれる樣な傾きがありますが、歐羅巴亞米利加では左樣な事はありませぬ、人の活動力には限りがある、一定の時間勞働したならば休養しなければならぬ、十二時間も十五時間も人を使ふことは出來ぬのであります、日本でも今後學校を解放して社會的に利用する場合には自然學校長、教員、殊に體操の先生、唱歌の先生などに兼務して貰ふことがあるだらうと思ひます、それには必ず相當な手當を拂ふと致したいと思ひます、併しながら晝間忙しく働いた人をまた晩まで引き續き使ふ事は無理であるから放課後なり夜なりの指導者は特に備ふと云ふことを原則としたいのであります、是は當然のことだらうと思ふのであります、伯林あたりでは放課後になると諸方の學校の生徒が市中の建築用地の一時空いて居る所に集つて、女の先生も男の先生も體操服を着て盛んに子供を遊ばして居る、放課後の二時間なり三時間なりを遊ばせると云ふことになつて居りますが、あれなどを聞いて見ますと、其の先生達には市から一回三馬克づゝ、今は金が廉いからどんなことになつて居るか知れませぬが、戰前で約一圓五十錢の手當を給して居る、又貧乏人の弱い子供主として小學兒童でありますが、慈善團體で金を集めて、夏季保養の爲め團體で海岸にやつたり、溫泉にやつたり、田舍にやつたりする、それは四十人位を一團にして男の先生が一人、先生に奥さんがあれば其の奥さんも子供も連れて行く、その男教師が一組の子供を連れて四週間位轉地保養に行きます、さう云ふ場合にでも校長ならば一日の手當が十馬克、平教員であると三馬克の手當が附いて食事は無料で子供と一緒に食ふ、往復の汽車賃も無料、家族を連れて行つても無料と云ふやうな風になつて居るのであります、無論場合に依つては報酬なしに義務的に働かせると云ふことも起るかも知れませぬが、放課後殊に晩なり休暇中なりに人を使へば、それに相當な手當をやつて責任を持つて働かせると云ふことは今後は最も必要なやり方だらうと思ひます、從來學校の解放と云ふことは東京市などでも屢〻行はれたのでありますが何時も好成績を擧げないで迂耶無耶に終つて、今日に到るまで小公園の利用なり學校の解放なりと云ふやうなことは事實に於て盧張り行はれて居らぬ、是は何かと云ふと今御話したやうに組織が惡かつたのであります、適當な管理者指導者の事を十分考慮されぬで居つた、無理があつたのである、幾ら良いことでも無理があれば行はれぬのであります、無理のないやうに相當の手當を與へて、相當な規定を設けて火災抔の危險のないやうにして、相當の責任を持たして働かせなければならぬ、責任を持たして働かせるには相當な報酬がなければならぬ、歐羅巴ではそこまで研究して實行されて居る、此制度が發達して來て居るのである、我國では地方經濟の上で困難と云ふこともあるか知れませぬが、今後健全なる發達を期するには矢張りそこまで考へなければならぬ、それを考へないで義務的に働かせると云ふことでは到底實に效果を擧げる事が出來ないのであります。

以上御話申上げたことは動ともすると大都會のことばかりであるやうに御聽取になつたかも知れませぬけれども、村落の學校に於ても此意味で行けると思ふのであります、併し村落の學校では敎員の住宅、校長の住宅を學校内に拵へなければ此學校解放は有效に行はれぬ、學校へ行つて見ると小使が一人番をして居る、學校の庭へ入つて見ても草花一本咲いて居ない樣な、殺風景なものになつて居つては學校の中へ入つて見やうと云ふ氣が起らないのであります、所が校内に敎員の住宅があり小使も其一部分に住つて居る、周圍の黑板塀を撤去して生垣にでもするとか、空地に花壇でも造るとかして心持のよい所になり、そして圖書閱覽所は解放されて新聞雜誌新刊書が何時行つても見られる、講堂では屢〻色々な集會がある、晩は補習敎育が行はれる、斯くの如くして常に學校に人が出入をし、それに學校に校長始め誰れか住つて居れば、御互の住宅の如く其處に何となく生氣が出來る、温味が附く、家らしくなる、學校は官廳でもなければお役所でもない、また放課後も殺風景な空家でない、放課後も人が住つて居て、人の近づき易い出入し易い居心地のよい場所にしなければならぬ。

所が在來の日本の村落の學校は、休日や放課後は多くは戶が閉されて仕舞つて敎員も居ない、小使が番をして居る位で甚だ殺風景、沒趣味になつて居る、是では立寄つて見やうと云ふ考へが起らぬ、出入をして見やうと云ふ考へが起らぬ、故に私はどうしても敎員の住宅を設け、學校園の設備抔もして學校を少しく裝飾し、第一に板塀抔を撤去して外から見透く生垣か何かにして、人の住つて居る家らしくしたいと思ふのであります、さうなると種々の事業は放課後晩まで校長が始終世話をしなければならぬかと云ふとさうではない、青年團は青年團の幹部なり指導者なりが來て世話をする、處女會は女先生なり有志の婦人なりが來て世話をする、軍人會は軍人會の幹部が來て世話をして、校長は其處に住つてさへ居れば可いのである、必要な場合だけに時々出て貰へば可い、そしてあとの戸締、火の元などは小使にしつかりしたものを置き又學校に宿直があつてそれが責任を持つと云ふことにして置けば可いのであります、そして町村は電燈の設備なり煖室の設備なりに相當の費用を出してやる、さう云ふやうなことになれば一層行はれ易いのであります、我が邦では學校を子供の教育以外の事に使ふことが甚だ少ないのであります。學校をもつと社交の中心、或は修養、娛樂の場所等に活かして使ふことが必要ではないかと思ひます、獨逸の田舍の小學校へ行つて見ましたが、其小學校は單級でありまして生徒の數が二十七人、さうして其二十七人の生徒の入る部室が一つあつて、學校全體が教員の住宅になつて居る、先生の居室、應接室、寢室、食堂色々な室があり、學校の裏には農具小屋があつて色々藏つてある、又其の一部には豚や鷄が飼つてある、それから學校には學田とも見做すべき廣い畑が附いて居つて校長の使用に供されて居る、それで校長は自分で耕すなり農夫に托するなりする故に、果樹があつて桃や林檎も取れる、小麥野菜も出來る、單級ですから先生は學校長一人ほかない、其處へ村の子供が通つて來る、寺小屋風に出來て居る、校長の住宅の一室が教室であるのである、故に學校即ち教員住宅には生垣があり、花壇があり、果樹に實が附いて居つたり、畑に野菜類が出來て居つたり、まるで普通の農家の屋敷へ行つたやうな感じがある、隨てお役所の樣な感じはせぬ、子供が其學校を卒業すると、自分の養成された學校は、自分達が經營して居る自治團體の所有物であると云ふ考を以て町村の利益、幸福を進める意味で學校を兒童教育以外の事にまで有益に使ふと云ふやうになつて居るのであります、斯う云つたやうに學校が其村落の教育の中心機關であり、同時に社會教育や社交の中心機關である樣に、今少しく盛に利用されると云ふことが必要であらうと思ひます、さうなると學校が從來の樣に殺風景でなく實に趣味あり、澁味ある所になる、今日の如く學校は中々思ひ切つた立派な建築をして居るに拘らず毎日少時間のほか利用されて居らぬと云ふことは國家の經濟から云つて無駄なことゝ思ふ、何かの會合のあつた後の食事なども態々之れを料理屋抔へ持つて往つて開かないで直ぐに學校を利用する樣にしては何うであらうか、それには從來の宴會のやうに疊の上で杯盤狼藉と云つた樣な不秩序、非衛生的な仕方をしないで、テーブルに向つて食事をして無暗に人に酒を强ひたりしないで、學校で簡單な物を拵へて食べても差支なからうと思はれます、學校は神聖の場所でありますから自然行儀も良くなり宴會の仕方もよくなると思ひます、日本食を椅子にかゝつて一緒に食べると云ふことは大變良いことで、之を改良の第一歩としたいと思ひます、學校設備の利用も此處まで進まなければ眞に徹底したものとは申されませぬ。

二十五 「社會教育的觀覽施設」（『帝國教育』第四六一號）

一

標本・模型・繪畫・寫眞・映畫・圖表等に依つて、觀覽者の眼に訴へ、以て其の知識・趣味の普及向上を計らうとするのが茲に云ふ敎育的觀覽施設である。而して其の常設的のものとしては動物園・植物園・博物館・美術館・活動寫眞館等があり、一時的のものとしては博覽會・展覽會等がある。

社會敎育の方法としては尙此の外に講演會・圖書館等の施設もあるけれども、事物を具體化して目に訴へる觀覽施設は最も抵抗の少ない方法で、且つ觀覽者を得ることの比較的容易な方法である。卽ち具體化されてあるが故によく理解され易く、從つて興味も多い。加之、短時間の間に豐富なる知識を與へ非常な感興を起さしめることが出來るのである。故に社會敎育的施設としては最も有力な方法であると云はねばならぬ。

併しながらさきに擧げた博物館其の他の設備は必ずしも社會敎育のみを目的としたものばかりではない。その多くは社會敎育的施設であると同時に學藝の研究・單なる娛樂・鑑賞等の目的を兼ねるものである。例へば動植物園・水族館・博物館及び或種の展覽會の如きものは學藝の研究をも社會敎育以外の有力な目的として居るのである。又、活動寫眞・美術館・動植物園の如きものも社會敎育的施設であると同時に、民衆の單なる娛樂鑑賞の爲めにすると云ふ目的を兼ねて居る如きである。

然るに我が國に於ては此の種の觀覽施設が極めて幼稚で、之を歐米文明國のそれに比すれば甚しく不備の狀態にある。動物園、植物園の如き、本邦には殆んど見るに足るべきものがないと云つてよい。殊に動物園の如きは規模甚だ小にして學術研究は勿論民衆に對する社會教育の設備としても不完全極まつて居る。卽ち東京、京都、大阪の如き大都市に夫々動物園の設はあるけれども甚だ小規模のものであつて、動物園としての職能を充分行ふことが出來ない。これ等は須らく郊外にでも廣い適當の場所を得て自然的背景天然の狀態の下に動物を飼育して、其の自然の習慣を見ることの出來るやうなものにせなければならない。殊に水族館の如きは諸方に小規模のものがあるけれども、學術研究は勿論社會教育的の施設機關としても充分其の作用をしてゐない。これは寔に遺憾なことである。我が國の如き四面海を環らして水產に富める國にあつては、少くも一二ヶ所は國立の完備した水族館があらねばならぬと思ふ。植物園の如きも同樣で、大學附屬の小規模なものや都市の公園課などの經營する一層小規模のもの、其の他貴族富豪の庭園に附設されたもの位で殆んど見るに足るものがない。特に溫室の設備の如きは極めて貧弱で、之を伯林、倫敦其他歐米諸國の各都市で見るそれ等に比べると殆んど比較にならない。故に我が國に於ては學術研究は勿論一般民衆に對し植物に關する常識養成の機關が備つて居ないと言つても決して過言でない。どうしても將來は十分なる計劃を立てゝ漸次これが完成を計らねばならないと思ふ。

二

動植物園、水族館に比べて一層必要の大なる博物館の如きも我邦に於ては頗る幼稚の域を脫しない。これを海外に於る盛んな狀況に比すれば大體本邦には博物館なしといつても過言でないやうな程度である。歐米文明諸國の大都市には必ず中央博物館が設けられ、中央政府なり宮庭其他によりて全國の敎化或は世界の文化を目的として經營されて居る。而してこれには(一)科學の博物館、(二)歷史の博物館、(三)美術館の三種あつて、科學博物館の如きは更に數種專門的のものに分れて居る。又、大都市ばかりでなく各地方に於ても其の地方で建設される地方的博物館といふのがあつて、中央博物館の如く專門的分科的ではないが、科學・產業歷史・美術等の諸方面に亘つて蒐集陳列した總合的な博物館で特に地方的の色彩を濃厚ならしめることに注意を拂つてゐる。

彼の北米合衆國の如きは全國を通じて相當規模の博物館が六百の多きを數へ、其の中自然科學に屬するものが約半數、歷史博物館が二割五分、美術館が一割といふやうなことになつてゐる。英國の如きは博物館の最も普及した國で、到る所の大小都市に必ず多少の博物館の設備のされてゐないところはない。獨逸は最も新式な設備の博物館を有つて居る。就中ミユンヘン市に設けられたる國立の科學並に工藝の發達を示した博物館の如きは最も完備したものであつて、世界博物館の模範として讃へられて居る。

顧みて本邦に於ける現狀如何を見れば甚だあはれなもので、帝室御經營の博物館を除けば他に殆んど博物館らしいものはない。其の帝室の博物館と雖も歷史・美術及び美術工藝・自然科學の諸方面を網羅した綜合的のものであるに係らず其の規模は甚だ大でない。その他尙ほ各官省の有する頗る小規模な陳列館が無いではないが、これ等は僅かに博物館の芽生えぐらゐに過ぎぬのである。殊に地方に於ては海外に見るが如き地方博物館としての相當の設備を有するものは殆んど見ないのである。

かくの如く本邦の博物館は甚だ振はないのであるが、就中最も後れてゐるものは自然科學の博物館であると思ふ。帝室博物館の一部に天產部があり、文部省の敎育博物館に自然科學の參考品が僅かばかり陳列され、農商務省に地質鑛物の陳列館があり、遞信省に交通關係の參考品が少しばかり陳列されてある位で殆んど言ふに足るものがない。科學は一國產業の基礎でもあり、殊に本邦の國情からしても特に其の必要の大なるものであるから、東京大阪ぐらゐには是非相當大規模の自然科學並に其の應用に關する一二の國立博物館が設立されねばならない筈である。尤も有識者の間には夙に其の必要を認められてゐて、去る明治二十九年には國立博物館設置の建議案が貴族院を通過し、又近くは大正八年の第四十一議會に於ては國立博物館完成の建議案が滿場一致を以て衆議院を通過して居るのである。文部省に於ても特に其の直營の敎育博物館を擴張して自然科學的方面の社會敎育を目的とする國立の博物館にしたいといふ計劃を有つて居られる樣であるから必ずや遠からず實現されることゝ思ふ。

歷史や美術・工藝の博物館になると自然科學の博物館程ではない。現に帝室博物館に於ても美術工藝や歷史部は天產部の比ではなく、相當豐富な陳列品を蒐めてあり、又大倉集古館の如きも可なりの蒐集品を有して居る。併しながら勿論海外の文明國に見るやうな歷史博物館・美術博物館に比べては固より同日の論ではない。從つて東京に於ても美術館建設の議が美術家の間で盛んに唱へられて居るが、まだ具體的の處までは進んでゐないらしい。却つて大阪に於る美術館建設の議の方が案外急速に進んで既に建設に着手する準備が出來たやうであるが寔に慶賀の至に堪へぬ。とにかく自然科學博物館と共に中央國立の歷史博物館及び美術館が一日も早く完成の域に達することを私は切に希望して止まない次第である。そしてこれと同時に各地方に於ても其の地方の特色を發揮した地方的色彩の濃厚な所謂地方的博物館の建設を希望せざるを得ない。

私は先頃鹿兒島縣に旅行して市立の敎育參考館といふのを一見した。參考品の大部分は西鄕南洲翁を中心とし、それに島津家に關係したものも少數あつた。而して其の陳列館の位置が南洲翁の墓地に接近して居るばかりでなく、十年役に大西鄕臨終の地岩崎とも程遠からぬ場所にあるので、此の土地に旅行して此の陳列館を見るものは、何人も非常なる感激に打たれるのである。社會敎育施設としてこれ位有力なものは一寸あるまいといふ感じを抱いたことである。といふのは適當の場所に相應しい設備をしてある爲めである。此の教育參考館は縣立圖書館内に設けられてゐる櫻島爆發の紀念室と共に大に地方博物館としての特色を發揮して居るものと思ふ。又福岡の東公園には元寇紀念館がある。これは私立宗教團體の經營に屬して居るもので、元寇にゆかりある此の土地に設けられてゐる歷史の地方的博物館としては最も土地柄に相應したものである。併しながら折角の此陳列所には歷史專門家並に博物館事業に經驗ある專門の人が關係してゐないと見えて博物館の內容蒐集品等についてはあまり感心出來ぬ點もないではない。其の他伊勢には徵古館があり、名古屋には德川侯爵が明倫中學に數多の蒐集品を有せられ、廣島には淺野侯爵が邸內に觀古館を設けて美術工藝品を陳列され、又、札幌や函館に蒐められてあるアイヌに關する土俗學的參考品の如きも大に見るべきものがある。其の他なほ各地に地方博物館建設の場合其の材料となるべき有益な蒐集品が少なくない。これ等は漸次計劃を進めて海外に見るが如き地方博物館或は府縣立博物館に發達せしむるを要するものである。

茲に注意すべきことは各地に設けられてゐる物產陳列所である。各府縣には夫々物產陳列所が設けられてあつて、これだけは非常な發達をしたもので多く其の比を海外にも見ぬ程である。之れが爲め各府縣は年々數千圓乃至數萬圓の經常費をかけて夫々經營して居るが、併しながら海外の商品陳列館の樣に眞にコンマシアルニユージヤム又はハンデルスムゼウムとしての作用をしてゐる陳列館は極めて少數で、名古屋大阪其の他數ヶ所位で、他は其の地方物產の委託販賣をしてゐる位が主なる事業となつてゐるやうである。從つて其の設備も勸工場の少し整頓した位に過ぎない。ために其の存在の價値をさへ疑はれてゐるものさへある。畢竟かくの如きは眞に商品陳列館設置の必要ある土地に設けられたものばかりでない爲めにかゝる結果を來したのであらうと思ふ。海外に於ても商品陳列館設置の場所は海外貿易の旺盛な大開港場か或は海外貿易品の製造の盛んな大工業都市に限るのである。實際必要があればこそ發達もするが、必要の無い土地に無理に設けられたものが思ふやうに發達せないのは自然の結果である。今日各府縣の當局者に於ても物産陳列館の利用に就いては種々考へて居られるやうであるが、私の考へでは幸ひ物産陳列所の設備があるのであるから之を擴張して地方的博物館に改造することが最も當を得たものであらうと思ふ。そしてこれを科學・産業・歴史・美術の全體を包括した綜合的の博物館とし、之に前來述べたやうな地方的色彩を濃厚にしたい。卽ち其の地方の歴史なり産業なりに關係あるものに重きを置きたいのである。而して其の地方の産業の發達なり風敎の振作なりに資して行きたいと思ふ。これは今日最も行ひ易いことである。勿論此の種の地方博物館に於ては從來物産陳列館に於て行つて來たやうな事業を繼續して行つて地方産業の上に貢献すべきことは勿論で、唯だこれを擴張して産業以外更に種々な方面に亘つての社會敎育機關たらしめようといふのである。

三

かくの如く常設的の社會敎育的觀覽施設の完成を期すると共に臨時的に種々な展覽會を催し、眼に訴へる社會敎育の實を擧げることに一層努力したいと思ふ。

展覽會にも專ら社會敎育を目的とするものと左樣でないものとがある。例へば社會敎育以外主として學藝の研究に資するものや專ら産業の發達奬勵に資するものなどである。いづれにしても出來るだけ一般民衆の啓發社會の敎育になる樣な形で開催したいものである。近來各府縣に於ても社會敎育を目的とする展覽會を開催しようとする希望が盛んになつて來たやうである。故に文部省其他で通俗敎育の展覽會を開くことがあると盛んに借入れの申込が來るのである。その爲め中央の展覽會の殘品が一年も一年半も引續いて各府縣を廻り、一週間又は一ケ月といふやうに各地を巡廻してゐる有樣である。そこで私の希望としては中央の博物館などに於て是非これ等の要求に應ずる爲めの貸出部を設けたい。而して其の貸出部に於ては博覽會・展覽會其の他に於て社會敎育展覽用として價値ありと認められるものが發見された場合には悉く之を蒐集して、適當に之を分類區分して大倉庫に保管し、何時でも各地方の要求に應ぜられる樣にしたい。さうして其の貸出品の內容は標本・模型・繪畫・寫眞・圖表等に止めず、更に之に關係ある幻燈映畫活動寫眞フイルムの如きものも併せ備へたいものである。而して之を地方に貸出した場合には相當經驗ある技術者をも派遣して其の陳列方なり展覽會全部の經營方なりに就いて出來るだけの斡旋をさせたいものである。かくの如くすれば其の社會敎育上に與へる効果の著大なるべきことは私の深く信じて疑はない所である。

大正十一年（一九二二）

二十六　「本邦將來の博物館施設」（『教育時論』第一三四五號）

一　何ぞその進歩の遲々たる

我國の文化的施設は歐米のそれに比べて非常な立遲れではあるが、明治の初めから海外の新しい施設を取入れる事に努力した結果各般の文化的施設殊に教育制度の如きはこの半世紀間に異常な發達を遂げた事は實に驚歎に堪へざる所であります。

然し只一つ遺憾に思ふことは、其の教育施設は單に學校のみに止まり、學校を除いては殆んど他に見るに足るものがないといふことであります。就中博物館施設の如きはその進歩と發達の最も遲々たる一つでありまして、これを歐米のそれに較べると殆んどお話にならぬ程の幼稚な狀態にあるのであります。

政府は明治の初めに於て文部省に物產局を置き、また大學南校の一部に物產陳列所を設け、更に明治五年には今の東京博物館になつてゐるお茶の水の聖殿內に諸國の物產を蒐集陳列して公開し一般の觀覽に供したのであります。その後全國各地に小規模の陳列場が出來ないではありませんが、政府としてまだこれといふ程の博物館施設に着手しないので、有識具眼の士はそろそろ待ち草臥れて痺れをきらした體で、遂に明治二十九年貴族院では故男爵田中芳男氏その他から『博物館設立の建議』が提出され、それが通過したので時の文部大臣戸山正一氏は早速調査委員會を設けて調査を初め、設立の準備に着手したのでありましたが、惜いことには內閣の更迭と共にそのまま立消へとなつてしまつたのであります。

それから日清、日露の兩戰役を經て學校方面の教育施設は非常な發達を遂げたにもかゝはらず、博物館施設だけは依然として閑却されて居るので、去る大正八年の第四十議會にはまたも衆議院の各派から『博物館完成に關する建議案』が提出され、滿場一致を以て可決通過したのであります。本年の議會に於きましても衆議院議員鈴木隆氏その他の人から『理化博物館建設に關する建議案』が出て、これまた滿場一致で可決されたのであります。

斯くの如く國民の輿論を代表する帝國議會では本邦文化施設の一つとして國立博物館の建設を熱心要望してゐるに拘らず、我國には未だ一つの博物館らしい博物館は見出されないのであります。只中央に於ては上野公園の東京帝室博物館、近畿には京都、奈良に帝室博物館の分館で歷史美術を主とした博物館がある位なもので、内地には殆んどこれに比べ得べき規模のものがないのであります。却つて朝鮮の京城には李王家の經營に屬するものや、總督府立の相當立派なものがあり、又臺北や旅順などにもこれに類したものがあるのであります。

勿論内地にも各省の經營に屬する小さい陳列所が全くないでもありません。即ち海軍省の海軍參考館、陸軍省の遊就館鐵道省の鐵道博物館、遞信省の遞信博物館の如きはその一例であります。就中遞信博物館の如きは昨年度改築豫算が議會を通過して、今年麴町區に小規模ながら改築せられて茲に面目を一新するに至つた事は眞に喜ぶべきことであります。その他文部省にも東京博物館を改築して擴張するの計劃があり又内務省に於ても年々衛生參考館の建設費を要求してゐるやうであります。又地方には伊勢の徴古館、大阪の市民博物館の如きものがあり、私立の博物館には東京に大倉男爵の寄贈に係かる大倉集古館があり、廣島に淺野侯爵家の觀古館などいふものがあります。

けれども遺憾ながらどの博物館も、その設備の方面は勿論のこと更に其の經營法の上から見ても、眞に博物館としての職能を果し、文化施設の一つとして十分にその價値を發揮してゐるものは殆んど無いのであります。大體に於て我國に博物館らしい博物館なしと申しても決して誰も異論はゐるまいと思ひます。

二　海外博物館の盛況と博物館の職能

誰れも海外に參つて先づ第一に驚かされるのは到る所の大都市に如何にも大規模な内容の充實した立派な博物館が幾つも設けられてゐることであります。伯林、巴里、倫敦、紐育などの如き大都市になりますと、十乃至十數個の相當大規模の立派な博物館が設けられて居ります。さして大規模なものになると我國で最も大規模と言はれてゐるものを上に二三段も積み重ね、横に二三倍にも擴げたやうなもので美しい石材を用ひて輪奐の美を極めた立派なものであります。隨て一面大都市の裝飾となり美觀を添へて居りますが外觀ばかりでなく内容の充實した設備を以て民衆の教育娯樂學藝研究の必要な機關となつてゐるのであります。

博物館も數百年前の創立當時にありては、專ら美術品や珍らしい學藝參考品を蒐集して、少數の專門家や學者の研究觀賞の場所たるに過ぎなかつたのでありますが、今日は學藝の研究以外更に一般民衆の教育機關として寧ろ重大視するに至りました。隨つて蒐集品の性質やその陳列方法説明札の書き方なども民衆の教育に適する樣に一變して來たばかりでなく進歩的な博物館では特別な案内者説明者まで置いて、一般觀覽者に便利を與へる事に努めてゐるのであります。又その上に講演室を設け、幻燈活動寫眞等の設備をして、陳列品の説明や陳列品に關した講演を行ひ、或は又學藝關係の種々な集合を催すなど、民衆教育及び學藝研究の中心機關となつてゐるのであります。又博物館によつては陳列してある物品以外に二重三重の參考品を備へつけ、盛に館外貸出し地方巡覽の用に供してゐるものもあります。

此等は博物館と一般民衆及び特別研究者との關係でありますが、これ以外に博物館は學校敎育に對しても少からず貢献をしてゐるのであります。即ち引率されて來た兒童や學生の團體に對しては、專門的の素養あり敎育上の經驗ある案内者や說明者をして、幻燈映畫や活動寫眞フヰルムの助けを借り或は陳列の現狀に就いて遺憾なく說明し、或は模型機械を運轉使用して見せる抔いろいろと學級に見學上の便宜を圖つて居るのであります。のみならず、學級を引率して來ることが出來ない遠距離の學校に對しては、博物館に自働車を備へて各校の要求に應じ敎授上必要な參考品を貸與して居ります。今日充分徹底した敎授を行はんとするには博物館の設備を利用する事が最も必要になつて參りました在來の貧弱な各學校備附けの敎具では不十分に成つて來たのであります。今日海外の學校で頻繁に學級を博物館に引率するのは實にこれが爲めであります。

斯くの如くして今日の博物館が一般民衆の知識と趣味の普及向上に貢献し、又學校敎育に非常な便利を與へ、同時に特別研究者や專門家に研究の資料を提供して、一國學藝の進步と、產業の發展とに寄與してゐることは何程かわりかません故に今日歐米の諸國に於ては博物館は重要な文化的施設の一つとして欠ぐべからざるものとされるやうになつて來たのであります。

三　將來本邦に施設すべき博物館

本邦博物館今後の施設上第一の急務は從來屢貴衆兩院に建議されてゐるやうな、國立の中央博物館を建設することであります。中央博物館は東京、大阪の如き中心地に建設すべきもので、單に一地方の爲めばかりでなく廣く一國全體の文化の向上を目的とすべきものであります。そして美術歷史自然科學の何れかに屬する特殊な博物館であらねばなりません歐米でも以前はそんな特殊分科的のものよりも寧ろ美術品も自然科學に關する資料も一緒に同一館内に收容する綜合的な普通博物館が多かつたのでありますが、學藝の進步と文化の發達につれて陳列品の種類分量が次第に增加して來たので何程建て增しをしても到底收容し切れない樣になり、その結果段々今日の樣に分科的のものに、なつてまゐつたのであります。それで其の特殊博物館の中で我國に最も急を要するものはかねて議會でも問題とされてゐるところの自然科學の博物館の建設であります。一國產業の上に至大な關係を持つてゐる所の科學の博物館であらねばなりません。殊に東京、奈良、京都には相當規模の大なる帝室博物館があつて、主として美術や歷史や美術工藝に關する參考品を蒐集陳列して、大體その方面の中央博物館の代用をしてゐるのであります故に、こゝに一つの缺陷は自然科學並其の應用に關する參考品を主として陳列した國立の中央科學博物館が未だに建設されないといふことであります。現に北米合衆國の如きも全國六百の博物館中其の半數は純然たる自然科學或は自然科學を主とした博物館であります。

文部省が最近數年來年々經費を要求して計劃してゐられるお茶の水の東京博物館の改築擴張が出來るならば、幾分この要求を充すことが出來ることだらうと思ひます。それは同博物館は自然科學並びにその應用に關する社會敎育を目的としてゐる本邦唯一の國立博物館であるからであります。勿論科學の博物館ばかりでなく國立の中央美術館も速に建設さる可きものと思ひます。

斯くの如く中央博物館の建設完成を期すると同時に又地方博物館の施設經營にも大いに努力しなければならぬと思ひます。これは主としてその府縣なり都市なりの民衆敎化を目的とすべきもので、自然その地方に於ける地方的色彩を濃厚にし地方博物館としての特色を發揮すべきものであります。即ちその地方に於ける天產物並びに工藝品、歷史參考品、その地方で發掘された人類學の參考品、或はその地方の有名な藝術家の手に成つた美術品の類までも網羅した綜合的の普通博物館であらねばならぬと思ひます。各地方に於ては府縣立なり、市立或は私設なりこの種類の地方博物館の建設を急務とするのであります。そしてその地方に於ける文化の中心機關たらしめ博物館としての眞の職能を發揮する活きた敎育設備たらしめたいのであります。併しながら地方財政の困難な今日の事でありますから、直ちに大規模の建築物を造る事は可なり困難なことでありませうから、その土地の事情によつては在來の物產陳列館の如きものを增築擴張してその內容を充實するのも一案かと思ひます。

これを要するに博物館施設は本邦の敎育上、產業上、最も緊急な問題でありまして、財政その他の事情の許す限り何を措いても眞先に施設すべきものであります。そしてこれを計劃し施設經營するには設備と同時に人の問題をも考へなければなりません。否人の問題の方が寧ろ先きかも知れません。眞に博物館の職能を理解し、その價値を發揮し得るには、どうしても專門的知識技能ある從業者を得なければ、何程その設備を立派にしても效果を擧げることは望まれないのであります。故に博物館の建設と同時に博物館從業者の養成を忘れてはなりません。そうして中央、地方のこれ等全國の博物館施設の上に、一定の方針あり統一あり、而してこれが健全なる發達を期するには文部省に於て博物館に關する法規——博物館令とでもいふべきもの——の制定が最も望ましいのであります。

大正十三年（一九二四）

二十七　「博物館と教育」（『教育時論』第一四二一號）

一

博物館は、歐米諸國では、教育系統の重要な位置を占め、極めて必要な機關にされて居ります。隨つてこれが設備には、相當の經費を投じ、且つ相當の働きある學者、教育家が之に從事して居ります。故に到る所の大都市では、博物館が專門的に幾つにも分れて、それ〳〵驚くばかり立派な設備をもつたものが、數個乃至十數個の多きに達して居ります。ひとり大都市ばかりでなく、あまり大きくない都市にも、一つ二つの博物館は必ず見受けられるのであります。我が國では、圖書館の方は、近來かなりその必要を認められ、圖書館らしいものが各地に設立せらるゝに至つたのでありますが、どういふものか、博物館の方は、發達が遲く未だ博物館らしいものが我邦にないと申しても差閊へない位であります。

二

博物館の職能、即ちこれが設置の目的は、言ふまでもなく、學藝の研究に資すると同時に、社會民衆を教育するに在るのであります。實際歐米諸國では、博物館は學藝の研究上頗る重要な機關となつて居るのであります。即ち世人の研究に資する爲め、博物館は藝術的作品や自然科學參考品を陳列して誰にも縱覽出來るやうになつて居るばかりでなく、その以外に數多の參考品、重複品の研究資料を貯藏してゐて、學生や特別の研究者、專門家の使用に供して居ります。圖書館に行けば、數多の圖書がよく分類されて系統的に貯藏されて居り、そしてそれが研究者の任意使用に供されるやうに、博物館に於てもそれが文學、文章の代りに、實物でもつて研究者の要求を滿すやうになつて居るのであります。此の如く博物館には陳列品と在庫品との兩方があり。そして其の陳列してあるものに較べて在庫の研究資料は、其の數倍、或は數十倍の多きに達して居るのであります。そして陳列品や在庫品は博物館の種類によつてそれ〳〵その內容が異つて居るのでありますが、ある博物館は古來からの名のある美術品、美術工藝品のあらゆるものを蒐めて歷史的、系統的に陳列したり、或は研究用として倉庫內又は研究室內に貯藏して居るのであります。ある博物館は又、動、植、鑛物の標品、化石又は古生物の標品、模造品の類を、又ある博物館は、自然科學の應用に基いて出來て居る各種の工藝品、或は機械類の標品又は模型の類をその發達の順序に從ひ、或はその他の分類によつて、系統的に陳列したり、貯藏したりして居るのであります。故に、何事かを研究せんとするものは、順序として是非この博物館を利用せざるを得ないのであります。そしていづれの博物館にも、必ず圖書室が附設されて居つて、參考の專門圖書が豐富に備へ附けられて居るのでありますから、研究者には一層の便利を與へるのであります。然るに我國に於ては、近來若干の圖書館は出來た樣でも、實物を蒐めて居る所の博物館がないので、研究上非常なる不利益になつて居るのでありますす。學校には貧弱ながら少しは標本、模型、機械の設備があるので、それだけ研究上の便利はありますが、一歩學校外に出でると世間の研究者の爲めに、これと云ふ程の博物館がないので研究者に非常な不便を與へて居るのであります。日本から海外へ留學をして、非常なよい研究をして歸つた人の中には、別に學校へ入らず專ら博物館へ出入して研究した人も往々ある事と聽いて居る位でありますから、歐米諸國の學者、專門家にして不幸學校に往けぬ人でこの博物館を利用する者の如何に多いかはこの一事でも想像され得るではありませんか。故に何か特殊の發明、研究をなさんとするが如き人は、大概博物館に行つて、先人が遺して置いた參考品によつて、何かのヒントを得、暗示を得るのが尠くないのでありますす。こういふやうな意味で、海外では學藝研究の機關として、博物館は頗る重要な位置に置かれてあるのであります。圖書館と相俟つて學校外に於ける研究所として、一國の文化に非常な貢献をして居るのであります。

三

博物館は、學藝研究の機關であると同時に、學校の生徒を初め、社會民衆の教育機關としても亦、頗る重要な作用を行つて居るのであります。歐米諸國の人が自分の專門以外のことに對しても相當な智識、理解を有し、一般に常識に富んで居ることは、誰も認めるところであります。日本の人と、彼の國の人との間に、斯んなに非常な懸隔のあるのは、勿論種々の原因もありませうが、この博物館の社會教育の有無が大いに關係して居ること丶思ひます、彼國の博物館では總ての專門、諸分科に亘つて、標本、模型、繪畫等で以つて、苟しくも普通教育の素養ある人ならば誰でも容易く理解されるやうに、面白く陳列されて居るのであります。故に、二三時間を觀覽に費したならば、數卷の書物を見なければ得られないやうな豐富な智識が容易く得られるのであります。さうして文字、文章だけでは到底會得されないことが、實物的教育によつて、樂々と得られるのであります。それに少し進歩的な博物館では、教育上の經驗のある專門家を置いて、觀覽者の要求に應じて何時でも、毎週日を定めて、陳列品に就いて說明講演をしてくれるのであります。博物館が近來このミュウジアム●ガイドを置くやうになつてから、民衆教育上の效果を著しく增して來たのであります。

四

博物館は又、教育の機關として學校兒童、生徒の上にも、尠からぬ利益を與へて居るのであります。即ち學校敎育の補助機關として、可なり大切な役目をもつて居るのであります。歐米の博物館に入つて見物して居ると、學校敎師に引率されて來た學級の一つ二つを見ないことは殆んどない位であります。それ〴〵目ざすところがあつて、學級を引率して來て、敎師自ら説明をすることもあれば、或は博物館の專門家から説明を聽き、時には又、幻燈、活動寫眞を使用して、説明を助けることもあるのであります。博物館は又、生徒の往復に時間を空費することを恐れて、少し隔つた學校に對しては、幾通りも敎授用の參考品をもつて居て、學校へ貸出しを行つて居るのであります。それが爲めに、貸出し用の自動車を備へて居る博物館さへあるのであります。それで、彼の國の學校に於きましては、例へば日本の風俗、國土、國情に就いて敎授せんとする場合には、博物館から日本に關する一通りの參考品、即ち日本の天產物や製造品、繪畫、寫眞、幻燈、映畫の類の貸出しを受けて、適切有效な敎授を行ふことが出來るのであります。この意味に於て、博物館は、學校敎育の上にまで手を伸し、學校敎育上に博物館の延長を行つて居るのであります。

五

これまで私の關係して居つたお茶の水東京博物館に於きましては、建物が狹隘の木造建築であつたばかりでなく、陳列品、貯藏品が頗る貧弱であつたので、博物館、即ち常設の陳列館としての十分の作用をすることが出來なかつたので、時々特別展覧會を催して、僅かに博物館としての職能の一端を行つて來たやうな哀れな狀態であつたのであります。然るに過般の大震災で、それも全燒して了つたので、文部省に於かれましては、特にその復舊の必要を認められ、近く上野公園に、不燃性の陳列館を建築してくれることになつて居ります。これに又、かねて陳列館改築の上は、帝室博物館から、無償交附を受ける約束であつた、同館天產部列品十萬餘點を俄かに引繼ぐことになつたのであります。それは、過般の大地震で煉瓦造陳列館三棟が破壞されたので、同館では、改築の必要を生じた結果、俄かにその引繼ぎを受けねばならなくなつたのであります。かういふ偶然の出來事の爲め、東京博物館は、八百坪の假建物が立錐の地なきまでに天產列品で充實して來たのであります。なほ上野の陳列館出來の上は、天產部ばかりでなく、工藝部をも合せ經營する筈でありますから、軈ては私共年來の理想であつた研究と敎育との兩方面に亘つて、博物館としての全職能を果し得られる時機に到來すること、喜んで居る次第であります。勿論國立の科學博物館としては、甚だ小規模のものではありますが、兎に角、本邦に於きましては、最初の計畫でありますから、海外に於ける同種博物館に劣らぬやう相當の效果を舉げて本邦博物館發達の機運を促進する上に何程かの貢獻したいと思つて居ります。

昭和三年（一九二八）

二十八　「地方博物館問題」（『斯民』第二十三編第十一號）

一

本邦人の間には博物館に就て種々な誤解がある。其の一は博物館と云へば直に非常な大規模なもののやうに考へ、随つて之れが建設には莫大な經費を要し、容易に手の着けられぬものと即斷することである。併しながらさう云ふ大規模なものは大都市に在る少數の博物館に限られたことで、大多數のものは決してさうではない。歐米國では到る處の都市　人口の三四萬もあれば、必ず小規模の博物館を有して居る。英國の如きは、國立の大博物館を除いて尚五百四十有餘の博物館を有し、米國には九百以上の博物館がある。それにも拘らず今日英國では地方博物館問題、米國では小博物館問題として、地方に小博物館を普及完成することの必要を熱心に唱道し、盛んな運動になつて居るのである。然るに本邦には地方は勿論中央にもまだ博物館らしいもののないのは實に本邦文化施設上の、一大缺陷で、甚だ遺憾なことである。

二

博物館は曾ては珍稀な品物の保存所、骨董品の陳列所のやうに考へられ、物數奇や專門家の爲めに設けられて居るものとされて居たが、博物館の使命は決してそんな無意義なものではない。圖書館などと共に廣く之れを民衆に開放し、誰にも一目でわかるやうに陳列方法を改め、講演室や圖書室を附設し、有益な印刷物を刊行し、教育に經驗のある說明者を置いて專ら民衆を教育し、常識の養成に努めなければならないのである。今日の歐米の大概の博物館では皆さうなつて來て居るのである。

今日の博物館は唯民衆啓發、社會教育の機關として必要なばかりでなく、同時にまた學校教育の補助機關として頗る有力なものとなつて來たのである。歐米國の大概の博物館は日日各程度の多數の生徒又は學級を迎へて、教室又は講堂で幻燈や活動寫眞を利用して說明を行ひ、更に又陳列の現場に案內して、實物に就て說明を繰返へし、往々また實演をして示すなど、短時間に學校では到底眞似の出來ない適切有效な教育を施して居る。又稍ゝ離れた土地の學校に對しては、教授用標品、模型、繪畫、幻燈の類を貸出して、教育上の便宜を計つて居る。故に今日博物館を利用しないで、完全に學校教育を行ふことは、殆ど不可能と見做される樣になつた。それに市內に一箇の博物館を持つて居れば、多數の學校は其の設備を少なからず省略することが出來て、經濟上にも非常な利益が得られるのである。今日の博物館は社會教育や、學校敎育に對して有要なばかりでなく、同時にまた、各種專門家に對しても必要缺くべからざる研究の機關となつた。即ち大概の博物館では公衆の爲めに陳列して居る少數代表的のものの外に、更に豐富な研究資料、參考品を藏し、又研究室を設けて居て、專門家の使用に供して居る。隨つて今日先人の業績を參考して新奇な發明や創作を行ふには、到底博物館を無視することが出來なくなつて來たのである。

三

右樣の次第であるから、海外では博物館の施設に非常の重きを置いて居る。我が邦でも近來圖書館の必要だけは稍ゝ理解して來たやうであるが、實物教育の價値が全く認められないのは何う云ふものか。學藝の研究上は云ふまでもなく、敎育上に於ても圖書と實物とは車の兩輪の如きもので、此兩者が相俟つて初めて眞の效果があり、目的が達せられるのである。今日歐米の諸國が地方の小都市に到るまで、圖書館と共に小博物館の普及に努力して居るのは、實に之れが爲めである。英國の如きは人口一萬以上の小都市に對しては、公費を以て地方博物館を建設維持することを認めて居り、又米國の如きも之れが爲め、建築地の無償使用、公費の補助其他に於て、種々の便宜を與へて居る。即ち學校などと同一に見て居るのである。

次には中都市乃至小都市に建設すべき小博物館地方博物館の性質內容に關する問題であるが、之れは勿論美術又は歷史或は科學產業と云つたやうな特殊專門の博物館でなく、其等に關する一切の資料を網羅した總合的の普通博物館であらねばならぬこと云ふまでもない。そして陳列及び研究の資料の蒐集に當つては、其の地方の天產產業歷史等に特に重きを置き、鄕土的特色地方的色彩を出來るだけ濃厚ならしむべきことは論ずるまでもない。平山男爵を會長とせる博物館事業促進會は、中央地方に亙つて本邦の博物館事業並類似施設が、如何にも不備不振なのを遺憾とし、之れが普及完成の機運を促進する目的で設立されたもので、機關誌『博物館研究』每號の誌上で詳細な意見を發表し、或は參考の資料を提供し、又同會關係者中には、多數の專門家を網羅して居て、博物館、動植物園、水族館等の設計なり、內部の設備問題なりに對し、喜んで其の相談に應ずることになつて居るから、出來るだけ之れを利用するやうにしたい。

昭和四年（一九二九）

二十九「農村と博物館問題」（『農村教育研究』第二巻第一號）

一

近頃我國では各地に郷土博物館建設運動が起つて居ります。我々博物館事業に熱心してゐる者の立場から見て、誠に喜ばしい現象であります。然しながら本邦では始ての事だからよくその趣旨を誤らぬ樣にして、間違つた見當違ひの施設をしないやうに致したいと思ひます。

郷土博物館と銘打つたものは歐米各國にも餘り見當らぬやうであります。然しながら郷土的色彩、地方的特色の濃厚な地方的小博物館は至る所に見出されるのであります。今日我國で郷土博物館と唱へられてゐるのは、恐らくさういふ種類のものをいふのだらうと思ひます。海外に於ける地方的博物館の中には、美術とか歴史とか、科學、産業とか、何れか一方の專問的博物館は殆んど見當らないで、むしろ其等の全體を綜合した普通博物館ばかりといつてもよい位であります。即ちこの地方に産出する動、植、鑛物やその製品、その地方から發掘される生住民族の遺物、その地方に關係ある歴史的遺物、殊に地方が産んだ偉人の肖像や遺物及び藝術的作品等を陳列したものであります。故にかういふ種類の博物館を郷土博物館といふならば、殆んど總ての地方博物館は郷土博物館と見做して差支ないのであります。

以上申し上げたのは一般民衆を對象とする公開博物館についてゞありますが、彼の單に學校生徒の教育を主目的にして出來て居る學校博物館又は教育博物館即ち、小學校の一二の教室を當て居る郷土中心の博物館は別問題であります。ドイツの小學校にはハイマート・クンデ、即ち郷土科と譯して居りますが、其の教科で郷土の地理、歴史、理科等を實物について教授する爲の機關として特殊の博物館が小學校内に設けられて居ります。その一例はハノーバー市の教育博物館でありますこの博物館は同市のシュタイン・トウワ・プラッツの市立小學校内に設けられてゐて、同校の二三教室を以て之に當て、全市内の小學生徒に郷土科を教授する爲に設けられてゐるのであります。陳列品は同市を中心に附近の土地から產出するものばかりでありますが特に目立つのはあの地方の森林に住んでゐる狼の剝製標本數頭に、地方產の樹木、草花、土石の類を配してその生活狀態を示してある二間四方位の大陳列ケースであります。尙この他に狐狸種々の猛禽類を始め、同地方に棲息する大概の動物は、剝製又は液漬等にして悉く陳列されてゐます木材や有用植物の標本等もよく集められてをります。又生物ばかりでなく同地方の鑛物やそれに加工した製品の見本もよく揃へてあります。それに石器、土器等、先史時代の發掘物も可なり豐富に蒐集されていた樣です。尙この陳列室の他に一つの階段教室が設けられてゐて、そこには幻燈の設備があつて、鄉土の歷史を映畫で子供に說明する樣に出來てゐます。

この樣に各學校なり或は學校の聯合なりで、鄉土の資料ばかりに止まらず、日本全國に渡り、或は植民地や、更に進んで海外からも種々な教授上必要な資料を集めて、學校博物館乃至教育博物館を作り、附近の學校は代る〳〵そこへ引率して見學させるなり、或は遠方の學校は其所から運搬していつて使はしめるなりする樣にすることは極めて必要なことゝ思ひます。この制度は近頃米國に發達して來てセントルイス市、クリーブランド市、ブルツクリン市のは頗る有名で、盛に活動してゐます。然しながらこれらは前申す通り學校生徒教育の目的で出來てゐるもので、一般民衆を對象とした公開博物館ではないのであります。

二

公開博物館となると相當規模の大きいものであらねばならぬので、英國では人口一萬以下の小都市に稅金で維持する公立の博物館を作ることは出來ないことになつてゐます公開の地方博物館を建設するには、人口二三萬以上の都市であらねばならぬと思ひます。我國の今日は縣廳所在地にすら公開博物館を持つてゐる所は極めて少いのであります故に今日の急務は先づ以て各府縣に一二ケ所位は公開の地方博物館を建設することであります。

英國の如きは國立の大きな博物館を除いても、尙五百四十有餘の地方博物館を持つてゐるのであります。それでも尙地方博物館の數が少くて充分に民衆教育や學校教育の要求を充たすことが出來ないといふので、今日は專ら地方博物館の普及に熱中してをります。北米合衆國の如きも亦千に近い博物館を持ちながら、尙且、地方に小博物館の普及が必要だといつて小博物館設運動に專ら努力しつゝあるのであります。

こういふ風に申し上げてくると博物館は農村とは甚だ沒交涉のやうでありますが、その實さうではないのであります。地方博物館が普及すれば農村の學校から生徒を見學に引率に出來れば、その博物館から各學校へ貸出も行はれます。農村の種々な團體でも盛んに見學に出かけられます。國民の常識を高め、一國の文化を進める上に、博物館は圖書館と共に是非なくてはならぬ施設の一として、極めて重要視されてゐます。

三

海外には近來各地農地生活の狀況を紹介し式は民俗藝術の保存發達に資する意味で、殊に博物館を建設する運動が頗る旺盛であります。これは土俗、或は歷史、又は工藝の博物館として建設し、それへ古から今日に至る迄のその國の農民生活の狀況を示す參考品、農民藝術及民俗藝術作品即ち種々な工藝品、家具建築物の類を蒐集陳列するのであります。處が農村住宅や農舍風車その他の建設物を博物館の內へ小さい模型にして持込むことは甚だ面白くないので二三世紀或は數世紀前の古い建物の實際を其儘持つて來たいといふので、陳列館の附近一帶廣い土地を構內に取りこみ、其處へ各地にある特色のある建物を移築するのであります。即ち陳列館外に古い農家や農舍等の本物を持つて來て建てるのであります。それでこの種類の博物館のことを戶外博物館、英語でオープン・エア・ミユージアムと申してをります。

その魁をしたのは彼の十九世紀の終に當つてシユエーデンのストツクホルムの國立博物館ノールドムゼーに初めて附設された所の有名なスカンセンの戶外博物館でありますスカンセンはノールドムゼーの陳列館に接近した可なり廣い高臺で、其處にはシユエーデンの各地から移して來た夫れ夫れ特色のある農民住宅、農舍の類が建てられてをり、室內には在りしまゝの設備がしてあつて、四百年の農村生活の發達狀態をたやすく見ることが出來るやうになつてをります、このスカンセンのオープン・エア・ミユージアムは全歐に向つて非常なる刺戟を與へ各地で之を模倣するやうになりました。ヲランダのアーヘンの戶外博物館の如きはその一例であります。歐洲各國にはこの種の博物館を諸處で見ることが出來るやうになりました。

四

この運動はいふまでもなく祖國に對する愛、祖先に對する欽慕心、愛鄉土心といつたやうなものゝ發達に資するは勿論、各地の鄉土藝術、農民藝術を保存し、益々これを改良發達せしむる上に役立てんとするにあること勿論であります。從つて鄉土保護、卽ちドイツ語のハイマート・シユツツ、我國の史蹟名勝及び天然記念物保存運動と大いに關係があるのであります。英國などでも各地に史學協會といふやうなものがありまして、ローマ人が來てゐた頃の古い物館をそのまゝ保存し、又其保存建物に接近して不燃性の小陳列館を設けて、その中に當時の住民が使用してゐた家具、調度、裝飾品の類を系統的に保存し、觀覽者にたやすく見るやうにしてあるのであります。

この農民生活、農民藝術に對する博物館は、先づ一二箇所國立のものを作り、それへ全國各地から代表的材料を集めて來て之れを系統的に陳列して、誰にでも容易く判るやうにするが第一の急務と思ひます。その名稱は土俗博物館でも工藝博物館でも何れでも差支ないのでありますが、とにかくかういふ内容の國立博物館を出來るだけ早く建設したいと思ひます。

　本邦の民族藝術資料は大部分木造のものでありますから年々破壊され散逸しつゝあります。故に五年十年と日のたつに從つて其等參考品の蒐集が困難になつてくるのでありますす前記のやうな國立中央の博物館の建設に次いで今一つの必要なことは、各府縣に建設すべき地方博物館の一部門として工藝品の部、又は土俗の部、或は農村生活の部と云つたやうなものを設けて其處にその地方獨特の農民藝術、民俗藝術、土俗參考品を蒐集陳列することであります。地方博物館としてはその地方的色彩を濃厚にすべきこと勿論でありますから、かういふ種類の參考品を共處へ集めて陳列することは當然のことゝ思ひます。尚、古い農民住宅特色のある古建築物の如きは戸外博物館式に其處へ移築することも望ましいことであります。

　横濱市の原富太郎氏の經營で公開されてゐる三溪園の如きは可なりこの趣旨に近いものであります。二宮尊德翁の住宅や、大石良雄の茶室や、古社寺、といつたやうな種々の古い建築物が園内に移築されてをるのでありますが、既にこれだけの基礎があるのだから、少しく博物館學の立場から整理補充を加へ、且つ陳列建の一棟も館て、參考品を收容したならば、相當意義ある面白いものになるだらうと思ひます。

《編著者略歴》

青木　豊（あおき　ゆたか）

1951年　和歌山県橋本市生まれ。
國學院大學文学部史学科考古学専攻卒。
現　在　國學院大學文学部　教授　博士（歴史学）
主な著書　『博物館技術学』『博物館映像展示論』『博物館展示の研究』『集客力を高める博物館展示論』（以上単著）、『史跡整備と博物館』『明治期博物館学基本文献集成』『大正・昭和前期 博物館学基本文献集成 上』『大正・昭和前期 博物館学基本文献集成 下』『人文系博物館資料論』『人文系博物館展示論』『人文系博物館資料保存論』（以上編著）、『博物館学人物史㊤』『博物館学人物史㊦』（以上共編著）、『博物館ハンドブック』『新版博物館学講座1　博物館学概論』『新版博物館学講座5　博物館資料論』『新版博物館学講座9　博物館展示論』『新版博物館学講座12　博物館経営論』『日本基層文化論集』『博物館危機の時代』（以上共著）、以上雄山閣『和鏡の文化史』（刀水書房）、『柄鏡大鑑』（共編著、ジャパン通信社）、『博物館学Ⅰ』（共著、学文社）、『新編博物館概論』（共著）、『人間の発達と博物館学の課題　新時代の博物館経営と教育を考える』『遺跡を活かす遺跡と博物館―遺跡博物館のいま―』（以上共編）、以上同成社、『観光資源としての博物館』（共編、芙蓉書房出版）　他論文多数

《著者略歴》

中島 金太郎（なかじま　きんたろう）

1988年　東京都生まれ。
國學院大學大学院博士課程前期修了　修士（歴史学）
現　在　國學院大學文学部　助手
主な論著　「遺跡博物館での学習に関する諸問題」『國學院雑誌』第115巻第8号、「静岡県における博物館の発生」『國學院大學紀要』53号、「戦前期の児童博物館思想」『國學院雑誌』第116巻第12号、「熱海鰐園についての一考察」『國學院大學紀要』第55号　ほか

棚橋源太郎《たなはしげんたろう》 博物館学基本文献集成《はくぶつかんがくきほんぶんけんしゅうせい》 上

2017年5月25日　初版発行

編　者　青木　豊

発行者　宮田哲男

発行所　株式会社　雄　山　閣

〒102-0071　東京都千代田区富士見2-6-9
電話　03-3262-3231(代)
FAX　03-3262-6938
URL　http://www.yuzankaku.co.jp
E-mail　info@yuzankaku.co.jp
振替：00130-5-1685

印刷・製本　株式会社ティーケー出版印刷

ISBN978-4-639-02483-5 C3030
N.D.C.069 350p 22cm